복 있는 사람

오직 여호와의 율법을 즐거워하여 그 율법을 주야로 묵상하는 자로다.
저는 시냇가에 심은 나무가 시절을 좇아 과실을 맺으며 그 잎사귀가 마르지 아니함 같으니
그 행사가 다 형통하리로다. (시편 1:2-3)

20세기 초 미국에서 기독교의 본질에 관한 신학 논쟁이 소용돌이칠 때, 역사적 기독교회의 신앙을 명쾌하게 제시하면서 성경적 복음의 깃발을 높이 올렸던 메이첸의 저서가 새롭게 번역되어 기쁘고 감사하다. 본서 『기독교와 자유주의』를 통해, 자유주의는 기독교의 한 분파가 아니며 성경에 기초한 기독교와는 근본적으로 다른 종교임을 확실하게 가르쳐 주는 메이첸 박사의 음성을 들을 수 있다. 백 년 가까운 세월 동안, 본서는 성경의 복음이 단순히 사람들을 감화하는 것이 아니라 역사적 사실에 근거한 초자연적인 진리임을 선포해 왔으며, 따라서 자유주의의 가르침이 왜 문제가 되는지를 잘 제시해 주었다. 계속되는 현대주의와 포스트모던 시대의 혼돈 속에 살아가는 오늘의 그리스도인들에게도 여전히 유익한 내용이 될 줄로 믿기에, 본서를 적극 추천한다.

김광열(총신대학교신학대학원 조직신학 교수)

사도 바울은 유대인을 향해 그리스도의 복음을, 마르틴 루터는 중세인을 향해 십자가의 복음을, J. G. 메이첸은 계몽주의의 후예들을 향해 성경의 복음을 선포했다. 이들은 모두 세상을 향해 무엇이 기독교이고, 무엇이 기독교가 아닌지를 밝히 드러냈다. 특히 메이첸의 『기독교와 자유주의』는 지난 한 세기에 이르도록 현대인을 일깨우는 진리의 경종이 되어 왔다.

안상혁(합동신학대학원대학교 역사신학 교수)

『기독교와 자유주의』는 첨예한 신학 논쟁의 전쟁터 한가운데서 터진 폭발력 있는 저술이다. 메이첸이 죽기까지 수호하고자 했던 기독교의 본질이 무엇인지, 자유주의 신학에 대응하는 그의 학문적 엄밀성 및 신앙적 열정이 얼마나 치열했는지를, 이 책을 통해 매우 "생생하게" 경험할 것이다!

이상웅(총신대학교신학대학원 조직신학 교수)

J. G. 메이첸은 현대 자유주의에 맞선 정통 기독교의 수호자였다. 이 책 『기독교와 자유주의』에서 그는, '영광'을 강조하는 자유주의 신학의 이야기와 '십자가'를 강조하는 기독교의 이야기는 그저 강조점이 다른 정도가 아니며, 서로 완전히 다른 종교라는 것을 분명하게 지적하고 있다. **마이클 호튼(캘리포니아 웨스트민스터 신학교 조직신학·변증학 석좌교수)**

메이첸은 그의 시대에 속하여, 당시 승승장구하는 자유주의에 대한 길고도 예리한 갈등 속에 말려 들어간 사람이었다. 그러나 동시에 그는 시대를 초월한 사람이기도 했다. 희귀한 학식과 명료한 지성을 겸비하고서, "성도에게 단번에 주신 믿음"을 수호했기 때문이다(유 3). 그의 『기독교와 자유주의』는 거의 한 세기 전에 쓰인 것이지만, 여전히 놀라우리만큼 예언적인 목소리를 발하고 있다. 메이첸은 언제나 읽을 가치가 있다.

D. A. 카슨(트리니티 복음주의 신학교 신약학 연구교수)

최근 누군가 우리에게 '오늘날의 신학적 혼란 상황에 대해 통찰력 있게 논하는 새로운 메이첸'이 필요하다고 말한 바 있다. 만일 그렇게 된다면 굉장한 일일 것이다. 그러나 옛 메이첸이 계속 우리를 가르치고 있으니, 주께 감사할 일이다.

리처드 마우(풀러 신학교 전 총장)

메이첸은 하나님께서 교회에게 주신 도저히 흉내 낼 수 없는 성경적 정통 신앙과 명료한 복음의 옹호자다. 또한 그는 미국 복음주의가 낳은 20세기의 가장 중요한 사상가 중 한 사람이다. **러셀 무어(서던 뱁티스트 신학대학원 석좌교수)**

신약에서 가르치는 기독교와 메이첸의 시대에 교회와 신학교 안으로 빠르게 침투하고 있던 신학적 자유주의 사이의 차이를 명확히 설명한 이 책은, 기독교 신학의 고전이자 역사상 가장 중요한 신학 저술 중 하나다. 이 책은 주요한 성경 교리를 명확하게 소개하며 모든 점에서 개신교 자유주의 신학과의 중대한 차이점, 오늘날 우리가 여전히 마주하고 있는 차이점을 보여준다. 나는 모든 신학 입문 강의에서 이 책을 필독서로 삼고 있다.

웨인 그루뎀(피닉스 신학교 신학 및 성경학 연구교수)

1923년, J. G. 메이첸은 그의 고전 『기독교와 자유주의』를 통해 본연의 전통을 잃어버린 프린스턴 신학교에 경종을 울렸다. 이 책에서 그는 자유주의 신학이 역사적 기독교와 조금도 합치되지 않는다고 지적하면서, 정통 기독교에 스며들어 오던 자유주의 신학을 대담하게 비판했다.

더글러스 스위니(샘퍼드 대학교 비슨 신학교 학장)

메이첸은 1937년 새해 첫날 때이른 죽음을 맞기 전 개혁주의 신학자들 가운데 최고의 사상가요 저술가 중의 한 사람이었다. 그의 저술은 언제나 간명하며, 논지를 부드럽게 만드는 식의 타협이 전혀 없다. 메이첸이 불신자들의 논지를 다루고 나면 더 이상 불신자 편에서 할 말이 없다는 느낌을 항상 갖게 된다.

존 프레임(리폼드 신학교 조직신학·철학 명예교수)

메이첸은 20세기 초의 기독교 신학자들 가운데 예지력과 용기가 가장 출중한 인물 중 한 사람이었다. 그의 생애 동안 메이첸은 자유주의를 대면하여 기독교의 정통 신앙과 복음적 진리를 명료하고도 일관성 있게 대변했다. 그의 저작은 처음 저술되었을 때나 지금이나 동일한 타당성을 지닌다.

앨버트 몰러 주니어(서던 뱁티스트 신학대학원 총장 겸 기독신학 교수)

기독교와 자유주의

J. Gresham Machen

Christianity and Liberalism

기독교와 자유주의

J. G. 메이첸 지음 | 황영철·원광연 옮김

복 있는 사람

기독교와 자유주의

2013년 10월 8일 초판 1쇄 발행
2024년 11월 15일 초판 4쇄 발행

지은이 J. G. 메이첸
옮긴이 황영철
펴낸이 박종현

(주) 복 있는 사람
주소 서울특별시 마포구 연남동 246-21(성미산로23길 26-1)
전화 02-723-7183(편집), 7734(영업·마케팅)
팩스 02-723-7184
이메일 hismessage@naver.com
등록 1998년 1월 19일 제1-2280호

ISBN 978-89-6360-119-9 03230

Christianity and Liberalism
by J. Gresham Machen

Copyright © 2009 by Wm. B. Eerdmans Publishing Co.
Originally published in English under the title
Christianity and Liberalism by John Gresham Machen
by Wm. B. Eerdmans Publishing Co.,
2140 Oak Industrial Drive NE, Grand Rapids, Michigan 49505, U.S.A.
All rights reserved.

Translated and used by permission of Wm. B. Eerdmans Publishing Co.
through arrangement of rMaeng2, Seoul, Korea.
This Korean edition Copyright © 2013 by The Blessed People Publishing Co.,
Seoul, Korea.

이 책의 한국어판 저작권은 알맹2 Agency를 통해 Wm. B. Eerdmans Publishing Co.와 독점 계약한 도서출판 복 있는 사람이 소유합니다. 신저작권법에 의하여 한국 내에서 보호를 받는 저작물이므로 무단전재와 복제를 금합니다.

어머니에게

차례

해설의 글	12
서문	24
헌정 증보판 서론	28
감사의 글	37
머리말	40

1. 서론 —— 41

2. 교리 —— 57

3. 하나님과 인간 —— 101

4. 성경 —— 119

5. 그리스도 —— 131

6. 구원 —— 177

7. 교회 —— 228

부록: 『기독교와 자유주의』의 유산   257
_웨스트민스터 신학교 교수회 헌정의 글

채드 반 딕스혼·피터 릴백·윌리엄 에드거·스코트 올리핀트·
존 커리·알프레드 포이리에·켄트 휴즈·샌디 핀레이슨·칼튼 윈·
레인 팁튼·이언 두기드·조나단 깁슨·엘리자베스 그로브스·
스티븐 콜먼·그레고리 빌·브랜튼 크로·번 포이트레스

주   353

찾아보기   365

해설의 글

20세기 전반에 활동했던 미국의 신학자 J. G. 메이첸Machen의 『기독교와 자유주의』가 처음 출간된 것은 1923년의 일로, 벌써 백 년이 다 되어 가는 셈이다. 그간 국내에서는 이미 세 가지의 번역본이 출간된 바 있다. 첫 번역본은 1955년에 조동진 목사에 의해 출간되었고, 또 하나는 김길성 교수에 의해 2004년에 간행되었다.[1] 그 후 2009년 칼 트루먼이 서문을 쓰고 새로이 편집한 원서를 2013년 복 있는 사람에서 출간한 바가 있다.[2] 그리고 올해(2019년) 웨스트민스터 신학교 설립 90주년을 맞이하여 웨스트민스터 신학교 교수회 18명이 헌정의 글을 기고하여 새로이 헌정 증보판을 펴내게 되었다. 이렇게 21세기의 독자들을 위한 새로운 판본이 출간된다는 것 자체가 뜻깊은 일이며, 이 책의 계속되는 영향력을 증거하고 있다고 할 수 있다. 「월드 매거진」(*World magazine*)은 본서를 지난 천 년 동안 산출된 책들 중에 최정상급에 속하는 백 권 중 하나라고 평가했으며, 「크리스채너티 투데이」(Christianity Today)는 본서를 20세기의 기독교 저작들 가운데 가장 탁월한 백 권 중 하나로 꼽기도 했다. 이렇게 이 책의 중요성이 인정되어 왔지만, 국내에서 메이첸과 본서에 대한 반응은 그렇게 뜨겁지는 못했다. 메이첸이 쓴 『신약 헬라어』(New Testament Greek for Beginners, 1923)는 여러 번역판으로 출간되어 오래전부터 교파를 초월하여 많은 신학도들이 활용해 왔지만, 정작 메이첸에 대해서는 별로 관심을 기울이지 않았다. 그는 반대하는 자들에 의해서는 교회 평화를 깨는 분리주의자요, 장로교회에 침투한 자유주의에 대하여 과도하게 염려하고 비판한 문제아로 폄하되어 왔을 뿐만 아니라(대표적으로 댈러스 로아크의 평가), 그와 동일하게 정통적인 기독교를 믿는 이들에게조차도 그 중요성이 간과되거나 무시되어 왔다. 국내에 메이첸이 쓴 저작들 대부분은 물론 그의 생애를 다룬 두 권의 전기도 번역되어 있지만, 현재의 사정은 변함이 없는 것 같다.[3]

이 짧은 글에서 길게 논의할 수는 없지만, 메이첸은 분리주의자도, 자유주의에 대해 과도하게 반응한 어설픈 신학자도, 근본주의자(멘켄은 메이첸 사후에 그를 "근본주의 박사Dr. Fundamentalis"라고 불렀다)도 아니었다. 그는 칼 트루먼이 말한 대로 "고백적 장로교인"이었으며, 구프린스턴이 백 년 동안 견지하고 발전시켜 왔던 미국장로교 신학의 정통적인 계승자였다. 비록 20세기 초반에 자유주의에 대항하여 근본주의자들과 연합한 적이 있지만, 그는 역사적 개혁주의 신학과 교회를 지향했던 개혁신학자였다. 그에 대한 또 한 가지 오해는 마치 그가 변증가로서만 활약한 것처럼 생각하는 것이다. 사실 그는 오랜 시간 동안 신약학 교수로 재직했으며, 불트만을 비롯한 자유주의자들조차도 그 학문적 엄밀성을 인정할 수밖에 없는 여러 권의 신약학 관련 저술을 남긴 신약학자였다. 그럼에도 시대적인 상황 때문에, 그는 자유주의에 대항하여 정통 기독교의 진리를 대변한 변증가요, 진리의 투사 역할을 할 수밖에 없었던 것이다. 그런 연유로 본서는 메이첸의 저서들 가운데 가장 유명한 저서가 되었다. 20세기의 기독교 변증가였던 프랜시스 쉐퍼는 『위기에 처한 복음주의』에서 다음과 같이 말하기도 했다. "1923년에 발간된 그의 책 『기독교와 자유주의』에서도 볼 수 있듯이, 메이첸은 성경을 믿는 기독교의 빛나는 옹호자였다."[4]

본서를 이해하기 위해서는 먼저 메이첸의 생애와 그가 활동했던 시대상에 대한 이해가 필요하다. 우선 그의 이름을 정확하게 어떻게 표기해야 할 것인가에 대해서 언급하고 지나가겠다. 「리터러리 다이제스트」(The Literary Digest)에 밝힌 바에 의하면, 그의 이름 Machen은 메이첸으로 발음해야 한다. 국내에서는 그의 이름이 메이천, 메-첸 등으로 표기된 적이 많은데, 메이첸이라고 표기하는 것이 옳다. 메이첸은 1881년 7월 28일, 미국 메릴랜드주 볼티모어에서 변호사의 아들로 태어났다. 그의 부친은 감독교회 소속이었고, 모친은 장로교 출신이었다. 메이첸은 성장과정에서 어머니의 지도로 웨스트민스터 소요리문답을 배우고, 장로교회에 출석하게 된다. 가정이 부유한 편이었기 때문에 어릴 때부터 양질의 교육을 받았으며, 라틴어와 헬라어를 포함한 고전 교육을 받기도 했다. 1898년에 존스홉킨스 대학에 입학하여 고전 교육을 받았으며, 1902년에는 프린스턴 신학교에 진학하여 신학을 배우는 한편(1902-1905, B.D.), 프린스턴 대학에서 고전학 석사과정을 이수했다(1904, M.A.). 메이첸이 신학 수업을 받던 때의 프린스턴 신학교에는 B. B. 워필드, G. 보스, 윌리엄 B. 그린 등이 가르치고 있었다. 그는 아치볼드 알렉산더, 찰스 하지, A. A. 하지, 그리고 워필드로 이어졌던 구프린스턴의 장로교 신학 전통이 마지막 빛을 발하고 있던 시절에 신학을 공부한 것이다. 한편 신학교 마지막 학년에 '예수의 동정녀 탄생에 대한 신약 기사에 관한 비평적 토론'이라는 논문을 써서 상을 받기도 했다.

프린스턴 신학교를 졸업한 메이첸은 1905년 10월부터 1906년까지 독일에서 유학을 하게 된다. 그는 마르부르크 대학과 괴팅겐 대학에서 공부를 했는데, 특히 알브레히트 리츨Albrecht Ritschl의 제자이자 마르부르크 대학에서 가르치고 있던 빌헬름 헤르만Wilhelm Herrmann의 자유주의 신학에 깊은 감동을 받고 신학적 정체성에 혼동을 겪게 된다.[5] 헤르만은 바르트, 불트만, 베일리와 같은 20세기 신학자들에게도 깊은 영향을 미쳤다. 그는 근대 자연과학의 세계상에 의해 지배를 받고 있던 동시대인들이 부조리와 모순을 느끼지 아니하고 기독교 안에 머물 수 있도록 하기 위해서 교회와 신학을 개혁해야 한다고 생각했다. 또한 성경의 무오성이나 대속과 같은 전통적인 교리를 개조하거나 폐기하려고 했다. 신앙은 "교리적인 명제들을 받아들이는 데서 생겨나는 것이 아니고, 역사적 기독교 안에 현존하는 예수의 영향과 만나는 데서 생성된다"고 그는 주장했다. 그에게 있어서 예수는 완전한 삶의 이상을 실제로 성취한 자로서 중요했다. 그는 속죄의 교리가 합리주의적이라고 거부하고, 오직 예수의 인격적인 힘의 감화를 강조했다. 또한 예수는 그를 따르는 자들에게 완전한 삶의 모범이 될 뿐 아니라, 도덕적으로 능력 있는 삶을 살도록 감화를 끼친다고 주장했다. 다만 그러한 감화력은 연대기적 역사Historie의 차원이 아니라 실존적 해석을 담은 비연대기적 역사Geschichte의 차원에서 발생하는 것이라고 생각했다. 그에게 있어 신앙의 근거는 역사적 사실이 아닌 인격에 있었다. 이와 같은 체험적이고 인격적인 신앙론은 헤르만 자신의 인격적 감화력과 더불어 그의 수강생들에게 지대한 영향력을 행사했다. 심지어는 구프린스턴에서 정통 기독교를 배우고 익힌 메이첸의 신앙의 확신마저도 뒤흔들어 놓을 정도였다.

그와 같은 상태는 메이첸이 귀국하여 모교인 프린스턴 신학교의 신약학 전임강사로 재직하던 초기에까지 이어졌다(메이첸은 1906년 신약학 전임강사로 취임하고, 1914-1929년 동안 신약문헌과 주석학 조교수로 재직했다). 그러나 그는 마침내 프린스턴의 정통주의 신학으로 되돌아오게 되었고, 자신의 신앙과 신학을 확립하여

1914년 6월 23일 뉴브런즈윅 노회에서 목사안수를 받았다. 그런데 이와 같은 자유주의에 대한 깊은 매료와 신앙적인 회복의 과정은 그에게 긍정적인 영향도 미쳤다. 하나님께서 모든 것이 합력하여 선을 이루게 하셨다고 표현하는 것이 좋을 것이다. 당시 유럽에서 만개하고 있었고, 19세기 후반부터 미국 교계에 강하게 영향을 미치고 있던 자유주의 신학의 실체를 제대로 분별하고 평가하며, 그에 대항하여 역사적 개혁주의 입장에서 강한 경고의 목소리를 발할 수 있도록 준비되었기 때문이다. 메이첸은 프린스턴 신학교 설립 백 주년을 기념하던 1912년, 미국장로교회가 쇄도하는 자유주의 때문에 위기에 처해 있다고 경고의 목소리를 발했다. 그는 당면한 문제가 종교적인 감정이 아니라 지적으로 해결해야 할 문제라고 보았다. 그리고 교회의 통일성과 평화는 물론 중요하지만, 믿음이 없는 자들을 기독교인이라고 인정하는 것과 자유주의적인 신념을 가진 자들을 신학 교수직에 임명하는 것은 질책해야 한다고 주장했다.

1915년에 쓴 교수 취임 논문인 '역사와 신앙'(History and Faith)에서, 메이첸은 미국북장로교회Presbyterian Church in the United States of America 안에서조차도 영향을 미치고 있던 자유주의적인 예수상은 완전히 실패작이라고 강력하게 비판했다. 『기독교와 자유주의』를 통해서 분명하게 공표될 자유주의 비평의 골자가 이 논문에 이미 고스란히 담겨 있었다. 메이첸은 복음서 기사 가운데 자연적인 것과 초자연적인 것을 분리하는 것이 가능하다는 자유주의 신학의 주장에 대해, 그것은 불가능할 뿐 아니라 설령 가능하다고 하더라도 "의의 교사, 영감받은 선지자, 순수한 하나님의 예배자"에 불과한 예수상이 남게 될 뿐이라고 지적했다. 만약에 예수가 그러한 인물이라면 그를 초자연적인 존재로 인식했던 제자들의 신앙은 어떻게 설명할 수 있겠느냐고 그는 반문했다. 또한 메이첸은, 당대에 쇄도하고 있던 자유주의 신학의 뿌리에 놓인 것은 자연주의라고 규정했다. 그는 『기독교와 자유주의』 1장 초두에서, 자연주의란 "기독교의 발생에 하나님의 창조적 능력이 (자연의 일상적인 과정과 다른) 개입했음을 부인"하는 입장이라고 정의 내린다. 그리고 위대한 구속의 종교와, 자연주의에 기초한 자유주의 신학은 전혀 다른 형태의 종교라는 그 유명한 선언을 한다.

그러나 메이첸이 미국장로교회에 침투한 자유주의 신학과 본격적으로 대결한 시기는 1920년대라고 할 수 있다. 우선 1921년에 간행한 『바울 종교의 기원』(The Origin of Paul's Religion)이라는 대작을 통해, 바울이 헬라 철학의 영향을 받아 예수와 다른 종교를 창시했다고 주장하는 자유주의자들의 견해를 학문적으로 엄밀하게 반박했다.[6] 그리고 1923년 자유주의에 대한 간결하고 선명한 분석과 비판을 담은 본서 『기독교와 자유주의』가 출간되었을 때, 프린스턴 신학교는 메이첸을 따르는 이들과 반대하는 이들로 양분되기에 이른다. 메이첸이 본서를 저술하게 된 직접적인 계기 중의 하나는, 1922년 5월 21일 주일 아침에 해리 에머슨 포스딕Harry Emerson Fosdick이 '근본주의자들이 승리할 것인가?'라는 제목의 설교로 미국장로교회들을 비난함으로써 일어난 논쟁이었다. 미국북장로교회는 1923년 총회에서 기독교 근본교리 5개조를 다시 긍정했으나, 그에 반대하는 목사들에 의해 어번 선언서The Auburn Affirmation가 공표되고 요원의 불길처럼 지지자들이 늘어나는 일이 발생했다. 메이첸은 바로 그와 같은 격동의 시기에 본서를 출간한 것이다. 메이첸의 책은 근본주의와 자유주의 신학의 전쟁터 한가운데서 터진 폭발력 있는 저술이 되었다. 그리고 흥미로운 역사적 사실은 바로 1923년 이 해에, 박형룡 박사가 프린스턴으로 유학 와서 메이첸의 강의를 듣고 그의 책들을 읽게 되었다는 것이다. 1928-29년 어간에 역시 메이첸의 수업을 듣고 그의 책들을 섭렵한 김재준 박사는 메이첸에 대해, "그는 근본주의 신학의 투사라는 의미에서 인기가 있었고 강의도 무던히 명석했다"고 회상했다.[7]

그러나 메이첸을 반대하거나 중도적인 입장을 취했던 이들에 의해서, 1929년 프린스턴 신학교 이사회가 재편성되고 구프린스턴 전통에서 이탈되는 결과가 나타나고 말았다.[8] 1929년에 메이첸은 이에 반대하면서 교수직을 자진 사퇴하고, 그를 따르는 몇 명의 교수와 50여 명의 학생을 중심으로 웨스트민스터 신학교를 설립한다. 메이첸은 그곳이 웨스트민스터 표준문서를 신학적 근간으로 삼은 구프린스턴 신학 전통을 계승하는 신학교가 되기를 염원했다. 한편 그는 자유주의적인 인사들에 의해 주도되던 북장로교회 선교부에 반대하여 장로교회 독립 해외 선교회를 창립하기도 했으나, 이에 대한 총회의 치리로 정직을 당하게 된다. 메이첸은 이에 굴하지 아니하고 미국북장로교회를 탈퇴하여 정통장로교회Orthodox Presbyterian Church를 설립한다. 메이첸은 웨스트민스터 신학교에서도 신약학을 가르쳤는데, 그의 제자들 가운데는 훗날 한국 최초로 신구약성경주석을 완간한 박윤선 박사도 포함되어 있었다. 박형룡 박사가 자신의 제자 박윤선을 유학 보내면서, 프린스턴이 아니라 웨스트민스터의 메이첸에게 추천했던 것이다. 메이첸은 두 한국인 제자를 끔찍이 사랑했고 여러 가지로 도움을 베풀었다. 그러던 중, 여러 과중한 책무를 수행하다가 메이첸은 때이른 1937년 1월 1일에 폐렴으로 숨을 거두게 된다. 죽기 직전 그가 동료 존 머레이John Murray 교수에게 보낸 전보에는, "나는 그리스도의 능동적인 순종에 대해서 감사드립니다. 그것이 없이는 소망이 없습니다I'm so thankful for active obedience of Christ. No hope without it."라는 글귀가 적혀 있었다. 이는 그가 평생 동안 견지하고 충심으로 수호해 왔던 구속적인 기독교의 핵심 신앙을 함축적으로 표현한 것이라고 할 수 있다.

1920년대 미국장로교회를 뜨겁게 달구었던 근본주의 대 자유주의 논쟁의 와중에 탄생한 본서는, 당대에 강력한 영향력을 행사하고 있던 자연주의적인 자유주의 신학에 대한 비판과, 구속적인 기독교 신앙의 핵심에 대한 분명한 설명과 증거로 이루어져 있다. 필자는 원고를 두 번 정독하고 나서 이 글을 쓰게 되었는데, 원고를 읽으면서 메이첸이 죽기까지 수호하고자 했던 기독교 신앙의 정수가 무엇인지, 그리고 자유주의 신학에 대응하는 그의 열정 및 지적인 정직함과 치열함의 태도가 어떠한지를 아주 "리얼"하게 맛볼 수 있었다.

본서는 크게 7장으로 구성되어 있다. 서론인 1장에 이어지는 2장에서, 자유주의는 교리의 가치를 부인하지만 성경적 신앙은 교리에 기초하고 있다는 점을 역설한다. 3장에서 자유주의 신학이 기독교의 근본적인 두 전제인 신론과 인간론에 관해서 정반대의 입장을 주장한다고 비판하고 나서, 4장에서는 기독교의 메시지를 담고 있는 성경에 대해서도 두 신학은 전혀 다른 입장을 가지고 있다는 점을 보여준다. 이어지는 5장에서는 기독교 메시지의 기초가 되는 인물인 예수 그리스도에 대해서 정통 신앙과 자유주의가 얼마나 다른 입장을 취하고 있는지를 밝혀 주고, 6장에서는 양자가 구원의 길에 대해서 어떻게 다르게 말하는지를 다룬다. 마지막 7장은 교회라는 제목이 달려 있는데, 분리주의자라는 비난에도 메이첸은 "기독교 가르침에 따르면 참된 형제애는 구원받은 자들의 형제애"라고 말하며, 자유주의 신학과 정통적인 기독교 신앙을 가진 이들은 한 울타리 안에 머물러 있을 수 없다고 분명하게 선언한다.

이처럼 메이첸의 책은 간결명료하면서 일목요연하게 전개된다. 본서를 읽어 보면, 그렇게도 뜨거웁게 달아오른 논쟁의 와중에서도 메이첸의 글이 격렬하지 않고 냉철하다는 것을 확인할 수 있다. 근대 자유주의 신학의 뿌리가 무엇인지, 자유주의가 성경적인 기독교를 어떻게 비판하고 개조하려고 했는지를 본서는 논리적으로 분석해 주고 있다. 우리는 이 책을 통해 근대 자연과학적 세계관에 기초하여 시대 영합적인 신학과 신앙을 추구했던 자유주의의 실체를 분명하게 파악할 수 있으며, 또한 성경 66권이 분명하게 선포하고 있는 복음적인 신앙(메이첸의 표현대로 하자면 구속적 종교로서 기독교 신앙)의 본질이 무엇인지를 다시금 정리해 볼 수 있을 것이다.

출간된 지 한 세기가 차 가는 시점에 본서를 읽게 되는 우리들은 어쩌면 더욱더 유리한 입장에 있다는 생각이 든다. 격론과 분쟁의 와중에 참여하는 자가 아니기 때문에, 감정에 휘둘리지 않고 차분하게 본서를 잘 읽을 수 있지 않을까 생각해 본다. 필자는 먼저 독자들이 역사적 배경을 염두에 두고 본서를 천천히 정독해 볼 것을 권하고 싶다. 한편으로는 메이첸과 그가 참여했던 논쟁에 대한 선지식은 옆으로 잠시 제쳐 두고, 메이첸이 열정 및 지적인 솔직함과 치밀함으로 전개하고 있는 기독교와 자유주의 신학의 차이에 대한 논의들을 정독해 볼 것을 권하고 싶다. 본서를 20세기를 대표하는 백 권 중의 하나라고 하지 않는가? 더욱이 메이첸의 뒤를 이은 웨스트민스터 신학교 교수회 18명의 글까지 찬찬히 읽어 나가다 보면, 본서의 중요성이나 다양한 면들에 대해 폭넓게 이해할 수 있게 될 것이다. 그렇다면 스스로 취하고 있는 신학적인 입장이 어떠하든지 간에, 한 번쯤 숙독해 보는 것은 시간 낭비가 아닐 것이다. 해설의 글을 쓰기 위해서 본서를 숙독해야만 했던 필자의 체험에서 나온 권독사이기도 하다.

이상웅

총신대학교신학대학원 조직신학 교수

서문

웨스트민스터 신학교가 설립 90년을 맞는다. 이에 이 신학교의 설립자요 전 프린스턴 신학교 교수였던 메이첸을 기억하면서, 20세기 초엽 자유주의로 경도되던 장로교회를 개혁하는 험난한 여정 가운데 그를 성경적 사고를 지닌 주도적인 개혁자로 확고히 자리매김하게 해준 저작을 상기하는 것이야말로, 이를 기념하는 적절한 방법이라 할 것이다.

메이첸의 엄밀한 사고와 명확한 의사전달, 자유주의에 대한 통렬한 비판 등으로 인해 그의 저작은 시간을 초월하는 가치를 지니게 되었다. 과연 『기독교와 자유주의』는 역사적 기독교를, 그것과는 미묘하면서도 확연히 구별되는 현대화하는 교회의 이질적인 신학과 구별지어 주는 생명력 있는 저작이 된 것이다. 메이첸이 보기에, 기독교와 자유주의는 상당히 비슷하지만 본질적으로 두 개의 서로 다른 종교였다. 전자는 주 예수 그리스도의 계시된 종교였고, 후자는 계몽주의 이후 신학자들이 선전해 온 자율적인 이성autonomous reason이라는 논지를 흡수한 사람들이 흥미를 갖도록 전자를 인위적으로 재구성한 것이었다. 이 획기적인 저서의 등장으로부터 필라델피아 웨스트민스터 신학교의 탄생까지는 역사적으로 명확하게 추적해 볼 수 있는 완전한 단계들이 있다.

이처럼 메이첸의 혁명적인 저작의 새로운 판본을 출간하는 시점에, 한 마디 해명의 말을 덧붙이는 것이 적절할 것이다. 이 책은 유서 깊은 대다수의 책들보다 더 오랫동안 출간되어 오고 있다. 또한 해외에서는 새로운 번역본들이 계속해서 출간되고 있다. 웨스트민스터가 이 새로운 판본을 출간하게 된 데에는 세 가지 주요 목적이 있다. (1) 새로운 이정표, (2) 신학적 신뢰성의 선언, (3) 모든 교수회 회원들의 신학적 통일성이 그것이다.

첫 번째 목적으로 언급했듯이, 웨스트민스터 교수회가 출간하는 이 새로운 판본은 신학교 설립 90주년의 이정표다. 동시에 2019년 현재 이 고전이 이제 더 이상 저작권의 보호를 받지 않는 저작권 소멸 상태임을 명시하는 것이기도 하다. 본서가 계속해서 성경적 기독교의 역사적 진리들을 명쾌히 증언하는 사명을 계속 감당하게 될 것을 기대하면서 이 두 가지 측면의 새로운 단계를 기념하는 일은 매우 적절한 것이다.

교수회는 신학교 설립 90주년에 즈음하여 본서를 재출간하면서 단순히 메이첸을 높이는 것 이상의 바람을 갖고 있다. 웨스트민스터 교수회 회원들은 이 신학교의 이름이 성경의 영감성과 진리를 지극히 드높이는 장로교회 신앙고백서의 명칭을 따서 명명되었음을 민감하게 의식하고 있다. 실제로 신앙고백서는 성경이 신학적 진리의 유일하고 확실한 기초임을 단언하며 시작한다. 그러므로 우리는 『기독교와 자유주의』의 재출간을 통하여, 신앙고백서는 물론 이 책을 통해 우리의 각종 사역과 학문적 수고에 담긴 본질적인 의의를 종합적으로 전달하고자 하는 것이다. 우리는 교수회 전체가 신앙고백서에 진심으로$^{ex\ animo}$ 동의하며 "하나님의 모든 경륜"을 완전히 믿고 준수하는 신학교를 세우고자 했던 메이첸의 비전을 다시 천명하고자 한다. 메이첸이 열정적으로 추구했던 것-교회의 신학을 완전히 성경적으로 개혁하는 것-이 바로 우리 교수회가 오늘 힘써 행하는 것이다. 교수회는 이러한 신학교 설립 비전을 염두에 두고서-영감되고 무류하며^{infallible} 무오한^{inerrant} 하나님의 말씀에 근거하는 엄밀하고도 목회적인 훈육을 통해-온 세계 그리스도의 교회를 위한 차세대 지도자들을 날마다 훈련하고 있다.

여기에 포함된 글들은 전임 교수 전원이 기고한 것이다. 이 글들은 메이첸이 취했던 신학적 자세들이 우리 교수회가 공유하는 일치된 관심사임을 드러내 줄 것이다. 신학교가 그리 멀지 않은 과거에 실질적인 신학적 테스트를 경험했음을 돌이켜 볼 때, 이 점을 널리 드러내 알리는 것이 매우 중요하다고 믿는다. 웨스트민스터 교수회가 성경적 신학과 하나님 말씀의 명료성 및 확실성과 권위를 고수하는 데서 일치된 입장이라는 사실이, 여기서 메이첸의 전통을 좇아 한목소리로 성경을 증언하는 데서 의심의 여지 없이 드러나는 것이다.

나는 여러분이 이 역사적이고 권위 있는 저작과 더불어 새롭게 추가된 글들의 출간을 환영하리라 믿는다. 이 새로운 판본을 되도록 많은 이들과 함께 나누기를 바란다. 그렇게 함으로써, 여러분은 웨스트민스터의 설립 비전을 이루는 대열에 합류하게 되는 것이다. 웨스트민스터의 존재 목적이, 다름 아닌 그리스도와 전 세계에 있는 그분의 교회를 위해 하나님의 총체적인 뜻을 선포하는, 성경에 정통한 전문가들을 양성하는 것이기 때문이다. 영광의 왕이 재림하시기까지 오늘날이나 다가오는 세대에서 과연 그보다 더 큰 신학교의 사명이 있을 수 있겠는가?

교수회를 대신하여,
총장 피터 릴백

헌정 증보판 서론

— J. G. 메이첸의 신학적 리더십

데이빗 가너

내가 받은 것을 먼저 너희에게 전하였노니 이는 성경대로 그리스도께서 우리 죄를 위하여 죽으시고 장사 지낸 바 되셨다가 성경대로 사흘 만에 다시 살아나사(고전 15:3-4).

그러나 우리나 혹은 하늘로부터 온 천사라도 우리가 너희에게 전한 복음 외에 다른 복음을 전하면 저주를 받을지어다. 우리가 전에 말하였거니와 내가 지금 다시 말하노니 만일 누구든지 너희가 받은 것 외에 다른 복음을 전하면 저주를 받을지어다(갈 1:8-9).

훌륭한 지도자는 정확히 분별하고, 열정적으로 믿으며, 선명하게 의사를 전달한다. 리더십의 갖가지 특성들이 다양한 영역에서 공유되지만, 그중에도 다른 것보다 더 중요한 특정 리더십이 있는 법이다. 톰 브래디Tom Brady보다는 에이브러햄 링컨Abraham Lincoln이 분명 더 크게 추앙받아야 마땅하다. 그러나 링컨의 리더십이 변화를 일으키는 것이긴 했으나, 예수 그리스도의 교회 내의 효과적인 리더십에 비하면 그의 정치적 영향력은 보잘것없는 것이었다. 교회의 리더십은 궁극적이고 영원한 것들에 영향력을 발휘하기 때문이다.

잘 전달된 복음 진리는 생명의 말씀을 전해 준다. 듣는 이는 **문자 그대로** 영원한 생명과 죽음을 대면한다. 그러므로 20/20 영적 비전, 뚜렷한 신학적 확신, 그리고 설득력 있는 의사소통이 인류의 영혼들에게는 궁극적인 엄숙함을 지니는 것이다. 단언하건대, 웨스트민스터 신학교의 설립자요 『기독교와 자유주의』의 저자 메이첸은 이러한 리더십의 증표들을 지녔을 뿐 아니라, 영혼의 안위가 달려 있는 성경 진리의 중요성을 잘 파악하고 있었다.

20세기 초엽, J. G. 메이첸과 일단의 프린스턴 신학교의 선각자들은 그 신학교의 영광이 떠났음을 직감했다. 성경적 진리와 예수 그리스도의 영광스러운 복음에 대한 믿음이 심각한 위경에 처해 있었던 것이다. 신학교 내의 폭정에 의해 강제로 쫓겨난 그들은 큰 모험을 감행했다. 봉급과 연금, 명예도 프린스턴에 다 남겨 두고, 그들은 성경의 최고의 권위라는 확실하고도 불변하는 기초 위에 새로운 신학교를 세우는 일을 시작했다. 메이첸의 지도를 따라서 이 작은 그룹의 성경학자들은 1929년 가을 웨스트민스터 신학교를 창립한 것이다.

시대의 막중한 임무를 이해한 메이첸은 일어나 단호히 말했다. 1929년 9월 25일 첫 회의에서 메이첸은 웨스트민스터 신학교의 개강의 시작을 알리는 종을 울리고서 다음과 같이 경계의 말을 전했다.

우리의 새로운 기관은 인기가 없는 대의를 위해 헌신하게 됩니다. 다시 말해, 세상에서 멸시를 당하고 버린 바 되셨으며 눈에 보이는 교회에게서 점점 더 무시당하시는 그분, 곧 하나님의 말씀 속에서 우리에게 제시되시는 엄위하신 주시며 구주이신 그분을 섬기는 일에 헌신하는 것입니다. 한 사람 한 사람 그분에게서 돌아서고 있습니다. 인간의 교만이 감당하기에는 그분의 말씀이 너무나 힘들고, 그분의 능력의 역사하심들이 너무도 이상스럽고, 그분의 속죄의 죽으심이 큰 거리낌인 것입니다. 하지만 이 모든 것에도 불구하고 우리는 바로 그분을 붙잡을 것입니다.[1]

메이첸과 그의 동료들은 자신과 가족들이 세상에서 누릴 위로와 안정을 다 뒤로하고 성경의 그리스도를 겸손히 붙잡고 확신 가운데 앞으로 행진한 것이다.

이미 프린스턴의 신약학자로서 자리매김하고 있던 메이첸은 그로부터 불과 9개월 전, 그 인정받는 신학교의 이사회 앞에서 명확하게 말했다. 13년 동안 교수직에서 봉사한 후(그는 1915년 5월에 임직되었다), 메이첸은 1928년 12월 13일 이사회의 계획안을 접하고서 무거운 심정으로 그것을 읽었다. 그는 불신앙의 세력들이 프린스턴의 정통 신앙의 정신을 뽑아내 버리는 것을 그냥 둘 수가 없었다. 좋은 지도자라면 다 그렇듯이, 메이첸은 담대하고 공개적인 행동이 필요하다고 보았고 그대로 행했다. 그는 두 주간 문제를 면밀히 숙고한 뒤 이사회에 공손하면서도 분명하게 의사를 밝히는 편지를 보냈다. 그 편지에서 그는 이렇게 말했다. "진리의 대의와 반대되는 것 같은 일을 저는 도저히 할 수가 없습니다."[2] 메이첸은 한가하게 앉아 있을 수가 없었다. 복음 지도자는 절대로 신학적인 문제 앞에서 빈둥거리며 지나치는 법이 없는 것이다.

새로운 신학교를 세울 만한 용기는 이 젊은 지도자에게 하나의 패턴이 되고 있었다. 6개월 전 해리 에머슨 포스딕의 유명한 설교—'근본주의자들이 승리할 것인가?'—의 바람이 미국 교회에 불어닥칠 때, 메이첸은 그의 고전적이고 명확한 기독교 신앙의 표현인 『기독교와 자유주의』를 집필했다. 이 책에서 그는 자유주의에 결정적인 타격을 가하며 신랄하게 경고했다. "우리는 신약성경의 예수를 구주로 받아들일 것인가, 아니면 자유주의 교회와 함께 예수를 거부할 것인가?"[3] 메이첸의 질문은 논란을 불러일으키는 동시에 아주 통찰력 있는 것이었다. 자유주의는 기독교의 한 가지 대안적인 형태가 아니라 전혀 다른 종류의 종교라고 그는 주장했다. "자유주의 신학은 그것이 참되든 거짓되든 단순한 '이단'이 아닙니다. 다시 말해, 기독교적 가르침의 몇 가지 요소에서 빗나간 것이 아니다. 오히려 자유주의 신학은 전혀 다른 뿌리에서 나왔으며, 본질적으로 다른 하나의 통일된 체계를 형성하고 있다"[4] 자유주의 "기독교"는 전혀 기독교가 아니었던 것이다.

주위의 모든 상황에서 메이첸은 정통 기독교 신학이 부패하는 모습을 목도했다. 자유주의 세력은 융통성 있게 기독교 신학을 재정의할 것을 강요했다. 결국 거룩한 신앙을 왜곡하는 데 한계점을 넘어섰다. 그런데 한 가지 곤란한 점이 있었다.. 바로 자유주의가 매력이 있다는 점이었다(지금도 그렇지만). 자유주의는 편협한 것을 거부하기 때문에 아주 우호적으로 비쳤다. 그리하여 불친절하고 고집불통으로 보이는 기독교 신학과 맞서 싸울 수 있는 폭넓은 재량권을 갖게 되었다. 자유주의에는 이른바 차가운 기독교의 도그마와 싸우기에 아주 이상적인 따뜻함이 있었다. 그뿐 아니라 도처의 모든 사람이 영적으로 부드러운 착륙을 할 수 있도록 보편주의라는 낙하산이 구비된 아주 그럴듯한 착륙지를 제공해 주었던 것이다.

자유주의식의 사랑이 사람을 끌어당기는 자석이 된다는 사실을 메이첸이 모를 리가 없었다. 한때 그 자신이 자유주의적 학식의 그럴듯한 논지들에 유혹을 받아 보았고(골 2:4), 직접 불신앙을 맛보기도 한 터였다. 한동안 그는 설득력 있는 타협적인 가르침에 솔깃하기도 했으나, 하나님의 은혜로 그 도취시키는 효과들을 거부했다. 자유주의와 기독교 정통 신앙을 **통합**하려는 그 어떠한 시도도 순전한 자유주의 그대로 남게 된다는 사실을 깨달았기 때문이다. 자유주의의 누룩은 떡덩이 전체를 망치는 것이었다. 성경의 권위를 저버리는 것은, 생명을 주고 생명을 변화시키는 복음의 능력을 삶아 버리는 국 냄비 속에 뛰어드는 것과 다를 바 없었다.

그 미혹의 솥을 피하고 나자 메이첸은 완전히 달라졌다. 그는 말을 하지 않을 수 없었고, 사람들을 이끌지 않을 수 없었다. 그는 타의 추종을 불허하는 신학적 명쾌함으로, 순전한 성경적 그리스도 예수의 복음이야말로 유일하게 삶을 변화시키는 것임을 선포했다. 정말이지 복음이 그의 삶을 변화시켰던 것이다. 복음의 능력에 대한 명확한 비전과 자유주의의 무기력하게 만드는 효과에 대한 확신으로 무장한 메이첸은 신학적 전쟁의 참호 속으로 들어가 조금도 타협하지 않고 주장을 펼쳤다. 신학을 변화시킨 자유주의는 아무도 변화시키지 못하지만, 이것과는 완전히 대조적으로 성경의 변함없는 신학은 삶을 영원히 변화시킨다고 말이다.

자유주의의 매력과 그럴듯한 논리를 상대하여, 메이첸은 영혼의 절박하고도 캄캄한 상태를 전혀 가감 없이 그대로 드러냈다. "예수를 인류에 혜택을 준 사람들 가운데 하나로 간주하는 현대 자유주의 신학은 현대 세계에 전혀 불쾌감을 주지 않는다. 모든 사람이 그것을 좋게 말한다. 그것은 전혀 불쾌하지 않다. 그러나 동시에 그것은 완전히 무익하다. 십자가의 거치는 것이 제거되면 영광과 능력 또한 제거된다." 그것이 아무리 설득력 있고 매력이 있다 해도 자유주의는 비기독교적이다. 그렇기 때문에 자유주의는 능력이 없다. 사실 그것은 반기독교적이요 근본적으로 정죄를 받게 되는 것일 뿐이다.

그러니 그 책이 굉장한 소요를 일으킨 것도—지금도 일으키고 있다—전혀 놀랄 일이 아니다! 영적 분별력을 갖춘 리더십이 사람들을 망상에서 일깨운 것이다. 약하기 그지없는 보조대와 깨어진 기초의 위험성을 경고하며, 집이 불에 타고 있으니 거기서 떠나지 않으면 죽고 말 것이라는 사실을 사람들에게 담대하게 알린 것이다. 결국 도처에 있는 모든 사람이 영적으로 안전하게 착륙하게 된다는 가르침을 부인한 것이다. 신학적인 리더는 그런 진리를 말하는 것이요, 예수 그리스도의 복음과 하나님 말씀의 권위를 높이며, 복음으로 위장한 모든 가짜와 싸우는 것이다.

기독교는 교리가 아니라 삶에 관한 것이라는 주장에 대해서도, 메이첸은 기독교 도덕성을 떠받치는 교리적 기초를 그대로 드러내 보였다. "초기 기독교 운동은 현대적 의미의 삶의 방식으로 도입된 것이 아니라, 어떤 메시지에 근거한 삶의 방식이었다는 점이다. 기독교는 단순한 감정이나 활동 프로그램에 근거한 것이 아니라, 어떤 사실에 대한 설명에 근거했다. 다른 말로 하면 그것은 교리에 근거했던 것이다." 기독교는 도그마가 아니라 사랑에 관한 것이라는 주장에 대해서도 메이첸은 비슷하게 우매한 오류를 폭로했다. "아주 단순해 보이는 인간의 사랑도 실은 도그마로 가득하다." 예수님은 그저 윤리적인 지도자에 불과했다는 주장에 대해서는, 메이첸은 눈곱만큼의 신학적인 혹은 **복음적인** 동정도 보이지 않고 단호히 대처했다. "자신을 속이지 말자. 1세기 유대인 스승은 결코 우리 영혼의 갈망을 만족시키지 못한다. 그에게 현대적인 연구의 모든 기교로 옷을 입히고, 현대적 감성의 따뜻하고 현혹될 만한 무대조명을 비추어 보라. 그 모든 것에도 불구하고 상식이 다시 돌아오고, 짧은 시간 동안 스스로 현혹된 대가로—마치 우리가 예수와 함께 있기나 했던 것 같은—절망적인 환멸이 우리에게 무섭게 복수할 것이다."

『기독교와 자유주의』에서 메이첸은 사람들을 인도한다. 앞장선 메이첸은 자신의 리더십으로 인해 평생 많은 비판을 감내했다. 맹공격은 그의 죽음으로도 멈추지 않았다. 그러나 절대로 굴하지 않은 그의 리더십이 승리를 거둔다. 그의 말들이 계속해서 신적 은혜의 **엄숙함**을 드러내기 때문이다. 메이첸의 목소리는 정말 중요한 문제에 대해 여전히 분명하게 말한다. 그의 관심사는 신학적이기도 하지만 동시에 선교적인 것이기도 하다. "그러나 만약 우리가 동료 인간을 정말로 사랑한다면, 우리는 그들의 상처를 싸매 주거나 기름과 포도주를 부어 주는 정도의 봉사로 만족하지 않을 것이다. 물론 우리는 그들에게 그런 일들을 할 것이다. 그러나 우리가 정말로 할 일은 그들을 영혼의 구주에게 인도하는 일이 될 것이다."

메이첸의 20/20 비전과 굴하지 않는 확신, 그리고 언어의 정확성은 진리와 오류, 생명과 죽음, 자유와 종노릇을 선명하게 구분해 준다. 진리와 생명과 자유는 오직 성경대로 출생하고 십자가에 못 박히고 죽은 자 가운데서 살아난(고전 15:1-3) 하나님의 역사적 아들이신 **예수 그리스도의 복음에만** 있는 것이다. 자유주의의 불완전한 레시피는 영적 감옥과 영원한 죽음을 위한 확실한 비법을 제시해 줄 뿐이다. "하나님의 복된 뜻으로부터 벗어나면 언제나 더 나쁜 어떤 주인의 속박 아래로 들어가"는 것이다.

『기독교와 자유주의』는 다른 무엇보다도 리더십의 교과서라 할 만하다. 기독교 신앙의 배타적인 아름다움—생명을 주고 자유를 누리게 하는—을 보도록 이끌어 주기 때문이다. 메이첸은 복음을 역사적·구속적 정황 속에서 제시하며, 복음의 교리적·윤리적 진리성과 그 능력과 따뜻함을 제시해 준다. 그는 불신앙의 오류와 결과들을 폭로하며 하나님의 말씀을 완전히 신뢰하라고 독려한다. 『기독교와 자유주의』는 그저 한가하게 여흥을 즐기기 위해서나 단지 지적 욕구를 채우기 위해 읽는 것을 용납하지 않을 것이다. 메이첸의 말들은 우리를 인도해 가며, 또한 그 말들은 반응을 기대한다. 아니, 반응을 **요구한다**고 해야 할 것이다. 메이첸을 따르든지, 아니면 그와 싸우든지 해야 할 것이다. 『기독교와 자유주의』는 영적 황무지를 제거해 준다. 그의 논지를 받아들이든지, 아니면 그것을 거부하든지 해야 한다. 그저 무시해 버릴 수는 없다.

데이빗 가너(Rev. Dr. David B. Garner, PhD. Westminster Theological Seminary)
웨스트민스터 신학교 학위과정 담당 학과장이자 조직신학 조교수. PCA(미국장로교회)의 안수받은 교육장로이자 펜실베니어 주 브린 모어의 프로클레메이션 장로교회(Proclamation Presbyterian Church)의 교육 담당 목사로, 또한 불가리아 선교사로 사역했다. 저서로는 *Sons in the Son: The Riches and Reach of Adoption in Christ*가 있다.

감사의 글

웨스트민스터 신학교 공동체 내의 수많은 이들이 너그럽게 협력해 주지 않았다면 이 헌정 증보판은 출간되지 못했을 것이다. 『기독교와 자유주의』가 대중적인 영역에 나오는 것을 누구보다 큰 기쁨으로 바라보며, 우리 신학교가 이 책과 지속적으로 긴밀하고 깊은 연관을 갖도록 결연한 자세를 보여준 피터 릴백 총장의 지도력과 비전에 대해 감사해야 할 것이다. 웨스트민스터 신학교의 공보관인 조쉬 커리Josh Currie에게, 본 프로젝트를 안내하고 세부적인 모든 내용을 빈틈없이 세심하게 점검해 준 데에 대해 특별한 감사를 드린다. 많은 것들이 흩어져 있어 일일이 찾아 모아야 하는 상황에서 이 책이 출간되기까지 그가 보여준 기술이나 그의 탁월한 끈기와 인내는 정말 칭찬받아 마땅하다.

피어스 힙스Pierce T. Hibbs와 레이첼 스타우트Rachel Stout의 유능한 편집 작업에 대해서도 감사해야겠다. 또한 웨스트민스터 신학교와 정통장로교회의 문서보관실에서 사진들을 발굴해 낸 조쉬 브라운필드Josh Brownfield, 그리고 많은 시간을 들여 색인을 수정하느라 애써 준 마이클 헌터Michael Hunter에게도 감사드린다. 오랜 세월 동안 본서가 계속 출간될 수 있도록 해주고 또한 본서의 인쇄본을 어드만스 출판사Eerdmans Publishing의 2009년판에 기초하도록 허락해 준 데 대해 톰 드브리스Tom DeVries와 어드만스 출판사 모든 팀에게 깊은 감사를 드린다.

이 책이 출간되기까지 다양하고도 값진 수고를 아끼지 않은 제임스 베어드James Baird, 루시 베어드Lucy Baird, 진 베이커Jaen Baker, 제니퍼 천Jennifer Chun, 알리사 커티스Alissa Curtis, 벤 달방Ben Dahlvang, 존 김John Kim, 빅터 김Victor Kim, 혁민 권Hukmin Kwon, 천 라이Chun Lai, 네이트 모건 로크Nate Morgan Locke, 엔지 메싱어Angie Messinger, 셸던 노두스Sheldon Nordhues, 대니 올링거Denny Olinger, 조사이어 베티트Josiah Pettit, 그리고 짐 스윗Jim Sweet 등 여러 분들에게도 감사를 드린다. 특히 짐 스윗은 십 년이 넘도록 이 책의 출간을 비전으로 삼아 왔다는 점을 밝혀 두고자 한다.

마지막으로, 본 특별판을 위해 소논문들을 작성하여 기고하느라 귀중한 시간과 에너지를 들여 헌신한 동료 한 분 한 분께 감사의 인사를 전하고자 한다. 웨스트민스터 신학교 교수회가 우리의 신학적 유산—곧 그리스도와 그분의 세계 교회를 향한 하나님의 완전하신 뜻을 선포하는 일—의 진가에 대한 인식을 공유하고 또한 그 유산을 영구히 유지하고자 함께 헌신하고 있다는 사실이야 말로, 우리의 90년 된 신학교에 베푸신 하나님의 지속적인 자비하심을 증언해 주는 것이라 하겠다. 이 소논문들과 메이첸의 『기독교와 자유주의』의 재출간을 통해 우리는 예수 그리스도를 높이고, 성경에 계시된 그분의 순전하고도 영광스러운 복음을 전진하게 하고자 한다. 공통된 확신들을 우리에게 선물로 주신 것에 대해, 또한 하나님의 말씀을 그토록 유능하면서도 겸손히 다룰 수 있는 기술을 동료들에게 베풀어 주신 은혜에 대해, 우리 주 예수 그리스도께 감사를 올려드린다. 솔리 데오 글로리아.

편집인
데이빗 가너

— † —

머리말

1921년 11월 3일, 본 저자는 체스터 노회의 치리 장로 협의회 앞에서 강연을 했고, 그 내용이 *The Princeton Theological Review*에 '자유주의 신학인가 기독교인가'라는 제목으로 실렸다.[1] 이 글이 주목을 받아 저자는 동일한 주제를 보다 확대해서 제시하기로 했다. *The Princeton Theological Review*의 허락을 받아 그 강연을 자유롭게 사용할 수 있었으며, 그 강연이 이 책의 핵심이라 할 수 있다. *The Presbyterian*의 편집자에게 또한 감사한다. 그는 그 저널에 실린 짧은 글들을 자유롭게 사용하도록 허락했다. 저자는 1921년에 이 주제를 크게 어떻게 나누면 좋을지 프린스턴의 폴 마틴 목사와 논의했다. 하지만 주제를 다루는 방식에 대해서는 그와 논의하지 않았다.

— 1 —

서론

이 책의 목적은 오늘날의 종교적 문제를 결정지으려는 것이 아니라, 그 문제를 가능한 한 예리하고 분명하게 보여주어 독자들이 스스로 결정을 내리는 데 도움을 주려는 것이다. 오늘날 어떤 문제를 예리하게 제시하는 것은 결코 인기를 얻을 만한 일이 아니다. 사람들은 프랜시스 L. 패튼 박사가 적절히 표현했듯 "낮은 가시 상태condition of low visibility"[1] 상황에서 지적 전투를 행하려는 경우가 많다. 종교적 문제에서 용어들을 명확하게 규정하는 것, 종교적 견해들의 논리적 함의를 선명하게 드러내는 것을 많은 사람들은 불경건한 일이라고 여긴다. 혹 그것이 선교 본부에 대한 헌금을 줄이는 역할을 하지 않을까? 협동을 방해하고, 교회 통계표 막대그래프의 기둥을 줄이지 않을까? 하고 말이다. 그러나 우리는 그런 생각에 동의할 수 없다. 건방진 방해꾼이 되는 것이 때로 경솔하게 보일지 모르지만 결국에 가서는 언제나 도움이 된다. 모든 의미가 퇴색된 전통적 용어의 경건한 소리 속에서 즐거워하는 종교, 혹은 "논쟁적" 문제들 앞에서 움츠러드는 종교는 결코 삶의 충격을 견디지 못할 것이다. 다른 영역들에서와 마찬가지로, 종교의 영역에서도 대부분의 사람들이 동의하는 것들은 대개 고수할 만한 가치가 없는 것이기 쉽다. 정말로 중요한 것에는 싸움이 있는 법이다.

특히 종교의 영역에서 현 시대는 충돌의 시기다. 늘 기독교라는 이름으로 알려졌던 위대한 구속救贖의 종교가, 지금은 전혀 다른 형태의 종교적 신념과 싸우고 있다. 이 종교적 신념은 전통적인 기독교 용어를 사용하기 때문에 기독교 신앙에 더 파괴적이다. 이 현대의 비구속적non-redemptive 종교는 "현대주의 신학" 혹은 "자유주의 신학"이라고 불린다. 이 두 가지 명칭은 모두 만족스럽지 못하다. 특히 후자는 의문을 일으킨다. "자유주의"라고 명명된 운동은 그 지지자들에게만 "자유로운" 것으로 간주된다. 반대자들이 보기에는 이 운동이 관련된 많은 사실을 편협하게 무시하는 것으로 보인다. 또한 그 운동의 드러난 모습이 너무나 다양하기 때문에, 모두에 적용될 공통 명칭을 찾는 일을 거의 포기해야 할 지경이다. 하지만 드러나는 모습이 아무리 다양할지라도 뿌리는 하나다. 현대 자유주의 종교가 다양한 변종들을 가지고 있지만, 그 뿌리는 자연주의naturalism다. 즉 기독교의 발생에 하나님의 창조적 능력이 (자연의 일상적인 과정과 다른) 개입했음을 부인하는 것이다.

여기서 "자연주의"라는 말의 의미는 철학에서의 의미와 다르다. 원래 "자유로운" 종교라는 말은 고상한 말이었으나, 여기서 말하는 "자연주의"라는 단어는 (격하된 의미로) "자유로운" 종교의 뿌리를 정확하게 가리킨다.

오늘날의 이 자연주의적 자유주의 신학은 우연히 일어난 것이 아니라, 최근 삶의 조건이 크게 변화하면서 일어난 현상이다. 지난 백 년은 인류 역사에서 새로운 시대의 시작이었으며, 이 역사에 대해 유감스럽게 생각할 수는 있지만 가장 완고한 보수주의자라도 그것을 결코 무시할 수는 없다. 그 변화는 표면 아래에서 일어나 분별력 있는 사람에게만 보이는 것이 아니다. 보통 사람의 눈에도 수백 가지 현상으로 명백하게 드러나 보인다. 현대의 발견들, 그리고 이 발견들 위에 세워진 산업은 여러 면에서 새로운 세상이다. 우리는 공기 중에서 벗어날 수 없는 것처럼, 이 새로운 세상에서 벗어나는 것이 불가능하게 되었다.

그러나 물질적인 생활 조건의 변화는 자체적으로 존재하는 것이 아니다. 그 변화는 인간 정신에서 발생한 강력한 변화의 산물이며, 더 나아가 영적인 변화를 일으킨다. 오늘날의 산업 사회는 자연의 눈먼 힘에 의해 생겨난 것이 아니라 인간 정신의 의식적인 활동의 산물이며, 과학의 성취에 의한 산물이다. 최근 역사의 눈에 띄는 특징은 인간 지식의 엄청난 확장이다. 이와 함께 연구를 위한 도구가 완성되었고, 그 결과 앞으로의 물질적인 진보에 제약이 사라졌다.

현대의 과학은 우리가 살고 있는 우주만큼이나 광범위하게 적용되었다. 물리학과 화학 분야의 성취가 가장 눈에 띄지만, 인간 삶에 대한 영역도 다른 영역과 마찬가지로 탐구 대상이 되었다. 그 예로 역사에 대한 현대 과학이 등장했는데, 이는—실제로는 그럴 만하지 않다 하더라도—심리학이나 사회학처럼 다른 과학들과 완전히 동등하다고 인정된다. 지식의 어떤 부문도 현대 과학의 정복욕을 피하지 못한다. 긴 세월 동안 전통적인 규정에 의해서 존중되어 온 불가침조약은 거침없는 바람에 실려 날아가 버렸다.

이런 시대에는 과거로부터의 모든 유산이 철저한 비판의 대상이 될 수밖에 없다. 실제로 이 시험에서 인류의 어떤 신념들은 산산조각이 났다. 과거에 의존하는 모든 제도는 호의적인 눈이 아니라 적대적인 눈으로 보아야 하는 것처럼 간주되기까지 한다. 너무나 많은 신념들이 포기되어야 했기 때문에, 사람들은 때로 모든 신념을 버려야 하는 것처럼 믿기에 이르렀다.

만약 이런 태도가 정당하다면, 기독교보다 더 강력한 적대감에 직면할 제도는 없을 것이다. 왜냐하면 기독교만큼 지나간 시대의 권위에 기초한 제도가 없기 때문이다. 우리는 지금 그런 태도가 현명한지 혹은 역사적으로 정당화될 수 있는지를 조사하는 것이 아니다. 어쨌든 분명한 사실은, 지난 긴 세월 동안 기독교는 현재의 경험에만 의존하지 않고, 아니 현재의 경험에 일차적으로 의존하지 않고, 고대의 책들에 (그중 가장 최근의 책이 약 1,900년 이전의 것이다) 의존하여 자신의 주장이 진리임을 일관되게 호소해 왔다. 이 호소가 오늘날 비판받고 있는 것은 놀랄 일이 아니다. 왜냐하면 그 책의 저자들이 자기 시대의 한계 속에 있는 사람들이었다는 데에는 의심의 여지가 없으며, 따라서 물질세계에 대한 그들의 관점을 현대의 기준으로 판단하면 가장 조야하고 초보적인 것일 수밖에 없기 때문이다. 그렇다면 그런 사람들의 의견이 오늘날 사람들을 위한 규범이 될 수 있느냐 하는 질문이 생길 수 있다. 다른 말로 하면, 1세기의 종교가 20세기의 과학과 함께할 수 있느냐 하는 것이다.

이 질문에 어떻게 대답하든지, 현대 교회에게는 심각한 문제가 된다. 그 대답을 실제보다 더 단순화하려는 시도가 때때로 존재해 왔다. 종교와 과학은 완전히 분리되어 있기 때문에, 그 각각을 올바로 정의하기만 하면 둘 사이에는 마찰이 생기지 않는다는 식의 대답이다. 그렇지만 이 둘을 분리시키려는 시도를 반박하는 것이 가장 진지한 태도임을 앞으로 보게 될 것이다. 하지만 지금 주목하고자 하는 것은, 그 분리가 정당화될 수 있다 하더라도 그것이 아무 노력 없이 성취되지는 않는다는 점이다. 종교와 과학의 문제를 없애는 것 자체가 문제가 된다. 왜냐하면, 옳든 그르든 지난 수 세기 동안 종교는 특히 역사의 영역에서 많은 확신들과 연결되어 있었으며, 이 확신들은 과학적 탐구의 대상이 될 수 있기 때문이다. 다른 한편으로는 과학적 연구자들 역시, 때로는 옳든 그르든, 철학과 종교의 가장 중심부에 영향을 끼치는 결론들과 연관되어 왔다. 예를 들어, 백 년 전 혹은 오늘날의 평범한 그리스도인에게 예수라고 불리는 인물이 1세기에 존재한 적이 없다는 것을 역사가 증명하여 반박할 수 없게 될 경우 그의 종교가 어떻게 되겠느냐고 질문하면, 그는 자신의 종교가 붕괴될 것이라고 대답할 것이 분명하다. 그런데 1세기 유대 지역에서 발생한 사건에 대한 조사는 이탈리아나 그리스에서 발생한 사건에 대한 조사와 마찬가지로 과학적 역사의 영역에 속한다. 다른 말로 하면, 이 평범한 그리스도인은, 옳든 그르든, 현명하든 어리석든, 자신의 종교가 가지고 있는 확신에 대해 과학이 논할 권리를 가지고 있다고 생각하는 것이다. 그런데 과학의 영역에 속해 있으면서 외적으로는 종교적인 것으로 보이는 그 확신들이 실제로 전혀 종교적인 것이 아니라면, 그 사실을 입증하는 것은 작은 일이 아니다. 과학과 종교의 문제가 종교를 사이비 과학의 무더기로부터 풀어내는 것 정도로 축소된다 하더라도 이 문제의 심각성은 축소되지 않는다. 그러므로 어떻게 보아도 우리가 다루고 있는 문제는 교회에게 가장 심각한 관심사다. 기독교와 현대 문화의 관계는 무엇이며, 기독교는 과학 시대에 명맥을 유지할 수 있을까?

현대 자유주의 신학이 해결하려는 것이 바로 이 문제다. 기독교의 특징적인 내용들에 대해—그리스도라는 인물에 관한 기독교 교리에 대하여, 그리고 그의 죽음과 부활을 통한 구속이라는 교리에 대하여—과학적 반박이 있을 수 있음을 수용하면서, 자유주의 신학자는 보편적 종교의 어떤 원리를 건지려 한다. 기독교의 특징적인 것들은 종교의 보편 원리를 어떤 시대 속에서 상징화한 것이며, 이 보편 원리들이 "기독교의 본질"을 구성한다는 생각이다.

하지만 이런 방법으로 방어하는 것이 정말로 유효한지 질문해야 한다. 왜냐하면 외부 방어망을 적에게 내어 주고 내부 성채로 퇴각하면, 적이 거기까지 공격해 올 것이기 때문이다. 현대 유물론은, 특히 심리학 영역에서, 기독교 도시의 저지대를 점령하는 것으로 만족하지 않고 삶의 모든 높은 영역까지 밀고 올라온다. 유물론은 자유주의 설교자가 화평을 위해 포기한 기독교 교리들을 공격하는 것과 마찬가지로 자유주의 설교자의 철학적 이상주의까지 공격한다. 그러므로 단순한 양보로는 지적 갈등을 피하지 못한다. 오늘날의 지적 싸움에서 "승리 없는 평화"는 없다. 어느 한쪽이 이겨야 한다.

그러나 방금 사용한 이 비유가 전혀 잘못된 것으로 보이기도 한다. 자유주의 신학자가 기독교 교리를 하나씩 적에게 양보하고서 유지한 것이, 기독교와는 완전히 다른 별개의 카테고리로 분류해야 하는 종교일 수도 있다. 나아가 기독교에 대한 현대인의 걱정이 전혀 근거 없는 것임에도 불구하고, 불필요한 공포 속에서 전쟁으로 얼룩진 하나님 도성의 벽을 포기하고 모호한 자연 종교라는 벌판으로 피했다가 거기에 늘 매복해 있는 적의 먹잇감이 될 수도 있다.

그렇다면 과학과 기독교를 조화시키려는 자유주의 신학의 시도에 대해 두 가지 노선에서 비판을 가할 수 있다. 현대 자유주의 신학은 첫째, 비기독교적이라는 것을 근거로, 둘째, 비과학적이라는 것을 근거로 비판받을 수 있다. 여기서 우리는 주로 첫째 노선의 비판에 집중할 것이다. 자유주의 신학자들이 전통적인 용어를 사용하기는 하지만, 현대 자유주의 신학은 기독교와 다른 종교일 뿐만 아니라 전혀 다른 부류의 종교에 속한다는 점을 보여줄 것이다. 그러나 기독교를 과학과 조화시키려는 자유주의 신학의 시도가 잘못되었음을 보여주었다고 해서 둘 사이의 조화가 전혀 불가능한 것은 아니다. 그 반대로 이 작은 책 속에서도 부수적으로 나타나는바, 과학과 충돌을 일으키는 것은 신약성경의 기독교가 아니라 현대 자유주의 교회가 가정하고 있는 기독교이며, 오직 참된 하나님의 도성만이 현대의 불신앙을 물리칠 수 있는 방어망을 가지고 있다는 사실이다. 그런데 현재 우리가 당면한 관심사는 그 문제의 다른 면이다. 지금 우리의 주요 관심사는 기독교를 현대 과학과 조화시키려는 자유주의 신학의 시도가 실제로는 기독교의 모든 특성을 포기하는 것이며, 그 결과 남게 된 것은 본질적으로 기독교가 등장하기 이전에 세상에 있었던 것과 동일한 불명확한 종교적 열망이라는 점을 보여주는 것이다. 과학의 이름으로 반대할 수 있는 모든 것을 기독교로부터 제거하려는 노력 속에서, 또한 적이 그렇게도 원하는 양보를 제공하여 적을 달래려는 노력 속에서, 변증자는 그가 처음에 지키려 했던 그것까지 포기하고 말았다. 삶의 다른 모든 영역에서와 마찬가지로, 여기서도 때로 지키기 가장 어려워 보이는 것들이 가장 지킬 만한 가치가 있는 것으로 드러난다.

현대 교회의 자유주의 신학이 비기독교적인 것 혹은 하위 기독교의 종교적 삶으로 돌아가는 것이라는 우리의 주장이 오해받지 않으려면 특별한 노력을 기울여야 한다. 이런 맥락에서 "비기독교적"이라는 말은 때로 악담으로 들린다. 우리는 절대 그런 의미로 사용하는 것이 아니다. 소크라테스는 그리스도인이 아니었으며, 괴테도 마찬가지다. 그럼에도 우리는 그들의 이름에 어울리는 최대의 존경심을 공유한다. 그들은 보통 사람과는 비할 수 없을 정도로 우뚝 솟은 인물들이다. 천국에서 가장 작은 자가 그들보다 크다면 이는 신자 자신의 우수성 때문이 아니라 분에 넘치는 특권을 받았기 때문이며, 이로 인하여 남을 깔보기보다는 자신을 낮춰야 한다.

하지만 이런 고려 때문에 현재 문제가 되는 질문의 치명적인 중요성을 모호하게 해서는 안 된다. 교회의 모든 설교가 여러 진영에서 이미 우세해진 자유주의 신학에 의해 통제된다면, 마침내 기독교는 지상에서 사라질 것이며 복음의 나팔은 더 이상 울리지 않게 될 것이다. 만약 그렇다면 우리가 지금 관심을 기울이고 있는 탐구는 교회가 처리해야 하는 가장 중요한 문제임이 분명하다. 설교의 방법에 대한 모든 질문보다 비할 수 없이 큰 질문은, 설교되어야 할 것이 무엇인가 하는 근본 질문이다.

많은 사람들이 참지 못하고 이런 문제 제기에서 고개를 돌리리라는 데에 의심의 여지가 없다. 즉 이 질문이 다시 재개될 여지를 완전히 없애는 방식으로 문제를 해결해 버린 모든 사람들이다. 많은 경건주의자들이 바로 그 예다. 그들은 이렇게 말한다. "성경을 방어하기 위한 논증이 왜 필요한가? 성경은 하나님의 말씀이 아닌가? 성경은 그 자체로 이미 확실한 진리이며, 그것을 방어한다는 것이 도리어 그것의 진리를 모호하게 만들지 않는가? 만약 과학이 성경과 모순된다면 과학이 더욱 나쁜 것이지!" 우리는 이런 사람들을 최고로 존경한다. 왜냐하면 그들이 큰 틀에서 옳다고 믿기 때문이다. 그들은 다른 사람들이 지적 고투를 통해서 도달한 확신에 직접적이고 쉬운 길을 따라 도달한 것이다. 그럴지라도 우리가 말하는 것에 대해 그들이 관심을 가지리라고는 기대할 수 없다.

이런 문제 제기에 관심 없는 또 다른 부류의 사람은 수도 없이 많다. 그들은 정반대 방향으로 이 질문을 명확하게 정리한 사람들이다. 만약 이 작은 책이 그들의 손에 들어간다면, 이 책은 이미 절망적으로 패배한 입장을 변호하려는 또 다른 시도로 간주되어 휙 내던져질 것이다. 그들은 아직도 지구가 평평하다고 믿는 사람이 있으며, 우주적인 교회와 기적과 속죄와 다른 모든 것을 믿는 기독교를 변호하려는 사람이 있구나 하고 말할 것이다. 어느 경우든지 이런 변호는 발전이 정체된 모습을 보여주는 기이한 사례로서 흥미를 끌 뿐이지 그 이상의 아무것도 아닐 것이다.

하지만 그런 식으로 질문을 마감하는 것은—그것이 최후로 승인을 받든지 못 받든지—상황에 대한 매우 협소한 견해, 곧 현대 과학의 성취에 대한 극히 과장된 평가에 근거한 것이다. 이미 지적했듯이 과학적 탐구는 분명히 많은 것을 성취했다. 그것은 여러 면에서 새로운 세계를 만들어 냈다. 하지만 이 모습 속에는 간과되지 말아야 할 다른 측면이 있다. 현대 세계는 어떤 면에서는 우리 조상들이 살던 세상보다 엄청나게 개선되었다. 그러나 다른 면에서는 한탄스러운 쇠퇴를 보이고 있다. 물질적 생활 조건은 개선된 것처럼 보이지만, 영적 영역에서는 그만큼의 손실을 보고 있다. 그 손실이 가장 분명한 곳이 예술 분야일 것이다. 외적인 생활 조건에 강력한 혁명이 일어났음에도 불구하고, 그 변화를 경축하는 살아 있는 위대한 시인이 없다. 인류가 갑자기 벙어리가 되었다. 위대한 화가들, 위대한 음악가들, 위대한 조각가들도 다 사라졌다. 존속하는 예술은 주로 모방하는 것이며, 그게 아니면 대부분 괴상하다. 물질적 번영에만 관심을 기울이는 공리주의 교육의 영향으로 과거의 영광에 대한 인식마저도 점점 사라지고 있다. 인간 삶의 모든 고상한 영역을 조소하면서 무시하는 H. G. 웰즈Wells의 『역사 개요』(Outline of History)는 철저하게 현대적인 책이다.

문학과 예술에서 발생한 이런 전대미문의 쇠퇴는 더욱 광범위한 현상의 한 증상일 뿐이다. 그것은 현대 세계에서 진행되고 있는 현상, 곧 인간성의 폭이 점점 좁아지는 현상의 한 사례일 따름이다. 현대 사회의 전체 발전은 개인의 자유를 제한하는 강력한 경향을 가지고 있다. 이 경향이 사회주의에서 가장 현저하다. 사회주의 국가는 개인의 선택을 최소화한다. 사회주의 정부 아래서는 노동과 여가가 모두 지시에 의해서 이루어지며, 개인의 자유는 사라진다. 그러나 오늘날 사회주의라는 말을 가장 혐오하는 사회에서도 동일한 경향이 나타나고 있다. 일단 대다수 국민이 어떤 정권이 유익하다고 선택하면, 그 정권은 더 이상 주저 없이 개인을 무자비하게 억압한다. "복지"가 좋기는 하지만, 강압된 복지는 나쁠 수도 있다는 사실이 현대 입법자들의 마음에는 떠오르지 않는 것 같다. 다른 말로 하면 공리주의를 그것의 논리적 결론까지 밀어붙이고 있는 것이다. 물질적 복지를 위해 자유의 위대한 원칙들이 거침없이 내던져지고 있다.

그 결과 인간의 생명이 전례 없이 빈곤해지고 있다. 인격은 개인이 선택할 여지가 있는 영역에서만 계발될 수 있다. 그런데 현대 사회에서는 그 영역이 서서히, 그러나 꾸준히 축소되고 있다. 특별히 교육 영역에서 이 경향이 감지된다. 이제 교육의 목적이 최대다수의 최대 행복을 성취하는 것으로 간주되고 있다. 나아가 최대 다수의 최대 행복이 무엇인지는 오직 다수의 의지에 의해서만 규정될 수 있다. 그러므로 교육에서 개인적 특이성은 무시되고, 학교 선택권은 부모의 손에서 박탈되어 국가의 손으로 넘어간다. 그렇게 되면 국가가 즉시 가용한 도구를 사용하여 그 권위를 행사한다. 결국 아이는 심리학 전문가의 통제에 맡겨지는데, 그 전문가들은 인간 생명의 고상한 영역과는 아무런 접촉이 없는 사람들이며, 자기들의 보호하에 있는 아이들이 그런 고상한 영역과 접촉하는 것을 전부 방해하고 있다. 미국에서는 아직 남아 있는 앵글로·색슨의 개인주의에 의해 이런 결과가 약간 지연되기는 하지만, 시대의 징조는 이런 어정쩡한 입장과 정반대의 흐름을 보인다. 자유는 기초 원리가 상실되면 위험한 상태로 유지될 뿐이다. 19세기 중반에 유행한 공리주의는, 한동안은 일상생활에 아무 영향을 미치지 못하는 순수 학문적 문제처럼 보였다. 하지만 그런 외형은 거짓이었음이 드러났다. 이전에는 일상생활에 대한 관료주의적 규제로부터 자유롭다는 사실을 자랑하던 미국 같은 나라에서조차도, 모든 고상한 열망이 상실된 메마른 공리주의가 대세가 되었다.

이런 경향이 드러나는 것을 쉽게 볼 수 있다. 한 예로, 네브래스카 주에서는 그 주에 속한 모든 학교는 사립이든 공립이든 모든 교육이 오직 영어를 통해서만 이루어져야 하며, 구청 감독관이 아이의 영어 능력이 8급에 도달했음을 인정할 때까지 영어 이외의 다른 언어는 배우지 못하게 하는 법을 시행 중이다.[2] 다른 말로 하면, 아이들이 너무 나이가 들어 외국어를 제대로 배우지 못하게 될 때까지 어떤 외국어도—당연히 라틴어나 헬라어도 포함된다—공부할 수 없다는 것이다. 바로 이런 방법으로 현대 집단주의는 인간의 참된 정신 발달에 필수적인 공부들을 제거해 버린다. 네브래스카 주, 그리고 유사한 법률이 시행되는 다른 모든 주들에서[3] 사람의 정신은 주 권력에 의해 발전이 항구적으로 정지된 상태에 처하게 되는 것이다.

그런 법률들과 함께 의도적으로 진실을 흐리게 하려는 정책은 닿을 수 있는 밑바닥까지 내려간 것처럼 보인다. 그런데 상황은 더 좋지 않다. 1922년 선거일에 오리건 주에서 주민투표로 한 법률이 통과되었는데, 바로 그 주에 사는 모든 어린이들이 공립학교에 다녀야 한다는 것이었다. 가장 중요한 성장기의 저학년에서는 최소한 기독교 학교와 사립학교가 완전히 사라지게 되었다. 만약 현재와 같은 경향이 지속된다면 그런 법률이 곧 한 주의 경계를 넘어서 널리 확대될 것이며,[4] 결국 모든 참 교육이 파괴되는 결과를 초래할 것이다. 미국의 여러 곳에서 공립학교가 이미 어떤 상태에 있는지를 생각해 보면—유물주의, 지속적인 지적 노력에 대한 억압, 실험 심리학의 위험한 사이비 과학에 대한 장려—영혼을 죽이는 그런 체제 속에서 벗어날 길이 없게 된 미연방의 모습에 소름이 끼치지 않을 수 없다. 그러나 그런 법률의 원리와 궁극적인 경향은 즉각적인 결과보다 훨씬 더 악하다.[5] 공립학교 제도 자체는 사람들에게 엄청난 유익이 된다. 그러나 사립학교들이 완전히 자유롭게 경쟁할 수 있는 건강성이 매 순간 유지될 때만 공립학교가 유익이 된다. 공립학교 제도가 배우기를 원하는 사람들에게 무상 교육을 제공한다는 것을 의미할 때, 비로소 현 시대의 괄목할 만하고 유익한 성취가 된다. 그러나 그 제도가 일단 독점적이 되면, 지금까지 존재한 적이 없는 완전한 압제의 도구가 된다. 중세에는 종교재판이 사상의 자유를 공격했지만, 현대의 공격 방법은 훨씬 효과적이다. 아이들의 사상이 형성되는 시기에, 국가가 임명한 전문가들이 그들을 밀접하게 통제하여, 인간의 고상한 열망이 압살되고 그 정신을 유물주의로 채우는 학교에 다니도록 강요한다면, 지금 남은 자유마저도 과연 유지될 수 있을지 알 수가 없다. 인간 영혼을 파괴하는 도구로 사용되는, 악한 기술의 지원을 받는 그런 독재는 과거의 조야한 독재보다―불과 칼이라는 무기를 사용하기는 했지만 적어도 생각만은 자유롭게 남겨 두었던―훨씬 위험하다.

오늘날의 물질주의적 온정주의를 아무 생각 없이 따라간다면, 미국 전체가 하나의 거대한 "전형적인 미국 중산층Main Street"이 되어, 영적 모험은 억제되고, 모든 인류를 가장 협소하고 빈약한 재능을 가진 존재로 전락시키는 제도가 민주주의로 간주될 것이다. 하나님께서 너무 늦기 전에 반대 운동을 일으키시고, 앵글로·색슨의 자유의 원리가 재발견되게 하시기를! 우리 나라의 교육과 사회 문제에 대한 어떤 해법이 발견되든지, 전 세계에 걸친 한탄스러운 상태가 인식되어야 한다. 위대한 인물이 거의 없거나 전혀 존재하지 않으며, 개인적 삶의 영역이 전반적으로 축소되고 있는 상황임을 부인할 수 없다. 물질적 개선이 영적 쇠퇴와 병행하고 있는 것이다.

우리는 현대주의와 전통주의, 자유주의와 보수주의 사이에 선택을 요구하는 세계의 이런 상태에 대하여 편견에 빠지는 일 없이 접근해야 한다. 현대의 한탄스러운 결함을 볼 때, 어떤 유형의 종교가 단지 현대적이라는 이유로 장려되거나 단순히 오래되었다는 이유로 정죄되어서는 안 된다는 것이 확실하다. 도리어 오늘날 인류의 상태는 우리로 하여금 이전 세대의 사람들을 그렇게도 위대하게 만든 요소가 무엇인지, 또한 현 세대의 사람들을 그렇게도 왜소하게 만드는 요소가 무엇인지 물을 수 있게 한다. 현대의 모든 물질적 성취 속에서, 우리는 온 세상을 얻고도 우리 영혼을 잃어버린 것은 아닌지 물어야 할 것이다. 우리는 공리주의의 천한 삶을 살도록 영원히 정죄받은 것인가? 아니면 인류를 과거의 영광으로 되돌릴 잊혀진 비결이 있는가?

이 작은 책의 저자인 나는 그 비결을 기독교에서 발견한다. 그러나 여기서 말하는 기독교는 현재 자유주의 교회의 종교가 아니다. 중세에 그랬듯이, 지금 거의 잊혀졌다가 하나님의 선하신 때 새로운 종교개혁에서 다시 한번 터져 나와 인류에게 빛과 자유를 가져다주기로 되어 있는 하나님의 은혜의 메시지다. 그 메시지가 무엇인지는, 다른 모든 것을 정의할 때와 마찬가지로, 배제시키고 대비시키는 방법을 통해서만 분명히 드러날 수 있다. 따라서 현재 교회를 거의 지배하고 있는 현대의 자유주의 신학을 기독교에 대비하여 제시하면서, 우리는 단순히 부정적이거나 논쟁적인 목적만으로 열을 내는 것은 아니다. 도리어 무엇이 기독교가 아닌지를 보여줌으로써 기독교가 무엇인지를 보여주고자 하며, 그리하여 사람들이 연약하고 비천한 요소들로부터 돌아서서 하나님의 은혜를 다시 의지하도록 하려는 것이다.

— 2 —

교리

교회 안의 자유주의 신학은, 어떤 식으로 평가를 내리든지, 적어도 더 이상 학문적인 문제만은 아니다. 그것은 더 이상 신학교나 대학만의 문제도 아니다. 기독교 신앙의 근본에 대한 자유주의 신학의 공격은 주일학교의 교사용 교재, 강단, 종교 언론에 의해서 강력하게 이루어지고 있다. 만약 그런 공격이 정당하지 않다면, 그 해법은 어떤 경건한 사람들의 제안처럼 신학교를 없앤다든지 과학적 신학 연구를 포기하는 데에 있는 것이 아니라, 진리를 더욱 진지하게 추구하고 진리를 발견했다면 거기에 더욱 충실하게 헌신하는 데 있다.

신학교와 대학들에서는 이 큰 문제의 뿌리가 일반 세상에서보다 더욱 선명하게 보인다. 학생들 사이에서는 전통적인 용어를 사용하여 확신을 새롭게 하는 일이 많이 사라졌으며, 새로운 종교를 옹호하는 자들도 대체로 교회 안에 머물러 있기 때문에 과거의 형식에 순응하는 모습을 유지하는 데 별 어려움을 느끼지 않고 있다. 그러나 위에서 언급한 솔직함이 모든 사람들에게 퍼져 나가야 한다고 생각한다. 종교 교육자들 사이에서 "불쾌감을 주지 않으려는" 것에 대한 과도한 강조가 어느 것보다도 가장 해롭다. 그러한 바람은 너무나 자주, 위험할 정도로 부정직함에 가깝다. 종교 교육자들은 마음속 깊이에서는 자기 견해가 급진적이라는 것을 잘 알고 있지만, 자기의 마음을 전부 드러냄으로써 교회라는 거룩한 분위기 속에 있는 자신의 위치를 포기하려고는 하지 않는다. 그런 모든 은폐와 변명을 사용하는 정책에 반대하면서, 우리는 급진주의자이든 보수주의자이든 싸울 열정이 있는 사람에게만 마음이 간다.

그렇다면 근본적으로, 전통적인 용어들이 전부 제거되고 남은 기독교 신앙의 근본적 요소들에 대한 오늘날의 반대는 어떤 참된 의미를 가지는가? 요약하면, 기독교의 교리에 대항하는 현대 자유주의 신학의 가르침은 무엇인가?

처음부터 우리는 반대에 부딪힌다. 그들은 이렇게 말한다. "가르침은 중요하지 않다. 그러므로 자유주의 신학의 가르침에 대한 설명과 기독교의 가르침에 대한 설명은 오늘날 아무런 흥미도 끌지 못한다. 신조creed들은 단일한 기독교적 경험을 시대에 따라 달리 표현한 것이며, 신조들이 그 단일 경험을 표현하는 한 모든 신조들은 똑같이 좋은 것이다. 그러므로 자유주의 신학의 가르침들이 역사적 기독교의 가르침으로부터 최대한으로 먼 거리에 있을 수 있지만, 그 근본은 같다."

'교리'에 대한 현대인의 적대감을 이런 식으로 표현할 수 있다. 그러나 이것이 과연 교리 자체에 대한 반대인가, 아니면 어떤 특정한 교리를 위해서 다른 특정한 교리를 반대하는 것인가? 많은 형태의 자유주의 신학에서 실제로 발생하는 것이 후자의 경우라는 데에 의심의 여지가 없다. 현대 자유주의 신학에도 교리가 있으며, 이 교리들은 역사적 신조들에서 발견되는 모든 교리들처럼 끈질기고도 배타적으로 주장된다. 예를 들면, 하나님의 보편적 부성fatherhood, 인간의 보편적 형제애 같은 자유주의 신학의 교리들이 그런 것들이다. 그렇지만 그것들도 전부 교리이므로, 역시 지적인 변호를 필요로 한다. 외적으로는 모든 신학을 반대하는 것처럼 보이지만, 자유주의 신학의 설교자들은 어떤 한 가지 체계를 위해서 다른 체계를 반대할 뿐이다. 따라서 그들도 신학적 논쟁으로부터 벗어날 수 없다.

때로 교리에 대한 현대인의 반대는 더 심각한 의미를 가진다. 그 반대가 확실한 근거가 있든 없든, 최소한 그것의 참된 의미는 진지하게 다뤄져야 한다.

의미는 너무나 분명하다. 그 반대는 철저한 회의주의에 의한 것이다. 만약 모든 신조들이 동일하게 참이라고 하면서 그것들이 서로 모순 관계에 있다고 하면, 전부가 똑같이 거짓이든지, 아니면 최소한 전부가 불확실한 것이다. 그렇다면 우리는 단어를 가지고 묘기를 부리는 저글링에 열중하고 있을 뿐이다. 모든 신조들이 동일하게 참되다고 말하면서 동시에 그것들이 경험에 근거한다고 말하는 것은, 50년 전에 교회의 가장 치명적인 적으로 간주되던 불가지론으로 후퇴하는 것이다. 그 적이 진영 안으로 받아들여졌다는 이유만으로 우군으로 바뀌지는 않는다. 기독교의 신조에 대한 개념은 전혀 다르다. 기독교의 개념에 따르면, 신조는 단순한 기독교 경험의 표현이 아니라 경험의 기초가 되는 사실들을 기술한 것이다.

그런데도 기독교는 교리가 아니라 삶이라는 주장이 이따금 제기되는데, 겉으로는 경건하게 들린다. 그러나 그 주장은 철저하게 거짓이며, 심지어 기독교인이 아니더라도 그 거짓을 탐지할 수 있다. 왜냐하면 "기독교는 삶이다"라고 말하는 것은 역사의 영역에 속한 것에 대한 주장이기 때문이다. 그 주장은 이상ideals의 영역에 포함되지 않는다. 그렇게 말하는 것은 기독교가 삶이 되어야 한다든지, 이상적인 종교는 삶이라고 말하는 것과는 전혀 다르다. 기독교가 삶이라는 주장은 네로 치하의 로마 제국이 자유로운 민주주의 사회였다는 주장과 똑같이 역사적 조사의 대상이 된다. 네로 치하의 로마 제국이 민주주의 사회였다면 더 좋았겠지만, 역사적 질문이란 다만 실제로 그것이 민주주의 사회였는지 아닌지를 묻는 것이다. 로마 제국이나 프러시아 왕국이나 미합중국처럼 기독교도 역사적 현상이다. 역사적 현상으로서 기독교는 역사적 증거를 기초로 조사되어야 한다.

그렇다면 기독교는 교리가 아니라 삶이라는 말이 참인가? 이 질문은 기독교의 시작을 조사함으로써만이 확정될 수 있다. 기독교의 시작을 조사해 보아야 한다는 사실을 인정한다고 해서 반드시 기독교 신앙을 받아들여야 하는 것은 아니다. 그 사실을 받아들이는 것은 단지 상식이며, 정직한 사람에게는 당연한 태도일 뿐이다. 모든 단체가 시작될 때에는 설립 문서가 있으며, 거기에는 단체의 목적들이 명기된다. 그보다 훨씬 더 바람직한 목적들이 있을 수도 있겠지만, 만약 경영자들이 그 단체의 이름과 자원을 가지고 다른 목적들을 추구한다면 그들은 월권행위를 하고 있는 것이다. 이것은 기독교에 있어서도 마찬가지다. 기독교 운동을 시작한 사람들에게 이후 세대를 위한 법을 제정할 권한이 없다고 생각할 수도 있겠지만, "기독교"라는 이름을 유지하기로 결정하는 모든 후세대를 위한 법 제정의 권리는 그들에게서 박탈될 수 없다. 기독교를 완전히 포기하고 다른 종교로 대체하는 상황을 생각할 수는 있다. 하지만 기독교가 무엇인가 하는 질문에 대한 답은 기독교의 시작을 조사함으로써만 확정될 수 있다.

기독교의 시작은 상당히 분명한 역사적 현상이다. 기독교 운동은 나사렛 예수의 죽음 며칠 이후에 생겨났다. 예수의 죽음 이전에 기독교라고 불릴 수 있는 것이 있었는지는 의심스럽다. 그 이전에 기독교가 존재했다면 그것은 오직 예비적 단계였을 뿐이다. 기독교라는 이름은 예수의 죽음 이후에 생겨났으며, 기독교 자체도 역시 새로운 어떤 것이었다. 십자가 사건 이후 예루살렘에 있던 예수의 제자들 사이에 중요한 새 출발이 있었음이 분명하다. 이때를 기점으로, 예루살렘에서 이방 세계로 퍼져 나가 기독교라고 불리게 된 괄목할 만한 현상이 시작된 것으로 보아야 한다.

이 운동의 초기 단계에 대한 분명한 역사적 기록이 바울의 서신들에 보존되어 있다. 진지한 역사학자들은 모두 그 서신들을 기독교의 처음 세대가 실제로 생산한 것으로 간주한다. 그 서신들의 저자는 예루살렘에서 기독교 운동을 일으킨 예수의 친밀한 친구들과 직접 대화했으며, 그 운동의 근본 성격이 무엇이었는지를 서신들 속에서 너무나 분명하게 보여준다.

이를 근거로 하여 거기에 한 가지 분명한 사실이 있다면, 초기 기독교 운동은 현대적 의미의 삶의 방식으로 도입된 것이 아니라, 어떤 메시지에 근거한 삶의 방식이었다는 점이다. 기독교는 단순한 감정이나 활동 프로그램에 근거한 것이 아니라, 어떤 사실에 대한 설명에 근거했다. 다른 말로 하면 그것은 교리에 근거했던 것이다.

이와 관련하여 바울에 대해서는 논란의 여지가 없다. 바울은 교리에 무관심하지 않았다. 도리어 교리가 그의 삶의 기초였다. 교리에 대한 헌신 때문에 그가 놀라운 관용을 베풀지 못하게 된 것은 아니었다. 로마 수감 중 놀라운 관용의 예가 있었는데, 빌립보서에 그것이 기록되어 있다. 당시 로마에 있던 어떤 기독교 교사들이 바울의 위대함을 질투했던 것으로 보인다. 바울이 자유로운 몸이었을 때는 그들이 둘째의 위치에 있을 수밖에 없었는데,

이제 바울이 감옥 안에 있으므로 그들이 최고의 위치를 차지하게 되었다. 그들은 감옥에 있는 바울을 더 괴롭히고자 했다. 그들은 심지어 질투와 분쟁의 정신으로 그리스도를 전파했다. 요컨대, 경쟁적인 설교자들이 복음 전파를 저급한 개인적 야망을 만족시키기 위한 수단으로 만든 것이다. 쉽게 생각할 수 있는 저급한 사업이 되어 버린 셈이다. 그러나 바울은 마음이 흔들리지 않았다. "그러면 무엇이냐. 겉치레로 하나 참으로 하나 무슨 방도로 하든지 전파되는 것은 그리스도니 이로써 나는 기뻐하고 또한 기뻐하리라"라고 그는 말한다(빌 1:18). 전파되는 방식은 잘못되었지만, 메시지 자체는 참이었다. 바울은 그 메시지가 제시되는 방식보다는 메시지의 내용에 훨씬 관심이 있었다. 이보다 더 훌륭한 관용의 예를 찾기는 불가능할 것이다.

그렇다고 해서 바울이 무조건 관용을 베풀기만 한 것은 아니었다. 예를 들어, 갈라디아에서는 전혀 관용적 태도를 보이지 않았다. 거기에도 역시 경쟁적인 전도자들이 있었다. 그런데 바울은 그들에게는 일절 관용을 보이지 않았다. 오히려, "그러나 우리나 혹은 하늘로부터 온 천사라도 우리가 너희에게 전한 복음 외에 다른 복음을 전하면 저주를 받을지어다"라고 했다(갈 1:8). 사도가 이렇게 다른 태도를 취하는 이유가 무엇인가? 로마에서는 여유 있게 관용을 보이다가, 갈라디아에서는 저주를 퍼붓는 이유가 무엇인가? 그 답은 너무나 분명하다. 로마에서는 경쟁 전도자들이 전하는 메시지가 참이었으므로 관용했으나, 갈라디아에서는 메시지가 거짓이었으므로 관용하지 않았던 것이다. 두 경우에 사람들이 누구냐 하는 것은 바울의 태도와 아무 관계가 없었다. 갈라디아에서 유대주의자들Judaizers의 동기는 전혀 순결하지 않았으며, 실제로 바울도 그들의 불순함을 슬쩍 지적했다. 그러나 이 이유 때문에 반대했던 것은 아니다. 유대주의자들은 결코 도덕적으로 완전하지 않았지만, 설사 그들이 하늘로부터 온 천사라 할지라도 그들에 대한 바울의 반대는 똑같았을 것이다. 바울의 반대는 전적으로 그들의 교훈에 거짓이 있었기 때문이었다. 그들은 참 복음을 복음이 아닌 전혀 다른 것으로 바꾸어 버렸다. 바울에게 있어서 복음은 한 사람에게는 참이고 다른 사람에게는 거짓일 수 없었다. 실용주의가 그의 영혼에는 그림자를 드리우지 못했던 것이다. 바울은 복음 메시지의 객관적 진리를 확신했으며, 그 진리에 대한 헌신이 그의 삶의 위대한 열정이었다. 바울에게 있어서 기독교는 삶이기만 한 것이 아니라 교리이기도 했으며, 논리적으로는 교리가 먼저였다.[1]

그렇다면 바울의 가르침과 유대주의자들의 가르침 사이에 다른 점이 무엇이었는가? 갈라디아서의 엄청난 논쟁을 야기한 요소가 무엇인가? 현대 교회에게는 그 차이가 미묘한 신학적 문제에 불과한 것으로 보일 수 있다. 많은 것들에서 유대주의자들은 바울과 의견이 완전히 일치했다. 유대주의자들은 예수를 메시아로 믿었다. 그들이 그리스도라는 인물에 대한 바울의 견해에 반대했다는 증거는 전혀 발견되지 않는다. 조금의 의심도 없이 그들은 예수가 죽음에서 부활했음을 믿었다. 나아가 그리스도에 대한 믿음이 구원에 필요하다는 것도 믿었다. 그런데 문제는 그들이 그 외에도 다른 어떤 것이 필요하다고 믿었다는 데 있었다. 그들은 그리스도께서 성취한 일이, 율법을 지키려는 신자 자신의 노력에 의해 보충되어야 한다고 믿었다. 현대의 관점에서 보면 그 차이가 극히 미세한 것처럼 보일 수 있다. 유대주의자들뿐 아니라 바울도 하나님의 법을 지키는 것이 그 중요성의 깊이에 있어서 믿음과 불가분적으로 연결되었다고 믿었다. 그 차이는 세 단계에 대한 논리적인—시간적인 것도 아닌—순서에 불과했다. 바울은 사람이 처음에 그리스도를 믿고, 그럼으로써 하나님 앞에서 의롭다 함을 받고, 다음으로 즉시 하나님의 법을 지켜야 한다고 주장했다. 거기에 대해서 유대주의자들은 처음에 그리스도를 믿고, 최선을 다해서 하나님의 법을 지키고, 그 다음에 의롭게 된다고 주장한 것이었다. 현대의 "실천적인" 그리스도인에게 있어서 이 차이는 극히 미묘하고 실체가 애매한 문제로서, 실천적인 영역에서 이룬 큰 합의에 비추어 보면 거의 문제 삼을 가치도 없는 것으로 보일 것이다. 유대주의자들이 모세 율법 준수를—심지어 그 당혹스러운 의식법까지 포함하여—이방 도시들에 확장시키는 데 성공했다면 그 도시들이 얼마나 말끔히 청소되었겠는가! 바울도 자신과 거의 완전한 일치에 도달한 그 교사들과 공동의 대의를 위해 마땅히 노력했어야 하는 것처럼 보인다. 기독교의 연합이라는 큰 원칙을 그들에게 마땅히 적용했어야 하는 것처럼 보인다.

그러나 바울은 전혀 그렇게 하지 않았다. 그가 (그리고 다른 사람들이) 그렇게 하지 않았다는 오직 그 이유 때문에 오늘날 기독교 교회가 존재하는 것이다. 바울은 유대주의자들과 자신의 차이가 전혀 다른 종교 유형의 차이임을 분명히 이해했다. 그것은 공로의 종교와 은혜의 종교 사이의 차이였다. 만약 그리스도가 우리 구원의 일부만을 제공하고 나머지는 우리 자신이 채우도록 했다면, 우리는 여전히 절망적으로 죄의 짐을 지고 있을 것이다. 구원을 얻기 위해 채워야 하는 간격이 아무리 적다고 할지라도, 각성한 양심은 선을 향한 우리의 최대한의 노력조차 그 간격을 채우기에 부족하다는 것을 분명히 이해할 것이다. 죄책을 진 영혼은 우리가 정말로 우리의 몫을 이행했는지를 결정하기 위해 하나님과 승산 없는 계산을 다시 시작해야 하는 것이다. 이렇게 되면 우리는 다시 율법의 옛 굴레 아래서 신음하게 된다. 우리 자신의 공로로 그리스도의 사역을 채우려는 시도가 바로 불신앙의 본질임을 바울은 분명히 보았다. 그리스도는 모든 것을 했거나 아무것도 하지 않았고, 우리의 유일한 소망은 그의 자비에 우리 자신을 무조건적으로 던지며, 모든 일에서 그를 신뢰하는 것이다.

분명히 바울이 옳았다. 바울과 유대주의자를 갈라놓은 차이는 단순히 미묘한 신학적 차이에 불과한 것이 아니라, 그리스도에 대한 믿음 그 자체에 관한 것이었다. "큰 죄에 빠진 날 위해 주 보혈 흘려주시고." 바로 이것을 위해 바울은 갈라디아에서 싸웠다. 만약 유대주의자들이 승리했다면 이 찬송이 결코 쓰여질 수 없었을 것이다. 그리고 이 찬송이 표현하는 그것이 없었다면, 기독교라는 것 자체가 존재하지 않았을 것이다.

그렇다면 바울이 비교리적인 종교를 옹호하지 않았음이 분명하다. 그는 다른 무엇보다도 자신의 메시지가 객관적이고 보편적인 진리라는 사실을 중시했다. 진지한 역사학도라면, 바울 종교에 대한 그들의 개인적 입장에 무관하게 이만큼은 인정할 것이다. 현대 자유주의 설교자들은 때로 바울의 글을 문맥과 무관하게 인용하고, 그것을 원래의 의미와 전혀 다르게 해석하면서 사람들의 마음에 정반대의 인상을 심으려 한다. 하지만 바울을 그런 식으로 단념하기란 사실 매우 힘들다. 현대 자유주의자들은 평범한 그리스도인들의 마음에 (그리고 자신들의 마음에도) 현대 자유주의 신학과 위대한 사도의 사상과 삶 사이에 어떤 연속성이 있는 것 같은 인상을 심어 주기를 원한다. 그러나 그런 인상은 완전히 잘못된 것이다. 바울은 예수의 윤리적 원리들에만 관심을 가진 것이 아니었다. 또한 종교나 윤리의 보편적인 원리에만 관심을 가진 것도 아니었다. 오히려 그는 그리스도의 구속의 사역과 그것이 가져오는 효과에 관심을 가지고 있었다. 그의 일차적인 관심은 기독교 교리였다. 그에게 교리란 기독교의 단순한 전제가 아니라 핵심이었다. 만약 기독교를 교리로부터 독립시킨다면, 바울의 사상은 기독교의 뿌리와 가지에서 완전히 제거되어야 한다.

그러면 어떻게 되는가? 어떤 사람들은 이런 결론에 대해 걱정하지 않는다. 만약 바울의 사상이 제거되어야 한다면, 그렇게 하고서라도 해나갈 수 있다고 그들은 말한다. 바울이 교회의 삶에 교리적 요소를 도입한 것이, 현대 자유주의 설교자들이 원하는 것과 같은, 교리로부터 독립된 원시 기독교를 왜곡한 것으로 드러날 수도 있지 않은가?

이런 생각은 역사적 증거 앞에서 명백하게 무너진다. 이 문제가 그렇게 손쉬운 방법으로 해결될 수 없음이 분명하다. 바울의 종교를 초대 교회의 종교와 분명하게 구분하려는 많은 시도들이 있었다. 기독교 운동에 바울이 전혀 새로운 원리를 도입했다든지, 심지어 바울이 새로운 종교의 창시자라는 것을 증명하기 위한 많은 시도들이 있었다.[2] 그러나 그런 모든 시도들은 실패로 끝났다. 바울의 서신들 자체가 예수의 최초 무리들과 바울이 근본적인 일치를 이루고 있었음을 증명한다. 또한 이런 일치를 기초로 하지 않으면 초기 기독교 역사 전체가 미궁에 빠지고 만다. 바울은 기독교가 근본적으로 교리적 성격을 가진다는 점에 관해 무슨 혁신을 일으킨 사람이 아니다. 이 사실은 바울과 예루살렘 교회의 관계가 전체적으로 어떤 성격이었는지 보여주는 서신들에 드러나 있으며, 또한 바울이 초대 교회로부터 받은 전승을 요약하는 귀중한 단락인 고린도전서 15:3-7에 놀라울 정도로 분명하게 드러난다. 최초 가르침의 내용은 어떤 형태였는가? 하나님의 아버지되심이나 사람의 형제됨이라는 일반적인 원리였는가? 아니면 현대 교회에 두드러지게 나타나는, 예수의 인격에 대한 애매한 존경 같은 것인가? 이것은 전혀 사실이 아니다. 최초의 제자들은 "성경대로 그리스도께서 우리 죄를 위하여 죽으시고 장사 지낸 바 되었다가, 성경대로 사흘 만에 다시 살아나셨다"라고 말했다. 처음부터 기독교 복음은, "복음" 혹은 "좋은 소식"이라는 말이 실제로 의미하듯이 발생한 어떤 일에 대한 설명이었다. 처음부터 그 발생한 일의 의미가 제시되었고, 그에 따라 기독교 교리가 생긴 것이다. "그리스도께서 죽으셨다." 이것은 역사다. "그리스도께서 우리 죄를 위해 죽으셨다." 이것은 교리다. 결코 분리될 수 없이 연결된 이 두 요소가 없다면 기독교는 없는 것이다.

그렇다면 최초의 기독교 선교사들이 그저 "나사렛 예수는 경건한 자녀로 훌륭한 삶을 살았으며, 우리가 그러했듯이 우리의 말을 듣는 여러분도 그런 매력적인 삶을 위해 자신을 굴복시키기를 권합니다"와 같은 권면을 하지 않았음이 명백하다. 현대의 역사가들은 최초의 그리스도인들이 그렇게 말했으리라고 기대하지만, 실제로는 전혀 그렇게 말하지 않았음을 분명히 알아야 한다. 그들은 예수의 최초 제자들이 그의 죽음이라는 큰 파국 앞에서 조용히 명상에 잠겼다고 생각한다. 그들은 "하늘에 계신 우리 아버지"라는 표현은, 비록 그 기도를 가르쳐 주신 분은 죽었지만, 하나님을 부르기에 좋은 말이라고 스스로 생각했을 것이다. 그들은 예수의 윤리적 원칙들을 고수하면서, 그런 원칙들을 선언하신 분은 비록 죽었지만 무덤 너머에서도 어떤 인격적인 존재를 유지할 것이라는 모호한 희망을 품었을 것이다. 당시 상황에 대한 이런 식의 재편이 현대인에게는 매우 자연스럽게 보일 수도 있다. 하지만 베드로, 야고보, 그리고 요한에게서는 그런 일이 결코 일어나지 않았다. 예수는 그들 안에 큰 희망을 일으켰는데, 그 희망은 십자가 사건에 의해 깨졌다. 이런 상황에서 종교와 윤리의 일반 원리에 대한 반추는 그 희망을 되살릴 힘이 전혀 없었다. 예수의 제자들은 모든 일에서 그들의 스승보다 훨씬 열등했다. 그들은 스승의 고상한 영적 교훈을 이해하지 못했고, 엄숙한 위기의 순간에도 앞으로 임할 나라에서 누가 높은 위치를 차지하는가 하는 문제로 다투고 있었다. 그들의 스승이 실패한 곳에서 그들이 성공하리라는 희망이 어디에 있는가? 스승이 그들과 함께 있을 때에도 그들은 무력했다. 그런데 이제 그가 떠난 후에는 그들에게 남아 있던 작은 능력마저도 사라져 버린 것이다.[3]

그런데 바로 그 연약하고 풀 죽었던 사람들이, 스승 사후 불과 몇 날이 못 되어 세계 역사상 가장 중요한 영적인 운동을 일으킨 것이다. 무엇이 이런 충격적인 변화를 만들어 내었을까? 무엇이 이 연약하고 겁쟁이인 제자들을 변화시켜 세상을 영적으로 정복하게 만들었을까? 분명히 예수의 삶에 대한 기억만으로 그렇게 됐을 리는 없는데, 그들의 기억은 슬퍼할 만한 일이었지 기뻐할 만한 일이 아니었기 때문이다. 십자가 사건과 예루살렘 활동 개시 사이의 몇 날 동안에, 예수의 제자들은 그들의 임무를 위한 새로운 장비를 갖춘 것처럼 보인다. 그 장비의 현저하게 눈에 띄는 요소만을 놓고 보아도 (그리스도인들이 믿기에 오순절에 부여받은 것은 논외로 하고라도) 그 새 장비가 무엇이었는지는 자명하다. 예수의 제자들이 세상을 정복하러 나갈 때 사용한 위대한 무기는 외적인 원리에 대한 단순한 인식이 아니었다. 그것은 역사적 메시지, 최근에 발생한 어떤 일에 대한 설명, 곧 "그가 부활하셨다"는 메시지였다.[4]

그러나 부활의 메시지는 따로 움직이는 것이 아니었다. 그것은 예수의 죽음과 연결되었으며, 더 이상 실패가 아니라 하나님의 은혜의 승리로 이해되었다. 이제 그것은 예수가 지상에 있었던 전체 생애와 연결되었다. 예수의 오심은 이제 죄에 빠진 사람을 건지기 위한 하나님의 행동으로 이해되었다. 초대 교회는 예수의 말씀에만 주의한 것이 아니라, 그보다 더 일차적으로 예수가 한 일에도 주의했다. 세상은 한 사건의 선언을 통해서 구속받아야 했고, 그 사건에는 의미가 덧붙여진다. 의미와 함께 그 사건을 제시하는 것이 교리였다. 기독교 메시지에는 항상 이 두 가지 요소가 함께한다. 사실을 서술하는 것은 역사다. 그 사실의 의미와 함께 사실을 서술하는 것이 교리다. "본디오 빌라도에게 고난을 받으사 십자가에 못 박혀 죽으시고 장사 지낸 바 되었다"는 역사다. "나를 사랑하사 나를 위하여 자신을 주셨다"는 교리다. 이것이 초대 교회의 기독교였다.

물론 이런 말이 있을 수 있다. "설령 초대 교회의 기독교가 교리에 의존하고 있었다 하더라도, 우리는 그런 의존성에서 탈피할 수 있다. 우리는 초대 교회를 넘어 예수에게 직접 호소할 수 있다. 교리를 포기한다면 바울도 포기해야 한다는 것은 이미 인정된 바다. 이제 교리가 포기된다면 예루살렘 초대 교회도 그 부활의 메시지와 함께 포기되어야 한다. 그래도 우리는 예수에게서 직접 우리가 원하는 단순하고 비교리적인 종교를 발견할 수 있다." 바로 이것이 "그리스도에게 돌아가자"는 현대 슬로건의 진짜 의미다.

우리는 정말로 그런 발걸음을 떼어야 할까? 그것은 참으로 기이한 발걸음이 아닐 수 없다. 한 위대한 종교가 그리스도의 구속 사역의 메시지로부터 힘을 얻었다. 그 메시지 없이는 예수와 그의 제자들은 곧 잊혀질 것이다. 그 동일한 메시지와 의미가 수 세기 동안 기독교 운동의 심장이요 영혼이었다. 그런데도 지금 우리는 수 세기 동안 줄곧 기독교에 힘을 주었던 그것이 실책이었다고, 그 운동을 시작한 사람들이 그들 스승의 삶과 일의 의미를 철저하게 오해했다고, 따라서 그 처음 실수를 우리 현대인들이 알아차려야 한다고 요구받고 있다. 설령 이런 관점이 정당하다 하더라도, 예수 자신이 현대 자유주의 신학과 같은 종교를 가르쳤다 하더라도, 그런 종교가 기독교라고 불릴 자격이 있는지는 여전히 의문이다. 왜냐하면 그리스도인이라는 명칭은 그 결정적인 변화가 일어난 이후에 처음으로 적용되었으며, 1,900년 동안 한 종교에 그렇게도 확고하게 결합되어 있던 이름이 갑자기 다른 종교에 붙여질 수 있는지는 극히 의심스럽기 때문이다. 만약 예수의 처음 제자들이 정말로 그들의 스승에게서 그토록 근본적으로 떠난 것이라면, 예수는 기독교의 창시자가 아니라 단순하고 비교리적인 한 종교의 창시자였으며, 이 종교가 오랫동안 잊혀져 있다가 현대인에 의해서 다시 발견되었다고 말하는 것이 더 좋은 용어 사용일 것이다. 다만, 그럴지라도 자유주의 신학과 기독교의 대비는 여전히 드러날 것이다.

그러나 실제로는 사태가 전혀 그런 식으로 움직이지 않는다. 예수의 제자들이 그들 스승의 가르침으로부터 떠난 한 사건이 기독교의 토대라고 말하는 것은 사실이 아니다. 왜냐하면 예수 자신이 똑같은 일을 했기 때문이다. 예수는 종교와 윤리의 일반 원리를 선언하는 것으로 만족하지 않았다. 예수를 현명한 행동 원칙을 가르친 공자와 같은 현자로 그리는 그림은 웰즈를 만족시킬 수는 있겠지만—그는 역사의 문제를 가볍게 처리해 버린다—역사를 진지하게 연구하기 시작하면 즉시 사라져 버린다. 예수는 "회개하라. 천국이 가까웠느니라"라고 말씀하셨다. 예수가 갈릴리에서 선포한 복음은 나라가 임한다는 내용으로 되어 있다. 그런데 예수는 그 나라가 임하는 것을 하나의 사건으로, 혹은 일련의 사건들로 취급했다. 예수가 그 나라를 또한 현재의 일로 간주한 것, 어떤 의미에서 이미 와 있는 것으로 설명한 것도 사실이다. 예수의 말씀을 해석할 때 그의 선포의 이 측면을 도외시하면 제대로 해석할 수 없을 것이다. 그리고 그 나라가 임하는 것이 분명한 대이변을 수반한다는 또 다른 측면을 도외시해서도 안 된다. 만약 예수가 그 나라의 도래를 분명한 역사적 사건에 의존하는 것으로 간주했다면, 그의 교훈은 결정적인 점에서 초대 교회의 교훈과 유사했다. 예수와 초대 교회는 단순히 종교의 일반적이고 항구적인 원리들을 선언하지 않았다. 도리어 예수와 초대 교회는 모두 발생한 어떤 일에 의존하여 메시지를 형성했다. 한 가지 차이점이 있다면, 예수의 가르침에서는 그 사건이 아직 미래인 반면, 예루살렘 교회의 가르침에서는 그 사건의 서막이 이미 과거였다는 점이다. 예수는 그 사건이 앞으로 임할 것이라고 가르쳤으나, 제자들은 그 일부가 이미 과거의 일이라고 가르쳤다. 그러나 중요한 것은 예수와 제자들이 모두 어떤 사건을 선포했다는 점이다. 예수는 오늘날 자유주의 설교자들이 주장하는 것같이 단지 항구적인 진리를 선포하기만 한 인물이 아니었다. 도리어 그는 이전에 있었던 적이 없는 일이 이제 발생하려는 역사의 전환기에 서 있다고 생각했다.

그러나 예수는 사건만을 선언한 것이 아니라, 그 사건의 의미까지 선언했다. 당연히 사건이 발생한 다음에야 그 충만한 의미가 분명하게 드러날 것이다. 만약 예수가 한 사건을 선언하고 발생시키기 위해 온 것이 사실이라면, 그들 스승의 지상 사역에 의해 그 사건이 준비되던 때보다 더 충분히 그 사건을 설명한 제자들은 예수의 목표에서 떠난 것이 아니다. 그런데 예수 자신이, 비록 예언의 형태이긴 하지만, 새 시대의 기초가 될 그 위대한 사건의 의미를 설명했다.

모든 복음서들에서 예수의 말이라고 주장된 것들이 실제로 그의 말이라면, 그가 그 일을 장엄하게 수행했음이 확실하다. 비록 네 번째 복음서를 거부한다 하더라도, 또한 가장 과격한 비평을 나머지 세 복음서에 적용한다 해도, 예수의 가르침에서 이 요소를 제거하기는 불가능할 것이다. 최후의 만찬에서 예수의 말씀으로 돌려진 말씀, 그리고 마가복음 10:45의 발언은 ("인자가 온 것은 섬김을 받으려 함이 아니라 도리어 섬기려 하고 자기 목숨을 많은 사람의 대속물로 주려 함이니라.") 실로 치열한 토론의 주제였다. 이런 말씀이 실제 예수의 말씀이었다고 인정한다면, 예수에 대한 현대의 견해는 전혀 받아들일 수 없다. 어떤 비평 이론을 근거로 해도 그런 말씀을 제거하기가 어렵다. 하지만 지금 우리가 다루고 있는 문제는 이런 귀중한 말씀들의 진정성보다도 더욱 일반적인 어떤 것이다. 우리는 지금 예수가 항구적인 도덕 원리들을 선언한 것으로 스스로 만족하지 않았음을 주목해야 한다. 그는 다가오고 있는 어떤 사건을 선언한 것이 확실하다. 또한 그 사건의 의미에 대한 아무 설명도 없이 그 사건을 선언하지 않은 것도 확실하다. 그러나 그가 사건의 의미를 설명했을 때, 그 설명이 아무리 짧다 해도, 그는 비교리적 종교 혹은 오직 영원한 원리만을 교리로 가르치는 종교와, 분명한 역사적 사실의 의미에 뿌리를 둔 종교를 구분하는 선을 넘어간 것이다. 그는 오늘날 자신의 이름을 부정확하게 사용하는 철학적인 현대 자유주의 신학과 자신 사이에 큰 간격을 만들었다.

예수의 가르침은 또 다른 방식으로도 교리에 뿌리를 박고 있었다. 예수의 가르침이 교리에 뿌리박고 있다고 말할 수 있는 것은, 그 가르침이 예수 자신의 위격Person에 대한 엄청난 주장에 의존해 있기 때문이다. 예수가 복음에서 자신의 위격을 배제하고,

자신을 다만 하나님의 최고 선지자로만 제시했다는 주장이 자주 있었다. 이 주장은 현대 자유주의 신학이 가지고 있는 그리스도의 생애에 대한 개념의 뿌리에 있다. 이런 주장이 흔하기는 하지만 전혀 사실이 아니다. 자유주의 역사가들 자신이 자료를 심각하게 다루기 시작하자마자, 진짜 예수는 자기들이 원하는 예수가 아님을 인정하지 않을 수 없게 되는 것은 흥미로운 광경이다. 휴스턴 스튜어트 체임벌린Houston Stewart Chamberlain이[5] 순수하고, "형식이 없으며", 비교리적인 종교를 옹호한 예수를 재구성하기는 했다. 하지만 제대로 된 역사가라면, 자기들이 바라는 것이 무엇이든지, 진짜 예수에게는 그런 틀 속에 짜맞춰지지 않는 요소가 있었음을 인정하지 않을 수 없게 된다. 하이트뮐러Heitmüller가 의미심장하게 말했듯이, 자유주의 역사가들이 보기에도 예수에게는 "신기하다고 할 만한 어떤 것"이 있다.[6]

예수의 이 "신기한" 요소가 그의 메시아 의식에서 발견된다. 여기 아주 이상한 사실이 있다. 현대 자유주의 신학이 순수한 의의 교사로 이해하는 이 인물, 모든 역사적 종교 근저에 있는 것으로 가정되는 비교리적 종교의-교리의 불순물이 제거된 후에 변함없이 남는 진리-고전적 상징인 이 인물, 영원한 진리의 지고의 계시자인 이 인물이 자신을 세계에 종말을 가져오는 주인공으로, 온 세상을 심판하는 자리에 앉을 것으로 말했다는 사실, 이것이 이상한 일이다. 바로 이렇게 엄청난 방식으로 예수는 자신을 메시아로 주장했다.

현대인들이 이 메시아 의식을 처리한 방법은 흥미롭다. 웰즈 같은 몇몇 사람들은 그것을 실제로 무시했다. 그것이 역사적인지 아닌지를 토론하지도 않고 마치 그것이 실제로 존재하지 않는 것처럼 처리했으며, 나사렛의 현자를 만들어 내려는 그들의 시도에 전혀 방해가 되지 않게 했다. 이렇게 재구성된 예수가 현대인들의 계획에 거룩한 후광을 제공하는 데에는 유용할 것이다. 웰즈는 예수와 공자를 형제애라는, 선량하지만 모호한 개념으로 엮는 것이 사람들에게 덕이 된다고 생각했을 수도 있다. 그러나 그런 예수는 역사와 아무 관계도 없다는 것을 분명히 이해해야 한다. 그런 예수는 순전히 상상의 인물이며, 하나의 상징일 뿐 사실이 아니다.

좀 더 심각하게 접근한 다른 사람들은 문제가 있다는 사실을 인식하기는 했지만, 예수가 자신을 메시아라고 생각했음을 부인함으로써 이 문제를 피하려 했다. 게다가 그들은 단순히 주장만 한 것이 아니라 자료를 비평적으로 조사하여 자기들이 부인하는 근거를 댔다. 예를 들면 W. 브레데[Wrede]가 그런 경우인데, 그것은 아주 눈부신 시도였다.[7] 하지만 그 시도는 실패로 끝났다. 예수의 메시아 의식은 문서로 취급되는 자료에만 뿌리를 내린 것이 아니라, 교회라는 전체 구조물의 기초를 형성하고 있다. J. 바이스[Weiss]가 적절하게 말했듯이, 만약 십자가 사건 이전에 제자들이 하나님의 나라가 오고 있다는 이야기만을 들었고, 예수가 정말로 그 나라에서 자신이 어떤 역할을 하는지 전혀 드러내지 않았다면, 절망이 마침내 기쁨으로 바뀌었을 때 제자들은 왜 "예수의 죽음에도 불구하고 그가 예언한 나라는 정말로 올 것이다"라고 말하지 않았는가? 왜 그들은 도리어 "그의 죽음에도 불구하고 그는 메시아다"라고 말했는가?[8] 복음의 증거 전체를 받아들이는 관점이든, 아니면 현대 자연주의의 관점이든, 어떤 관점에서 보든지 예수가 자신을 메시아로 선언했다는 사실은 부정할 수 없다.

또한 예수에 대한 복음서의 설명을 자세히 살펴보면, 메시아 의식이 전체에 퍼져 있음이 드러난다. 복음서에서 가장 순수하게 윤리적인 것으로 간주된 부분까지도, 전적으로 예수를 높이는 주장들에 근거해 있다. 산상수훈이 충격적인 실례다. 오늘날은 산상수훈을 신약성경의 나머지 부분과 대비시키는 것이 유행이다. 사람들이 "우리는 신학과 아무 관계도 맺지 않을 것이다"라고 하는 말의 의미는 이것이다. "우리는 기적, 대속 혹은 천국이나 지옥과는 아무 관계도 없다. 우리에게는 황금률이 충분한 삶의 지침이다. 산상수훈의 단순한 원칙들 속에서 우리는 사회의 모든 문제에 대한 해답을 발견한다." 사람들이 이런 식으로 말할 수 있다는 것이 도리어 이상하다. 그의 기록된 말씀들 중에서 짧은 일부분만이 쓸 만하다고 말하는 것은 그를 모욕하는 것이다. 심지어 산상수훈 속에도 사람들이 생각하는 것보다 훨씬 많은 것이 들어 있다. 어떤 사람들은 산상수훈에 신학이 들어있지 않다고 말하지만, 실제로는 가장 엄청난 신학이 들어 있다. 구체적으로 말하면, 산상수훈은 예수 자신을 가능한 한 가장 높은 인물로 제시한다. 전체 교훈에 퍼져 있는 그 기묘한 느낌의 권위에 그것이 제시되어 있다.

바로 "나는 너희에게 이르노니"라는 반복되는 표현이 그것이다. 예수는 자신의 말을 자신이 신적으로 여긴 성경의 말들과 동등하게 두었음이 분명하다. 그는 자신이 하나님 나라 법률을 제정할 권리가 있다고 선언했다. 여기에 대해, 이런 권위의 주장은 예수가 자신을 단순한 선지자로, 즉 하나님의 영의 인도에 따라 하나님의 이름으로 말할 권리가 있는 사람 정도로 생각한 결과라고 반박할 수 없다. 어떤 선지자가 이런 방식으로 말했는가? 선지자들은 "주께서 이르시되"라고 말했지 "내가 말한다"라고 하지 않았다. 이것은 선지자가 아니며, 하나님의 뜻을 겸손하게 설명하는 것이 아니다. 다른 누구라도 그렇게 말했다면 가증스럽고 우스꽝스러웠을 방식으로 말하는 엄청난 한 인물이 여기에 있는 것이다. 동일한 내용이 마태복음 7:21-23에 나타난다. "나더러 주여 주여 하는 자마다 다 천국에 들어갈 것이 아니요 다만 하늘에 계신 내 아버지의 뜻대로 행하는 자라야 들어가리라. 그날에 많은 사람이 나더러 이르되 주여 주여 우리가 주의 이름으로 선지자 노릇하며 주의 이름으로 귀신을 쫓아내며 주의 이름으로 많은 권능을 행하지 아니하였나이까 하리니 그때에 내가 그들에게 밝히 말하되 내가 너희를 도무지 알지 못하니 불법을 행하는 자들아 내게서 떠나가라 하리라." 이 단락은 어떤 면에서는 현대 자유주의 설교자들이 좋아하는 교훈이다. 왜냐하면 이 단락이—잘못이기는 하지만 그럴듯하게—해석되기를, 사람이 하나님 앞에 서기 위해 필요한 것은 어떤 신조에 대한 동의나 심지어 예수와의 직접적인 관계가 아니라, 동료 인간에 대한 정당한 의무 이행에 있다는 의미라는 것이다. 그런데 그런 식으로 의기양양하게 이 단락을 인용한 사람들은, 잠시 멈춰서, 동일한 단락에서 인간의 영원한 운명이 예수의 말에 달려 있다는 이 다른 쪽 그림의 엄청난 사실도 반추해 보았을까? 여기서 예수는 자신이 온 땅의 심판자 자리에서, 자신과 함께하는 축복에서 영원히 분리될 사람을 결정하는 존재라고 제시하고 있다. 현대 자유주의 신학자들이 겸손한 의의 선생이라고 주장하는 예수가 어떻게 이런 인물일 수 있는가? 심지어 그들이 엄선한 산상수훈 속에서도 신학을 피할 수 없음은 너무나 분명하다. 예수 자신의 존재를 중심으로 하는 엄청난 신학이 모든 가르침에 전제되어 있는 것이다.

하지만 그 신학 역시 제거될 수 있지 않을까? 산상수훈에까지 침투한 신학적 요소라는 그 기이한 것을 제거하고, 거기에 담긴 윤리적 부분만으로 만족할 수 있지 않을까? 현대 자유주의 신학의 관점에서 보면 이 질문은 자연스럽다. 그러나 이 질문에 대한 대답은 강한 부정일 수밖에 없다. 산상수훈의 윤리는 그 자체만 놓고 보면 전혀 효과가 없다. 황금률이 한 예다. "무엇이든지 남에게 대접을 받고자 하는 대로 너희도 남을 대접하라." 이것은 보편적으로 적용될 수 있는 규칙이며, 실제로 사회의 모든 문제를 해결할 수 있을까? 짧은 경험만 놓고 보아도 그렇지 않음을 알 수 있다. 술주정뱅이가 그 나쁜 습관을 끊도록 돕다 보면, 당신은 현대인들의 산상수훈 해석을 곧 불신하게 될 것이다. 술주정뱅이의 친구들이 그 규칙을 너무나 잘 적용한다는 것이 문제다. 그들은 다른 사람들이 자기에게 해주기를 바라는 그대로 다른 사람들에게 해준다. 곧 그에게 술을 사주는 것이다. 황금률이 바로 도덕적 개선을 막는 강력한 장애가 된다. 그러나 문제는 규칙 자체에 있는 것이 아니라, 그 규칙에 대한 오늘날의 해석에 있다. 황금률이 산상수훈의 다른 규칙들과 함께 온 세상을 향해 주어졌다고 가정하는 것이 오류다. 사실 이 전체 가르침은 예수의 제자들에게 주어진 것이다. 외부 세계는 그들로부터 명백하게 구별된다. 황금률을 받은 사람들은 마음속에 큰 변화가 발생한 사람들이다. 그것은 그들을 하나님 나라에 들어가기에 합당하게 만든 변화다. 그런 사람들은 순결한 욕구를 가질 것이다. 오직 그들만이 다른 사람들이 자기에게 해주기를 원하는 것을 다른 사람들에게 해줄 수 있다. 왜냐하면 그들은 다른 사람들이 자기에게 고상하고 순결한 것을 해주기를 원하는 까닭이다.

산상수훈 전체가 그러하다. 산상수훈의 새로운 법은 그 자체로는 절망만을 가져다준다. 현대인들이 황금률과 예수의 고상한 윤리적 원리만이 자기들에게 필요하다고 편안한 마음으로 말할 수 있다는 것은 실로 이상한 일이다. 실제로, 만약 하나님 나라에 들어가기 위한 조건이 예수의 가르침 그대로라면 우리 모두는 절망이다. 우리는 심지어 서기관과 바리새인의 의에도 미치지 못했는데, 어떻게 예수가 요구한 마음의 의로움에 도달할 수 있는가? 바르게 해석된다면 산상수훈은 우리로 하여금 천국에 들어가기 위한 구원의 수단을 찾게 만든다. 심지어 모세도 우리에게는 너무 높다. 그런데 그보다 더 높은 예수의 율법 앞에서 누가 정죄당하지 않을 수 있는가? 신약성경의 나머지 전체와 마찬가지로 산상수훈은 우리를 곧장 십자가 아래로 인도한다.

예수의 교훈을 처음 들은 제자들까지도, 그들이 어느 방향으로 가야 한다는 지침 이상의 무엇인가가 필요함을 잘 알고 있었다. 예수와 제자들의 관계가 단지 사제지간이었다고 보는 것은 복음서를 피상적으로 읽은 결과다. "수고하고 무거운 짐 진 자들아 다 내게로 오라. 내가 너희를 쉬게 하리라"라는 예수의 말씀은 제자들을 자기 학파로 부르는 철학자로서 하는 말이 아니라, 풍성한 하나님의 은혜를 보유하고 있는 인물로서 하는 말이었다. 그런데 제자들도 최소한 이 정도는 알고 있었다. 그들은 마음속 깊은 곳에서 자기들이 천국에 들어설 수 없음을 잘 알았다. 오직 예수만이 그들을 그리로 들일 수 있음을 알았다. 그들은 예수가 어떻게 그들을 하나님의 자녀로 만들 수 있는지 아직은 충분히 알지 못했다. 하지만 그들은 예수가 그 일을 할 수 있다는 것, 오직 예수만이 그 일을 할 수 있다는 것을 알았다. 이 신뢰 속에서 앞으로 모든 기독교 신조의 위대한 신학이 나올 수 있다.

이 시점에서 반대가 제기될 수 있다. 현대 자유주의자들은 말할 것이다. 이제 우리가 제자들의 그 단순한 신뢰로 돌아갈 수 있지 않은가? 예수가 **어떻게** 구원하는지를 더 이상 묻지 않을 수 있지 않은가? 그것을 단순히 그에게 맡길 수 있지 않은가? 그렇다면 "유효한 부르심"을 정의하는 것이 왜 필요한가? "칭의, 양자됨, 성화, 그리고 여기에서 흘러나오는 혹은 여기에 동반되는 이생의 유익들"을 열거할 필요가 어디 있는가? 예수의 구원 사역의 단계를 예루살렘 교회에서 되풀이해 말했던 것과 같이 되풀이하는 것이 왜 필요한가? "성경대로 그리스도께서 우리 죄를 위하여 죽으시고 장사 지낸 바 되었다가 성경대로 사흘 만에 다시 살아나사"라고 말할 필요가 어디 있는가? 우리는 메시지보다는 인물을 믿어야 하지 않는가? 예수가 행한 일보다는 예수 자신을 믿어야 하지 않는가? 예수의 죽음보다 예수의 인격을 믿어야 하지 않는가?

이런 말들이 그럴듯하게 들리지만, 가련하게도 헛된 말이다. 우리가 갈릴리로 되돌아갈 수 있으며, 예수의 지상 생애 시대에 그에게 나아갔던 사람들과 똑같은 상황에 있을 수 있는가? 우리가 그에게서 "너의 죄가 사해졌느니라"라는 말을 들을 수 있는가? 이것들은 심각한 질문으로서 절대 무시될 수 없다. 나사렛 예수가 1,900년 전에 죽었다는 것은 명백한 사실이다. 1세기에 갈릴리 사람들은 예수를 신뢰할 수 있었다. 예수가 그들에게 도움을 베풀었기 때문이다. 그들에게 있어서 인생의 문제는 쉬웠다. 군중을 뚫고 들어가거나 가버나움 지붕으로 사람을 달아 내리기만 하면 오랜 추구가 끝났다. 그러나 우리는 유일하게 우리를 도울 수 있는 그분으로부터 1,900년이라는 시차를 두고 떨어져 있다. 예수와 우리 사이를 갈라놓은 세월의 간격을 어떻게 메울 수 있는가?

어떤 사람들은 순전히 역사적 상상력을 사용함으로써 그 간격을 메우려 한다. 그들은 이렇게 말한다. "예수는 죽은 것이 아니라, 그의 기록된 말씀과 행동들을 통하여 살아 있다. 우리는 그것들을 전부 믿을 필요도 없다. 일부분으로도 충분하다. 예수의 놀라운 인물됨이 복음 이야기로부터 분명하게 빛나고 있다. 다른 말로 하면, 우리는 여전히 예수를 알 수 있다. 우리가 그저—신학 없이, 논쟁 없이, 기적에 대한 조사도 없이—그의 마력에 우리 자신을 맡기기만 하면, 그가 우리를 고칠 것이다."

이 말은 분명히 그럴듯하다. 예수가 복음 기록 속에 살아 있다는 것을 기꺼이 인정할 수 있다. 그 서술 속에서 우리는 다만 생명 없는 그림이 아니라 살아 있는 인물의 모습을 본다. 그 글을 읽노라면 우리는 지금도 가버나움 회당에서 그 새로운 교훈을 듣던 사람들의 충격을 공유할 수 있다. 다른 사람들은 어려운 이야기라며 기분 상했을 때에도, 여전히 예수를 떠나지 않았던 작은 무리의 제자들의 믿음과 헌신에 공감할 수 있다. 몸과 마음이 병들었던 사람들이 나음을 입는 복된 모습을 보고 함께 스릴 넘치는 기쁨을 맛볼 수 있다. 잃은 자를 찾아 구원하기 위해 보냄을 받은 그분의 놀라운 사랑과 자비를 깊이 느낄 수 있다. 그것은 놀라운 이야기임이 분명하다. 그것은 죽은 이야기가 아니라 매 순간 생명이 약동하는 이야기다.

복음서의 예수가 생생한, 살아 있는 인물임은 분명하다. 그러나 그것이 전부가 아니다. 우리는 너무 빨리 앞서 나가고 있다. 예수는 복음서 속에 살아 있다. 여기까지는 얼마든지 인정할 수 있다. 그러나 20세기에 사는 우리가 어떻게 그와 생명의 관계를 맺을 수 있는가? 그는 1,900년 전에 죽었다. 복음서에서 그가 살고 있는 삶은 여러 번 되풀이되었던 오래된 삶일 뿐이다. 그 삶 속에는 우리를 위한 자리가 없다. 그 삶에서 우리는 관망자이지 행위자가 아니다. 복음서 속에서 예수가 사는 삶이 결국 우리를 위한 삶이기는 하지만, 그것은 무대 위의 연극 같은 삶이다. 우리는 공연장에 조용히 앉아서 용서와 치료와 사랑과 용기와 높은 열망의 복음 드라마에 열중하는 것뿐이다. 우리는 수고하고 무거운 짐을 지고 있다가 예수에게 와서 쉼을 발견한 사람들의 행운을 정신없이 따라간다. 한동안 우리 자신의 어려움들을 잊는다. 그러나 책을 덮으면 커튼은 내려오고, 우리는 다시 우리 자신의 차갑고 따분한 생활로 돌아온다. 이상적인 세계의 온기와 즐거움은 사라지고, "그 자리에 현실 세계의 감각이 갑절로 강해져 들어온다." 우리는 더 이상 베드로와 야고보와 요한의 삶을 다시 살지 못한다. 슬프게도 우리는 우리 자신의 삶을 다시 살며, 거기에는 우리 자신의 문제와 우리 자신의 비극과 우리 자신의 죄가 있다. 그러면서 여전히 우리는 우리 자신의 구원자를 찾고 있다.

자신을 속이지 말자. 1세기 유대인 스승은 결코 우리 영혼의 갈망을 만족시키지 못한다. 그에게 현대적인 연구의 모든 기교로 옷을 입히고, 현대적 감성의 따뜻하고 현혹될 만한 무대조명을 비추어 보라. 그 모든 것에도 불구하고 상식이 다시 돌아오고, 짧은 시간 동안 스스로 현혹된 대가로―마치 우리가 예수와 함께 있기나 했던 것 같은—절망적인 환멸이 우리에게 무섭게 복수할 것이다.

현대적인 설교자는 이렇게 말할 것이다. 그러나 "역사적 예수", 곧 하나님 나라를 선포한 위대한 스승에 만족한 우리의 모습은 원시 복음의 단순성을 회복한 것이 아닌가? 우리는 이렇게 대답한다. 아니, 그렇지 않다. 최소한 잠시 동안은 그렇게 크게 잘못한 것은 아니다. 당신은 교회의 삶의 아주 초기 단계로 돌아가기는 했다. 단지 갈릴리의 봄으로 돌아간 게 아닐 뿐이다. 왜냐하면 갈릴리 사람들에게는 살아 있는 구주가 있었기 때문이다. 제자들이 당신처럼 예수에 대한 기억만으로 살았던 적은 오직 한 번, 단 한 번 있었다. 그것이 언제였는가? 어둡고 절망적인 때였다. 그것은 십자가 이후 사흘 동안의 슬픈 기간이었다. 오직 그 기간에만 예수의 제자들은 그를 복된 기억으로 간주했다. "우리는 이 사람이 이스라엘을 속량할 자라고 바랐노라"라고 그들은 말했다. "우리는 바랐노라." 그런데 우리의 믿음이 좌절되었다는 뜻이다. 현대 자유주의 신학자들과 함께 우리도 저 슬픈 날들의 어둠 속에 있어야 할까? 아니면 거기서 벗어나 오순절의 온기와 기쁨 속으로 들어가야 할까?

만약 우리가 예수의 인격에만 집중하고 그가 이룬 것을 무시하거나, 그 인물에만 집중하고 그의 메시지를 무시한다면, 우리는 영원히 암울함 속에 있게 될 것이다. 우리는 슬픔 대신 기쁨을, 연약함 대신 능력을 얻을 수 있다. 하지만 손쉬운 타협에 의해서나,

논쟁을 회피함에 의해서나, 예수는 붙잡고 복음은 거부하면서 그것을 얻을 수는 없다. 슬퍼하던 한 무리의 사람들이 불과 며칠 사이에 영적으로 세상을 정복하게 된 자들로 변하게 된 이유는 무엇인가? 그것은 예수의 생애에 대한 기억이 아니었다. 그것은 과거에 그와 가졌던 접촉이 가져다준 영감이 아니었다. 도리어 그것은 "그가 부활했다"는 메시지였다. 오직 그 메시지가 그들에게 살아 있는 구주를 줄 수 있었다. 오직 그 메시지만이 오늘날 우리에게 살아 있는 구주를 줄 수 있다. 만약 우리가 인물에만 집중하고 메시지를 간과한다면, 우리는 결코 예수와 생생하게 접촉하지 못할 것이다. 왜냐하면 그 메시지로 인해 우리가 그분을 받아들일 수 있기 때문이다.

그러나 기독교의 메시지는 부활의 사실 이상의 것을 담고 있다.[9] 예수가 살아 있다는 것을 아는 것만으로는 충분하지 않다. 기독교 역사의 첫 세기에 한 훌륭한 인물이 살았고, 지금도 그 인물이 어딘가에 여전히 살아 있다는 것만으로는 충분하지 않다. 예수가 살아 있다는 것, 그것은 좋은 일이다. 하지만 그것이 우리에게 무슨 유익이 있는가? 우리는 마치 예수가 육체로 살아 있던 동안에 저 멀리 시리아나 페니키아에 살고 있던 사람들과 같을 수 있다. 몸과 마음의 모든 병을 고칠 수 있는 놀라운 인물이 있다. 그런데 그는 우리와 함께 있지 않고 길은 멀다. 우리가 어떻게 그 앞에 나아갈 수 있을까? 우리와 그 인물 사이에 어떻게 접촉이 이루어질 수 있을까? 고대 갈릴리 사람들은 예수의 손이 닿았고 그 입에서 나오는 말씀을 들을 수 있었다. 그러나 우리에게는 문제가 그렇게 쉽지 않다. 우리는 해변가나 사람이 붐비는 집에서 그를 발견할 수 없다. 우리는 그가 서기관과 바리새인들 가운데 앉아 있는 방으로 지붕을 뚫고 내려갈 수 없다. 만약 우리가 우리 자신의 방법으로만 찾는다면 우리는 아무 소용 없는 순례를 하는 처지가 될 것이다. 우리의 구주를 찾으려면 안내가 필요함이 분명하다.

그런데 신약성경 속에서 우리는 충분한 안내를 거저 받을 수 있다. 너무나 완전하여 모든 의심을 없애면서도, 어린아이라도 이해할 수 있을 만큼 단순한 안내다. 신약성경에 의하면 우리가 예수와 접촉할 수 있는 것은, 그가 다른 사람을 위해 한 일 때문이 아니라 바로 우리를 위해 한 일 때문이다. 예수가 다른 사람들을 위해서 한 일을 설명하는 것은 물론 중요하다. 그가 어떻게 다니면서 선한 일을 했는지, 그가 어떻게 병을 고치고 죽은 자를 살리고 죄를 사했는지를 읽고서 우리는 그가 신뢰할 수 있는 인물임을 배운다. 그러나 기독교인에게 그런 지식은 그 자체가 목적이 아니라 목적에 도달하기 위한 수단이다. 예수가 신뢰할 만한 인물임을 아는 것만으로는 충분하지 않다. **우리가** 그를 신뢰하기를 그가 원한다는 것을 또한 알아야 한다. 그가 다른 사람들을 구원했음을 아는 것만으로는 충분치 않다. 그가 또한 우리를 구원했음을 알아야 한다. 십자가 이야기에서 그 지식을 얻을 수 있다. 우리를 위해 예수는 귀에 손가락을 넣고 "열려라"라고 말하기만 하는 것이 아니다. 우리를 위해 "일어나 걸으라"라고만 말하는 것이 아니다. 우리를 위해 그는 그것보다 더 큰 일을 했다. 우리를 위해 그는 죽었다. 우리의 무서운 죄책, 하나님의 율법의 정죄, 이것이 은혜의 행동에 의해 제거되었다. 바로 이 메시지가 우리를 예수에게로 이끌며, 그를 오래전 갈릴리 사람들의 구주만이 아닌 당신과 나의 구주로 만드는 것이다.

그러므로 메시지에 대한 믿음 없이 그 인물에 대한 신뢰를 이야기하는 것은 헛된 일이다. 왜냐하면 신뢰란 신뢰하는 사람과 신뢰받는 사람 사이에 인격적 관계를 수반하는 까닭이다. 그런데 이 경우에 인격적 관계는 복된 십자가의 신학에 의해서 확립된다. 로마서 8장이 없는 예수의 지상 생애에 대한 이야기는 현실과 동떨어진 죽은 이야기다. 왜냐하면 로마서 8장 혹은 그 장이 포함하고 있는 메시지를 통해서 예수가 오늘 우리의 구주가 되는 까닭이다.

진실을 말하자면, 예수의 죽음과 부활에 대한 메시지를 받아들이지 않고 예수라는 인물을 신뢰한다고 말하는 사람들은 말 그대로의 신뢰를 의미하는 것이 아니다. 그들이 신뢰라고 말하는 것은, 실은 감탄 혹은 존경의 의미일 뿐이다. 그들은 예수를 모든 역사의 지고의 인물로, 혹은 하나님의 최고의 계시자로만 존중하는 것이다. 그러나 그 지고의 인물이 그의 구원의 능력을 우리에게 보일 때만 신뢰가 일어난다. "그가 다니면서 착한 일을 하셨다", "그 사람처럼 말하는 사람은 없었다", "그는 분명한 하나님의 형상이다." 이렇게 말하는 것은 존경이고, "그는 나를 사랑하셨고 나를 위해 자신을 주셨다." 이렇게 말하는 것이 믿음이다.

그런데 "그는 나를 사랑하셨고 나를 위해 자신을 주셨다"라는 말은 역사적 형식의 말이다. 그것은 발생한 어떤 일에 대한 설명이며, 사실에다 그 사실의 의미를 첨가한 것이다. 그 말은 그리스도의 피를 통한 심오한 전체 구속 역사의 본질을 포함하고 있다. 기독교 교리가 믿음의 뿌리 그 자체를 이루고 있는 것이다.

그렇다면 우리는 다음 사실을 인정해야 한다. 만약 우리가 비교리적인 종교 혹은 일반적 진리에만 근거한 종교를 원한다면, 우리는 바울뿐 아니라, 초기 예루살렘 교회뿐 아니라, 예수 자신까지 포기해야 한다. 그러나 교리는 무엇을 뜻하는가? 이 책에서는 교리의 의미를, 기독교 종교의 근거에 놓인 사실들을 그 사실들의 참된 의미와 함께 제시한 것으로 해석해 왔다. 그러나 이것이 교리라는 말의 유일한 의미인가? 그 단어가 더 좁은 의미로도 받아들여지고 있는 것은 아닌가? 그 단어는 또한 사실에 대한 조직적이고 엄밀하며, 일방적이고 학문적인 설명을 의미하지 않는가? 그 단어를 이렇게 좁은 의미로 받아들인다면, 교리에 대한 오늘날의 저항은 논쟁적 신학에서 미묘한 문제에 과도하게 집착하는 태도에 대한 반대일 뿐, 신약성경의 빛나는 말들에 대한 반대는 전혀 아니며, 16, 17세기에 대한 반대이지 1세기에 대한 반대는 아니지 않은가? 회중석에 앉은 많은 청중들은 "교리"를 희생하고 "생명"을 귀하게 여기자는 현대의 말을 들을 때 교리란 말을 그처럼 받아들일 것이 분명하다. 경건한 청중은 신학자들의 미묘한 논쟁 대신에 신약성경의 단순성으로 돌아가자는 요구만 받았을 뿐이라고 착각하는 것이다. 그는 지금까지 신학자들의 미묘한 논쟁에 참여해 본 적이 없기 때문에, 다른 사람의 죄가 공격당할 때에 교회를 다니는 사람이 항상 느끼기 마련인 그런 편안한 감정을 가질 뿐이다. 오늘날 대중적인 설교에서 교리에 대한 현대적인 욕설이 동원되는 것은 놀라운 일이 아니다. 어느 정도는 칼빈이나 투레틴 혹은 웨스트민스터 신앙고백서를 작성한 신학자들에 대한 공격이 현대의 교인들에게는 크게 위험한 일이 아니다. 그러나 실제로는, 교리에 대한 공격은 교회를 다니는 평범한 사람들이 가정하는 만큼 아무 잘못 없는 그런 일이 아니다. 왜냐하면 교회의 신학에 대해 반대하는 내용은 곧 신약성경의 핵심 그 자체에 대한 반대이기 때문이다. 궁극적으로 그 공격은 17세기 신학에 대한 것만이 아니라 성경, 나아가서 예수 자신에 대한 공격이다.

그러나 그것이 성경 자체에 대한 공격이 아니라 성경의 교훈을 위대하게 설명한 역사적 내용에 대한 공격이라 할지라도 여전히 불행한 일이다. 만약 교회가 1,900년의 기독교 역사의 모든 연구와 사색의 결과물을 다 버리고 새로 시작한다면, 설령 성경이 그대로 보존된다 하더라도 그 손실은 엄청날 것이다. 기독교가 일단의 사실들 위에 서 있다는 점이 인정되던 때에, 이전 세대들이 그 사실들을 분류하기 위해 기울인 노력은 존중되어야 한다. 각 세대가 이전 세대의 성취에 의존하지 않고 완전히 새롭게 시작하려 한다면, 어떤 학문에서도 참된 진보는 없을 것이다. 그런데도 신학에서는 과거를 매도하는 것이 진보에 필수적이라고 생각하는 것 같다. 또한 그 매도는 얼마나 천박한 악담에 근거하고 있는가! 교회의 위대한 신조들에 대한 거창한 비난을 들은 사람이 나중에 웨스트민스터 신앙고백을 읽거나 부드러우면서도 가장 신학적인 책인 존 버니언의 『천로역정』을 읽으면 다소 충격을 받고, 그 과정 속에서 현대의 얄팍한 용어들에서 등을 돌리고 매 단어마다 생명이 약동하는 "죽은 정통"으로 돌아서는 것을 보게 된다. 그러한 정통 속에 온 세상을 기독교의 사랑으로 환히 빛나게 하기에 충분한 생명이 있는 것이다.

그런데 사실은 "교리"에 대한 현대의 악평 속에는 위대한 신학자들과 신조들에 대한 공격만이 아니라, 신약성경과 우리 주님에 대한 공격도 들어 있다. 자유주의 설교자는 교리를 거부함으로써, 니케아 신조의 **호모우시온**을 거부하는 것과 똑같은 정도로 "우리를 사랑하사 우리를 위해 자신을 내어 주신"이라는 바울의 단순한 말까지 거부하는 것이다. 왜냐하면 "교리"라는 단어가 참으로 가장 좁은 그 의미로 사용되지 않고, 가장 넓은 의미로 사용되기 때문이다. 자유주의 설교자는 어떤 염원에 기초한 것이 아니라 사실에 기초해 있는 기독교의 전체 토대를 거부하고 있는 것이다. 바로 여기에 자유주의 신학과 기독교의 가장 근본적인 차이가 있다. 즉 자유주의 신학은 전적으로 명령법의 분위기이지만 기독교는 큰 승리를 거둔 직설법과 함께 시작하며, 자유주의 신학은 인간의 의지에 호소하지만 기독교는 가장 먼저 하나님의 자비로운 행동을 선언한다는 것이다.

기독교의 교리적 근거를 견지함에 있어서 특별히 우리가 오해받지 않기를 간절히 원한다. 우리가 의도하지 않는 몇 가지가 있다.

첫째, 교리가 건전하기만 하면 생활은 어떻게 되어도 좋다고 말하는 것은 아니다. 오히려 교리는 온갖 것에서 차이를 만들어 낸다. 처음부터 기독교는 삶의 길이었다. 기독교가 제공하는 구원은 죄로부터의 구원이었으며, 죄로부터의 구원은 복된 소망에서만 나타나는 것이 아니라 즉각적인 도덕적 변화에서도 나타난다. 초기 그리스도인들이 이웃에게 충격을 준 것은 그들이 낯설고 새로운 삶을 살았기 때문이다. 그것은 정직하고 순결하고 비이기적인 삶이었다. 그 기독교 공동체에서는 다른 모습의 삶은 모두 엄격하게 배제되었다. 처음부터 기독교는 분명히 삶이었다.

그런데 어떻게 해서 그런 삶이 나왔는가? 도덕적 권면에 의해 그런 삶이 나왔다고 생각할 수 있다. 고대 세계에서 그 방법이 자주 시도되었다. 그리스 시대에 사람들이 어떻게 살아야 하는지 가르친 순회 설교자들이 많이 있었다. 하지만 그런 권면은 힘이 없었다. 견유학파와 스토아학파 사람들의 이상이 높긴 했지만, 그 설교자들은 사회를 변화시키지 못했다. 기독교의 이상한 점은 그것이 전혀 다른 방법을 취했다는 사실이다. 기독교는 인간의 의지에 호소하여 사람의 삶을 변화시킨 것이 아니라, 이야기를 해줌으로써 변화시켰다. 권면에 의해서가 아니라, 사건에 대한 설명을 통해서였다. 그런 방법이 이상하게 보였으리라는 것은 당연하다.

어떤 종교적 지도자의 죽음에 관련된 사건을 반복해서 이야기하여 행동에 영향을 주려 하는 것보다 더 비현실적인 일이 어디 있는가? 이것을 가리켜 바울은 "메시지의 어리석음"이라고 불렀다. 그것은 고대 세계에 어리석게 보였고, 오늘날 자유주의 설교자들에게도 어리석게 보인다. 그러나 그것이 힘을 발휘한다는 것이 이상한 일이다. 그 효과는 지금 세상에서도 나타난다. 가장 유창한 권면이 실패하는 곳에서 어떤 사건에 대한 단순한 이야기가 성공한다. 사람들의 삶이 뉴스 하나로 말미암아 변화하는 것이다.

언제나 동일하게 오늘날에도 기독교 메시지가 특별히 사람들의 관심을 끄는 것은 그런 삶의 변화다. 그렇다면 우리의 삶이 올바른지의 여부는 굉장한 차이를 내는 것이 분명하다. 만약 우리의 교리가 바르고 우리 삶이 틀렸다면 우리의 죄는 얼마나 큰가! 이런 경우 진리 그 자체를 멸시하는 일이 되고 만다. 하지만 다른 한편으로 하나님께서 주신 사교적 예의와 경건한 조상들이 시작한 도덕적 탄력에 기반하여 거짓된 메시지를 추천한다면, 이 또한 매우 슬픈 일이 될 것이다. 세상의 어떤 것도 진리의 자리를 대신하지는 못하기 때문이다.

둘째, 기독교가 교리적 기초를 가진다는 사실을 주장한다고 하여 교리의 모든 요소가 동일하게 중요하다고 말하는 것은 아니다. 견해의 차이가 있음에도 불구하고 기독교 안에서 교제를 유지하는 것은 얼마든지 가능하다.

그런 견해의 차이 중에서 최근에 점점 중요해지고 있는 것 하나가 주님의 재림과 관련된 사건들의 순서에 관한 문제다. 많은 수의 그리스도인들이 다음과 같이 믿는다. 세상에서 악이 절정에 도달했을 때 주 예수께서 몸으로 이 세상에 다시 와서 의의 통치를 이루며, 그것이 천 년 동안 지속된 후에 비로소 세상의 종말이 임한다는 것이다. 본 저자의 생각에 그 신념은 하나님의 말씀에 대한 그릇된 해석에 의해서 초래된 오류다. 우리는 성경의 예언이 미래 사건에 대한 그런 분명한 청사진을 제공한다고 생각지 않는다. 주께서는 다시 오실 것이며, 그것은 오늘날 사람들이 생각하는 단순한 "영적" 사건이 아니다. 여기까지는 분명하다. 그러나 성령의 현 세대에 성취되는 것이 참으로 미약하여, 주께서 몸으로 오실 때까지 많은 것이 미완으로 남겨져야 한다는 견해는 성경 말씀에 의해 정당화될 수 없다. 그렇다면 이 논쟁에 대한 우리의 태도는 어떠한가? 당연히 무관심한 태도를 취할 수는 없다. 오늘날 교회에서 "천년왕국" 혹은 "전천년주의"가 다시 살아나는 것에 대해 우리는 심각하게 우려한다. 그것은 잘못된 성경 해석방법과 함께 결합하여 결국에는 해악을 끼칠 것이다. 그러나 전천년주의적 견해를 가진 사람들과 우리가 일치하는 게 얼마나 많은가! 그들은 성경의 권위를 우리와 똑같이 존중하며, 성경의 해석에서만 차이가 있다. 그들은 우리와 마찬가지로 주 예수에게 신성을 돌리며, 예수가 세상에 오실 것과 재림 시 세상이 완성될 것에 대한 초자연적인 견해를 견지한다. 그렇다면 우리의 관점에서 볼 때 그들의 오류가 심각하기는 하지만 치명적이지는 않다. 따라서 성경과 교회의 위대한 신조에 대한 충성과 함께 우리는 기독교적인 교제 속에서 연합할 수 있다. 그러므로 현대의 자유주의 신학자들이 오늘날 교회에서—선교지와 국내 둘 다—제기하는 문제를 전천년주의와 그것에 반대하는 견해 사이의 문제 정도로 말하는 것은 극히 잘못된 것이다. 지금 문제가 되는 것은 한편으로는 기독교와—그것이 전천년주의든 반대 견해든—다른 한편으로는 기독교의 모든 것을 부인하는 자연주의와의 대립이다.

기독교적 교제 안에서 유지될 수 있는 또 다른 견해 차이는 성례의 효력에 대한 차이다. 그 차이는 실로 심각한 것이다. 이 심각성을 부인하는 것은 이에 관한 논쟁에서 잘못된 편을 드는 것보다 훨씬 더 큰 오류다. 기독교계의 분열 상태는 악이라고 자주 말들을 하는데, 그것은 실제로 그렇다. 분열을 일으키는 오류들이 존재한다는 사실이 악이지, 일단 오류가 존재할 때 그것을 인식하는 것은 악이 아니다. 루터와 스위스 종교개혁 대표자들이 마부르그 회합Marburg Conference에서 만났을 때, 루터가 주의 만찬에 관하여 책상 위에 "이것이 내 몸이다"라고 쓰고서 쯔빙글리Zwingli와 오이콜람파디우스Oecolampadius에게 "당신들은 다른 영을 가지고 있다"고 말한 것은 큰 재앙이었다. 이 견해 차이로 인해 루터파와 개혁파 교회는 갈라졌으며, 그렇지 않았다면 확보할 수도 있었던 더 큰 공동기반을 개신교는 놓치고 말았다. 그것은 실로 큰 재앙이었다. 그러나 그 재앙은 (우리가 믿기에) 루터가 주의 만찬에 대해 틀렸기 때문이다. 루터가 성만찬에 대해서는 잘못이었지만, 그 전체 문제를 사소한 것처럼 말했다면 그것이 훨씬 큰 재앙이 될 뻔했다. 루터가 성만찬에 대해 잘못되기는 했다. 하지만 그가 반대자들에게 "형제들이여, 이것은 사소한 문제입니다. 사람이 주의 만찬에 대해 어떻게 생각하느냐 하는 것이 실은 별로 큰 차이가 아닙니다"라고 말했을 경우보다는 잘못된 것이 아니다. 그런 무관심은 교파들 사이의 모든 분열보다 훨씬 더 치명적이다. 주의 만찬에 관해 타협했을 루터라면 보름스 회의^{Diet of Worms}에서 "내가 여기 서 있나이다. 달리는 할 수 없나이다. 하나님이여 나를 도우소서. 아멘"이라고 말하지도 않았을 것이다. 교리에 대한 무관심은 신앙의 영웅을 만들지 못한다.

목회의 성격과 특권에 관한 또 다른 견해 차이가 있다. 성공회의 교리에 따르면 주교들은 주님의 사도들로부터 지속적인 성직수임에 의해 계승되어 그들에게까지 주어진 권위를 가지고 있으며, 그런 성직수임 없이는 합당한 사제직이 있을 수 없다. 다른 교회들은 "사도적 계승" 교리를 부인하며, 목회에 대한 다른 견해를 가지고 있다. 여기서도 역시 차이는 사소하지 않으며, 우리는 교회의 효율만을 위해 성공회 신도들을 설득하여 그들의 원칙이 세워 놓은 장벽을 허물도록 하려는 사람들에게 공감을 느끼지 못한다. 그러나 이런 차이가 중요하기는 하지만 그 차이가 뿌리에까지 미치지는 않는다. 양심적인 성공회 교도 개개인이—비록 그가 다른 교파들이 분열 속에 있다고 간주한다 하더라도—다른 교파에 속한 개인들과 기독교적인 교제를 나누는 것은 여전히 가능하다. 또한 목회에 대한 성공회의 견해를 거부하는 사람이라도 성공회를 그리스도의 몸에 속한 참되고 매우 고귀한 지체로 간주할 수 있음이 분명하다.

또 다른 견해 차이는 칼빈주의 신학 곧 개혁신학과, 감리교 안에서 나타나는 알미니안주의 신학의 차이다. 이 문제를 진지하게 연구한 사람 중에서 그 차이를 중요하지 않은 문제라고 말할 사람이 있을지 의문이다. 오히려 이 문제는 기독교 신앙의 가장 심오한 것들을 매우 자세히 다룬다. 칼빈주의자는 알미니안 신학이 하나님의 은혜에 대한 성경의 교리를 심각하게 약화시킨다고 느끼고, 알미니안주의자 역시 개혁교회들의 교리에 대해 동일하게 심각한 문제를 느낀다. 하지만 여기, 극히 중요한 어떤 문제들에 대해 정반대의 견해를 취하는 사람들 사이에서도 참된 복음적 교제가 가능하다.

이보다 훨씬 심각한 분열이 로마 교회와 복음적 개신교 사이에 온갖 형태로 존재한다. 하지만 성경의 권위와 초기의 위대한 신조들을 받아들임에 있어서 로마 가톨릭교회와 오늘날 경건한 개신교도들은 얼마나 큰 공통의 유산을 가지고 있는가! 물론 우리는 로마 교회와 우리를 갈라놓는 차이를 희미하게 하지는 않는다. 그 격차는 실로 엄청나다. 하지만 아무리 엄청나다 하더라도 오늘날 장로교회에 속한 많은 목사들과 우리 사이에 놓인 심연에 비하면 정말 사소하게 보인다. 로마 교회를 기독교의 왜곡이라 한다면, 자연주의적 자유주의 신학은 전혀 기독교가 아니다.

그렇다고 해서 보수주의자와 자유주의자가 서로를 적대시하며 살아야 한다는 말은 아니다. 시대의 조류에 따라, 십자가라는 낯선 메시지에 대한 믿음을 포기하지 않을 수 없다고 느끼는 사람들에 대해 우리가 아무런 공감도 못하는 것이 아니다. 혈연, 시민이라는 같은 신분, 윤리적 목적, 인도주의적 노력 등의 많은 끈들이 우리를 복음을 포기한 사람들과 묶고 있다. 우리는 이 끈들이 결코 약화되지 않을 것을 믿으며, 궁극적으로는 그들이 기독교 신앙의 전파에 있어서 어떤 부분에 기여할 수도 있다. 그러나 기독교의 봉사는 일차적으로 메시지 전파에 있으며, 특히 기독교적인 교제는 그 메시지를 모든 삶의 근거로 삼은 사람들 사이에만 존재한다.

  메시지 위에 세워진 종교라는 기독교의 특징은 사도행전 1:8에 잘 나타난다. "너희가……예루살렘과 온 유대와 사마리아와 땅끝까지 이르러 내 증인이 되리라." 현재의 논의를 위해서는 사도행전의 역사적 가치 혹은 예수가 여기 인용된 말씀을 실제로 했는지에 대한 논의는 전혀 필요하지 않다. 어떻게 보든지, 이 구절은 초기 기독교에 대해 사람들에게 알려진 사실을 적절하게 요약한 것으로 인정해야 한다. 처음부터 기독교는 증거하는 운동이었다. 이 증거 활동은 단지 예수가 개인적인 삶 한구석에서 어떤 일을 했는지에 대한 것이 아니다. 사도행전의 구절을 그런 식으로 취하는 것은 문맥과 모든 증거를 뒤트는 행위다. 도리어, 바울의 서신들 그리고 모든 자료들은 그들의 증언이 일차적으로 내적인 영적 사실들에 대한 것이 아니라, 예수가 그의 죽음과 부활에서 단번에 영원히 이룬 일들에 대한 것임을 너무나 분명히 보여준다.

그러므로 기독교는 발생한 어떤 일에 대한 설명에 근거해 있으며, 기독교 사역자는 일차적으로 증인이다. 만약 그렇다면 기독교 사역자는 진실을 말하는 것이 중요하다. 어떤 사람이 증인석에 앉을 때에는 그의 외투가 어떻게 재단되었는지, 그의 문장이 얼마나 산뜻하게 넘어가는지는 전혀 중요하지 않다. 중요한 것은 그가 진리를, 전체 진리를, 오직 진리를 말하는 것이다. 그러므로 만약 우리가 진정한 그리스도인이라면, 우리의 가르침이 무엇인지는 엄청난 차이를 만들어 내며, 기독교의 가르침을 주요 대적이 되는 현대의 가르침과 대비해서 제시하는 것은 결코 요점을 벗어난 일이 아니다.

오늘날 기독교의 주요 대적은 "자유주의 신학"이다. 자유주의 신학의 가르침들을 기독교의 가르침들과 비교해서 살펴보면, 이 두 운동이 모든 면에서 정반대의 위치에 있음이 드러날 것이다. 비록 요약의 형태로 제시하는 정도겠지만, 이제부터 그것을 살펴보기로 한다.

— 3 —

하나님과 인간

앞 장에서 기독교가 1세기에 발생한 어떤 일에 대한 설명에 근거해 있음을 보았다. 그런데 그 설명을 받아들이려면 어떤 가정들을 먼저 인정해야 한다. 기독교 복음은 하나님이 어떻게 사람을 구원하는가에 대한 설명이므로, 복음이 이해되려면 먼저 하나님에 대해서, 그리고 사람에 대해서 알아야 한다. 신론神論과 인간론人間論은 복음의 두 가지 큰 전제다. 이 두 전제에 대해서 현대 자유주의 신학은 복음 그 자체에 대해서와 마찬가지로 기독교와 정반대의 입장을 취한다.

가장 먼저, 현대 자유주의 신학은 하나님에 대한 개념에서 기독교와 반대된다. 이 점과 관련하여, 우리는 앞에서 살펴본 것처럼 교리적 문제들에 대한 반대와 같은 지속적인 형태의 반대에 직면한다. 그들은 하나님에 대한 "개념"을 가지는 것이 불필요하다고 말한다. 신학, 즉 하나님에 대한 지식은 종교의 죽음이라고 말한다. 우리는 하나님을 알려고 노력해서는 안 되고, 하나님의 임재를 느끼려고만 해야 한다는 것이다.

이 반대에 대해서 보자면, 만약 종교가 하나님의 임재에 대한 느낌으로만 되어 있다면, 거기에는 어떤 도덕적 요구도 있을 수 없음을 주목해야 한다. 순수한 느낌이란, 만약 그런 것이 있다면, 도덕과는 관계가 없다. 예를 들어서, 친구에 대한 사랑이라는 고귀한 현상은 친구에 대해 우리가 아는 지식에 의해 일어난다. 아주 단순해 보이는 인간의 사랑도 실은 도그마로 가득하다. 그 사랑은 친구의 성격에 대해 우리 마음에 축적된 엄청난 양의 관찰에 의존한다. 사람에 대한 사랑도 이렇게 지식에 근거한다면, 종교의 근거인 절대자와의 관계는 왜 그렇지 않아야 하는가? 하나님을 향한 가장 비열한 악담에 대해서는 인내하면서, 왜 친구에 대한 악담에는 분노하는가? 우리가 하나님에 대해 어떻게 생각하는가 하는 것이 절대적인 차이를 만들어 내는 것은 당연하다. 하나님에 대한 지식이 종교의 기초 그 자체이기 때문이다.

그렇다면 우리가 어떻게 하나님을 알 수 있는가? 인격적인 교제가 가능할 정도로 하나님과 친밀해지는 것이 어떻게 가능한가? 어떤 자유주의 설교자들은 우리는 오직 예수를 통해서만 하나님을 친숙하게 알 수 있다고 말할 것이다. 이 주장이 겉보기에는 예수에 대한 충성으로 보이지만, 실은 그를 경멸하는 것이다. 왜냐하면 예수는 하나님을 알 수 있는 다른 합당한 길들을 인정했으므로, 그 다른 길들을 거절하는 것은 예수의 생애 바로 그 중심에 놓여 있는 것들을 거부하는 결과가 되기 때문이다. 예수는 자연 속에서 하나님의 손길을 분명히 발견했다. 들의 백합들은 하나님의 뜨개질 솜씨를 드러냈다. 그는 또한 도덕법 속에서도 하나님을 발견했다. 사람의 마음속에 기록된 법은 하나님의 법이며, 그것은 하나님의 의를 드러낸다. 마지막으로 예수는 성경 속에서 하나님을 분명하게 발견했다. 우리 주께서 선지자들과 시편 저자들의 글을 사용한 방식은 얼마나 심오한가! 그런 하나님의 계시가 무익하다거나, 오늘날에는 무용하다고 말하는 것은 예수의 마음과 정신에 가장 친근하던 것들을 멸시하는 행위다.

우리가 알 수 있는 하나님은 오직 예수 안에 계시된 하나님만이라고 말하는 사람은, 사실은 하나님에 대한 모든 참 지식을 부인하는 것이다. 왜냐하면 예수와 무관하게 하나님에 대한 어떤 생각이 존재하지 않는다면 예수에게 신성을 부여하는 것이 아무 의미가 없기 때문이다. "예수는 하나님이다"라는 말은, "하나님"이라는 단어에 선행하는 어떤 뜻이 없으면 아무 의미 없는 말이 된다. "하나님"이라는 단어가 어떤 의미를 갖는 것은 방금 말한 것과 같은 방식에 의해서 되는 것이다. 우리는 요한복음에 나오는 예수의 말씀, 곧 "나를 본 자는 아버지를 보았느니라"는 말씀을 기억한다. 그런데 이 말은, "하나님"이라는 말이 의미하는 바를 전혀 모르고 있던 사람이 예수에 대한 단순한 지식에 의해서 형성된 의미를 "하나님"이라는 단어에 붙일 것이라는 뜻은 아니다. 도리어, 예수의 말을 듣던 제자들은 하나님에 대한 명확한 개념을 이미 가지고 있었다. 예수의 모든 말씀에는 지고의 한 인격적 존재에 대한 지식이 전제되어 있다. 그러나 제자들은 하나님에 대한 지식만이 아니라 친밀하고 인격적인 접촉을 갈망했고, 바로 그 접촉이 예수와의 관계를 통해서 이루어졌다. 예수는 놀랍도록 친밀한 방식으로 하나님의 성품을 계시했으나, 그런 계시는 오직 구약의 유산과 예수 자신의 가르침이라는 기초 위에서만 참된 의미를 가진다. 합리적 유신론, 한 지고의 인격자, 세상의 창조주요 통치자에 대한 지식이 기독교의 뿌리에 있다.

그러나 현대 자유주의 설교자는 예수가 "합리적 유신론"을 인정했다는 것은 어불성설이라고 할 것이다. 하나님을 아는 예수의 지식은 실천적이었지 이론적이지 않았다는 것이다. 어떤 의미에서는 이 말이 옳다. 하나님을 아는 예수의 지식은 어느 부분도 단순히 이론적이지 않았다. 예수가 알았던 하나님에 대한 모든 것은 그의 마음을 감동시켰고 행동을 결정했다. 이런 의미에서 예수의 지식은 "실천적"이었다. 그러나 불행하게도 현대 자유주의 신학의 주장은 이런 뜻이 아니다. 현대의 토론에서 하나님에 대한 "실천적" 지식이라는 말이 의미하는 것은, 실천적이면서 동시에 이론적으로 하나님을 아는 지식이 아니라, 이론적이지 않은 실천적 지식이다. 다른 말로 하면 객관적 실재에 대한 아무런 정보도 주지 않는 지식, 전혀 지식이 아닌 지식이다. 이것은 예수의 종교와 아무 관계도 없다. 예수가 하늘에 계신 아버지와 맺은 관계는 모호하고 비인격적인 선^{goodness}과 맺은 관계가 아니었다. 그것은 단순히 상징적이고 인격적인 형태의 옷을 입은 관계가 아니었다. 오히려 그것은 생생한 인격자와의 관계였으며, 그 인격자는 하나님이 옷을 입히신 들의 백합의 존재만큼, 이론적 지식의 대상이 되면서도 분명한 존재였다. 예수의 종교의 기초는 인격적 하나님의 참된 존재에 대한 확신에 찬 믿음이었다.

이 믿음이 없다면, 어떤 형태의 종교도 오늘날 예수의 이름을 정당하게 사용할 수 없다. 예수는 유신론자였으며, 합리적 유신론이 기독교의 기초다. 물론 예수는 논증을 통해 자신의 유신론을 뒷받침하지 않았다. 그는 하나님의 존재 증명에 대한 칸트의 공격에 미리 대답하지도 않았다. 그렇다고 해서 그 증명의 논리적 결론에 대한 신념에 그가 무관심했다는 뜻은 아니다. 도리어 그와 그의 청중에게 하나님의 존재는 언제나 전제되어 있었다. 마찬가지로 오늘날에도 모든 신자가 하나님에 대한 그들 믿음의 논리적 근거를 분석할 필요는 없다. 인간의 마음은 완전히 정당한 논증을 압축해서 보관하는 놀라운 기능을 가지고 있으며, 본능적인 믿음처럼 보이는 것이 많은 논리적 단계를 거쳐 도달한 결론으로 드러날 수 있다. 아니면, 이렇게 생각할 수도 있다. 인격적 하나님에 대한 믿음은 원시적 계시의 결과이며, 유신론적 증명은 처음에 다른 방식을 통해 도달한 것을 논리적으로 확증한 것에 불과하다고 말이다. 이쨌든 하나님에 대한 믿음을 논리적으로 확증하는 것은 그리스도인에게 필수적인 관심사다. 이 점을 포함한 다른 많은 점에서 종교와 철학은 가능한 한 가장 밀접한 형식으로 연결되어 있다. 참 종교는 사이비 과학에 대해서와 마찬가지로, 거짓된 철학과도 화평을 이룰 수 없다. 종교에서 참된 것이 철학이나 과학에서 거짓이 될 수는 없다. 진리에 도달하는 모든 방법들은, 만약 그것들이 타당하다면 조화로운 결론에 도달할 것이다. 때로 "실천적" 종교라는 이름으로 제시되는 무신론적 혹은 불가지론적 기독교는 전혀 기독교가 아니다. 기독교의 뿌리에는 인격적 하나님이 진정으로 존재한다는 믿음이 있다.

이상한 일이지만, 현대 자유주의 신학이 유신론적 논증을 헐뜯고 과학적 혹은 철학적인 확증과는 무관한 "실천적" 지식에서 도피처를 찾는 이 시대에, 자유주의 설교자는 하나님을 "아버지"라고 부르기를 좋아하지만, 하나님에 대한 이 호칭은 유신론이 아니면 아무 의미도 없게 된다. 이 용어는 하나님을 인격적인 분으로 만드는 장점이 분명히 있다. 그 용어를 사용하는 어떤 사람들에게는 그 단어가 심각한 뜻을 가지지 않음이 분명하다. 어떤 사람은 그 용어가 참되기 때문이 아니라 유용하기 때문에 사용한다. 그러나 모든 자유주의자들이 이론적 판단과 가치 판단 사이의 미묘한 차이를 구분하는 것은 아니다. 비록 그 수가 줄고 있기는 하지만, 어떤 자유주의자들은 인격적 하나님을 정말로 믿는다. 그런 사람만이 하나님을 진정으로 아버지라고 생각할 수 있다.

이 단어는 하나님에 대한 매우 고상한 개념을 표시한다. 이 단어는 물론 그리스도인의 전유물은 아니다. 예를 들어서 이 개념은

"모든 아버지All-Father"에 대한 광범위한 믿음에도 적용된다. 이것은 심지어 다신론과도 연결되어 많은 민족 사이에 퍼져 있다. 구약성경에도 여기저기에 나타나며, 구약 시대 이후 기독교 이전 유대교 문헌에도 등장한다. 이 용어가 그렇게 등장하는 데 아무 뜻이 없는 것은 절대로 아니다. 특히 구약의 용례는 우리 주님의 가르침을 준비하는 중요한 의미가 있다. 왜냐하면 구약에서 "아버지"라는 단어가 통상적으로 개인과의 관계가 아니라 나라 혹은 왕과의 관계 속에서 사용되긴 하지만, 이스라엘 사람 개개인은 그들이 선민의 일부인 까닭에 언약의 하나님과 특별히 친밀한 관계에 있다고 느꼈기 때문이다. 우리 주님의 가르침과 같은 것이 과거에도 존재하긴 했지만, 예수가 이 단어의 의미를 말할 수 없이 풍부하게 했기 때문에, 하나님을 아버지라고 생각하는 것이 특별히 기독교의 전유물이라고 간주하는 것은 옳다.

현대인들은 예수의 교훈에 들어 있는 이 요소에 너무나 깊은 인상을 받은 나머지, 이것을 우리 종교의 총체요 본질이라고까지 간주하는 경향을 때로 보인다. 그들은 이렇게 말한다. "우리는 사람들이 이전에 생애를 바쳤던 많은 것들에 대해 별 관심이 없다. 우리는 신조들에 나타난 신학에는 관심이 없다. 우리는 죄와 구원의 교리에 관심이 없다. 우리는 그리스도의 보혈을 통한 대속에 관심이 없다. 우리에게는 하나님의 아버지되심과 거기에 따라오는 사람끼리의 형제됨이면 충분하다." 그들은 계속해서 이렇게 말한다. "우리가 신학적인 의미에서 정통은 아닐지 모르지만, 우리는 아버지 하나님에 대한 예수의 교훈을 받아들이므로 당신은 우리를 그리스도인으로 인정할 것이다."

똑똑한 사람들이 어떻게 이런 식으로 말할 수 있는지 신기할 따름이다. 하나님이 모든 사람의 아버지되심을 종교의 총체와 본질로 간주하는 사람들이 어떻게 자신을 그리스도인이라고 생각하는지, 나사렛 예수에게 의지하여 자신들의 정당성을 주장할 수 있는지 신기하다. 왜냐하면 하나님의 보편적 부성이라는 이 현대적 교리가 예수의 교훈의 어떤 부분도 될 수 없다는 것이 너무나 분명하기 때문이다. 예수가 하나님의 보편적 부성을 가르친 것으로 간주될 수 있는 곳이 어디인가? 첫째로, 예수가 세리들과 죄인들을 받아 주었다 하여 바리새인들이 비난했고 그에 대해 예수가 비유로 대답한 적이 있는데, 이 세리와 죄인들은 모든 사람들을 상징하는 것이 아니라 선민의 구성원들이었으며 따라서 하나님의 자녀라 불릴 수 있었다. 둘째로, 비유는 세세한 부분까지 모두 특정한 의미를 가지는 것이 아니다. 비유에 등장하는 아버지의 기쁨이 예수가 주는 구원을 죄인이 받아들였을 때의 하나님의 기쁨과 유사하다 하여, 하나님께서 아직 회개하지 않은 죄인들과 맺는 관계가 아버지가 자녀와 맺는 관계와 같다고 할 수는 없다. 그렇다면 하나님의 보편적 부성이라는 것을 어디서 찾을 수 있는가? 산상수훈에는 없는 것이 확실하다. 왜냐하면 산상수훈 전체를 통해서 하나님을 아버지라고 부를 수 있는 사람은 외부의 큰 세계로부터 가장 확실히 구별되는 사람들이기 때문이다. 산상수훈에 현대적인 교리를 지지하는 것으로 제시된 한 본문이 나온다. "나는 너희에게 이르노니 너희 원수를 사랑하며 너희를 박해하는 자를 위하여 기도하라. 이같이 한즉 하늘에 계신 너희 아버지의 아들이 되리니 이는 하나님이 그 해를 악인과 선인에게 비추시며 비를 의로운 자와 불의한 자에게 내려 주심이라"(마 5:44-45). 그러나 이 구절은 현대적인 교리를 지지하는 구절로 사용될 수 없다. 여기서 하나님은 악인과 선인을 모두 돌보는 분으로 묘사되기는 했지만, 분명히 모든 사람의 아버지로는 불리지 않는다. 도리어 이 단락의 핵심은 하나님이 모든 사람의 아버지가 아니라는 사실을 근거로 한다고까지 말할 수 있다. 하나님은 자기의 자녀뿐 아니라 원수인 사람들까지 돌보신다. 그러므로 예수의 제자들은 그들의 형제뿐 아니라, 그들의 박해자인 사람들까지도 사랑함으로 아버지를 본받아야 한다. 하나님의 보편적 부성이라는 현대의 교리는 예수의 교훈에서는 발견되지 않는다.

또한 신약성경에서도 발견되지 않는다. 신약성경 전체와 예수 자신은 실제로 하나님이 모든 사람과―그리스도인이든 아니든―맺는 관계를 아버지가 자기 자녀와 맺는 관계와 비슷한 것처럼 말하기도 한다. 그는 모든 존재의 근원이므로 모든 사람의 아버지라 불릴 수도 있다. 그는 모든 사람을 돌보므로 그런 의미에서도 모든 사람의 아버지라 불릴 수 있다. 하나님이 모든 사람들, 심지어 모든 것들과 맺는 이런 넓은 관계 때문에 여기저기서 아버지의 비유가 사용된 것처럼 보인다. 그래서 히브리서의 한 구절에서는 하나님이 "영의 아버지"라고 불린다(히 12:9). 여기서는 창조주인 하나님이 피조물인 인격적 존재와 맺는 관계를 거론하는 것으로 보인다. 또한 아버지를 광의의 의미에서 비유적으로 사용하는 가장 분명한 예가 아덴에서 바울이 행한 연설에 등장한다. "우리가 그의 소생이라"(행 17:28). 여기서 염두에 두고 있는 것은 그리스도인인지 아닌지 여부를 떠나서 모든 사람이 하나님과 맺고 있는 관계임이 분명하다. 그러나 이 표현은 6보격 시행의 한 부분으로서, 이방인의 시에서 인용한 것이다. 이 말은 복음의 일부가 아니라, 바울이 이방인 청중에게 말하면서 그들과의 접촉점으로 사용한 말일 뿐이다. 이 구절은 하나님의 보편적 부성과 관련하여 신약성경 전체에서 발견되는 전형적인 예에 불과하다. 하나님의 보편적 부성과 유사한 것이 신약성경에 등장한다. 또한 일반적인 관계를 묘사하기 위해 아버지됨과 아들됨이라는 용어가 여기저기서 사용되기는 한다. 그러나 그것은 극히 드문 경우다. 일반적으로는 "아버지"라는 고상한 용어가 훨씬 친밀한 종류의 관계, 곧 하나님께서 구속받은 자와 맺는 관계에서 사용된다.

그렇다면 하나님의 보편적 부성이라는 현대적인 교리가 "기독교의 본질"인 양 높이 평가되고는 있지만, 실제로는 복음이 선포될 때에 설교자가 하나의 가정으로 사용할 수 있는 애매한 자연주의 종교에 속할 뿐이다. 그런데 이것이 모든 것을 채워 주고 확신을 굳게 해주는 것으로 취급될 때에는 신약성경과 정반대 방향에 서게 된다. 실제 복음은 전혀 다른 어떤 것을 가리킨다. 하나님의 부성에 관하여 신약성경이 특이하게 가르치는 것은, 하나님은 믿음의 가족으로 들어온 사람들에게만 아버지가 되신다는 것이다.

이런 교훈이 편협한 것은 아니다. 왜냐하면 하나님의 가족으로 들어올 수 있는 문이 활짝 열려 있기 때문이다. 이 문은 예수가 자신의 피로 열어 놓은 "새롭고 산 길"이다. 또한 만약 우리가 정말로 우리 동료 인간들을 사랑한다면, 우리는 자유주의 설교자와 함께 세상을 다니면서 자연 종교의 애매한 차가움으로 사람들을 만족시키려 하지 않을 것이다. 도리어 복음을 전파하여 사람들을 하나님의 집의 따뜻함과 기쁨으로 초청할 것이다. 기독교는 하나님의 보편적 부성에 대해 현대 자유주의 신학의 가르침이 제공하는 모든 것을 제공하되, 그 이상으로 무한히 많은 것을 제공하기 때문이다.

그러나 자유주의 신학의 신 개념은 부성이라는 용어와 관련된 사상적 차이보다 더 근본적으로 기독교적인 견해와 다르다. 실은 자유주의 신학이 기독교적 가르침의 중심과 핵심 자체를 놓치고 있는 것이다. 성경에 제시된 기독교적 신관에는 많은 요소들이 있다. 그중 한 가지가 절대적으로 근본적인 위치를 가진다. 다른 속성들을 알기 위해서 그 한 가지 속성이 절대적으로 중요한데, 그것은 하나님의 두려운 초월성이다. 성경은 처음부터 끝까지 피조물을 창조주로부터 구분하는 엄청난 간격에 주목한다. 물론 성경에 따르면 하나님은 이 세상에 내재하신다. 하나님 없이는 참새 한 마리도 땅에 떨어지지 않는다. 그러나 하나님이 세상에 내재하시는 것은 그가 세상과 동일시되기 때문이 아니라, 그가 세상에 대해 자유로운 창조주요 유지하는 분이기 때문이다. 창조주와 피조물 사이에는 큰 간극이 존재한다.

반면에 현대 자유주의 신학에서는 하나님과 세상 사이의 분명한 구분이 사라지고, "하나님"이라는 이름이 이 웅장한 세계의 진행과정 그 자체와 동일시된다. 우리는 웅장한 진행과정의 한가운데 있으며, 이 진행은 무한히 작은 것 속에서와 무한히 큰 것 속에서—현미경을 통해 드러나는 극소 생명체와 거대한 천체의 움직임—함께 드러난다. 우리가 한 부분을 이루고 있는 이 세계의 진행과정에 "하나님"이라는 두려운 이름을 적용한다는 것이다. 그러므로 결국 하나님은 우리와 구별된 인격이 아니다. 그 반대로 우리 생명이 그 생명의 일부인 것이다. 결국 현대 자유주의 신학에 따르면, 때로 복음서의 성육신 이야기는 인간이 최고의 상태에서 하나님과 하나라는 일반적 진리의 상징이 되고 마는 것이다.

이런 식의 설명이 새로운 것으로 받아들여진다는 것이 이상하다. 왜냐하면 사실 범신론은 매우 오래된 현상이기 때문이다. 범신론은 항상 종교생활에 해를 끼쳐 왔다. 그런데 현대 자유주의 신학은, 비록 일관되게 범신론적은 아니라 해도, 어느 정도는 범신론을 향해 나아가고 있다. 자유주의 신학은 사방에서 하나님과 세상 사이의 구별을 없애며, 하나님의 인격과 사람의 인격 사이의 예리한 구분을 허물고 있다. 이 견해에서는 심지어 사람의 죄까지도 하나님의 생명의 일부로 간주된다. 성경과 기독교 신앙이 이야기하는 살아 계시고 거룩하신 하나님과는 전혀 다르다.

그러므로 기독교는 가장 먼저 신 개념에서 자유주의 신학과 다르다. 그런데 인간 개념에서도 기독교는 자유주의 신학과 다르다.

현대 자유주의 신학은 피조물을 창조주로부터 분리하는 감각을 상실했다. 인간론은 자연히 그 신론으로부터 나온다. 그러나 피조물로서 인간의 한계만 부인되는 것이 아니다. 더욱 중요한 다른 차이가 있다. 성경에 의하면 사람은 하나님의 의로운 정죄 아래 있는 죄인이지만, 현대 자유주의 신학에 의하면 죄라는 것 자체가 없다. 현대 자유주의 신학 운동은 뿌리에서부터 죄의식을 상실했다.[1]

이전에는 죄의식이 모든 설교의 출발점이었다. 그런데 오늘날에는 그것이 사라졌다. 다른 무엇보다도 현 시대의 특징은 인간의 선함에 대한 최고의 확신이다. 오늘날의 종교 서적은 이 확신의 냄새를 짙게 풍긴다. 인간의 투박한 외면을 뚫고 그 아래로 들어가 보면, 소망의 근거가 되기에 충분할 만큼의 자기희생을 발견할 것이라고 말한다. 세상의 선을 가지고 세상의 악을 극복할 수 있다는 것이다. 세상 밖에서 오는 도움은 필요치 않다는 것이다.

인간의 선함에 대한 이런 만족감을 일으킨 것이 무엇일까? 죄의식은 어떻게 되었는가? 죄의식을 상실한 것은 분명하다. 하지만 무엇이 인간의 마음에서 죄의식을 제거했을까?

첫째로, 전쟁이 이 변화의 일정 부분을 담당했을 것이다. 전쟁 중에 우리의 관심은 전적으로 다른 사람의 죄에 집중되기 때문에, 우리 자신의 죄를 망각하기 쉽다. 때로 다른 사람들의 죄를 주목하는 것은 필요하다. 강자가 약자를 억압하는 모든 행태에 대해 분노하는 것은 분명히 옳다. 그러나 그런 마음의 습관이 영속화되어 평화의 시기에도 그대로 지속되는 것은 위험한 일이다. 그것은 현대 국가의 집단주의와 연합하여 개인의 인격적 죄책의 성격을 모호하게 만든다. 오늘날 존 스미스가 자기 아내를 때리면, 그것을 문제 삼아 존 스미스를 비난할 만큼 시대에 뒤진 사람은 없다. 도리어 존 스미스는 볼셰비키 선전의 피해자인 것이 분명하며, 의회는 임시회의를 소집하여 외국인과 선동에 관한 법률로 존 스미스의 사례를 다루어야 한다고 말하는 것이다(제1차 세계대전 이후 미국 사회는 보수적 성향이 강화되어, 당시 위세를 떨치던 러시아 볼셰비키의 영향을 크게 경계하며 정치적인 공격을 가했다. 집단적으로 적을 공격하는 분위기 속에서 개인의 잘못이 덮어지고 죄의식이 약해진 것을 가리킨다—편집자).

그러나 죄의식의 상실은 전쟁보다도 훨씬 깊다. 그것의 뿌리는 지난 75년 동안 도도하게 진행되어 온 영적인 흐름에 있다. 다른 큰 운동들과 마찬가지로 이것도 조용히 진행되었다. 너무나 조용히 진행되었기 때문에, 사람들이 무슨 일이 일어나고 있는지 의식도 하기 전에 그 결과가 이루어졌다. 그 과정에서, 모든 것이 겉보기에는 연속성을 유지한 것처럼 보였지만, 지난 75년 동안 괄목할 만한 변화가 일어났다. 그 변화는 기독교를 대신하여 이교주의

paganism가 지배적인 인생관이 되었다는 것이다. 75년 전의 서구 문명은, 비록 일관성이 떨어지기는 했지만 기독교가 지배적이었다. 그런데 오늘은 이교가 지배적이 되었다.

"이교주의"라고 말할 때 우리는 비난 섞인 뜻으로 그 단어를 사용하는 것이 아니다. 고대 그리스는 이교적이었지만 매우 찬란했으며, 현대 세계조차도 그 성취에 견줄 수 없다. 그렇다면 이교주의란 무엇인가? 그 대답은 그리 어렵지 않다. 이교주의란 현존하는 인간의 능력을 건강하고 조화롭고 즐겁게 발전시키는 것을 최고 목표로 삼는 인생관이다. 기독교적인 이상과 매우 다르다. 이교주의는 아무 도움도 필요 없는 인간의 본성에 대해 낙관적이지만, 기독교는 절망한 마음의 종교라는 것이다.

기독교가 절망한 마음의 종교라는 말은, 기독교가 절망으로 귀결된다는 뜻이 아니다. 지속적으로 가슴을 치거나 지속적으로 "화로다, 나여"라고 말하는 것이 기독교의 특징이라는 뜻이 아니다. 이것은 전혀 사실이 아니다. 도리어 기독교란 단번에 결정적으로 죄를 직면하고, 그것이 하나님의 은혜에 의해 영원히 심연 속으로 던져지는 것을 의미한다. 현대의 이교주의와 마찬가지로, 고대 그리스의 이교주의 문제는 찬란한 외형에 있는 것이 아니라 썩어 버린 기초에 있다. 감춰야 할 무엇인가가 항상 있었다. 건축자의 열정은 죄라는 불편한 진실을 외면함으로써만 유지되었다. 반면에 기독교는 아무것도 감출 필요가 없다. 죄를 단번에 결정적으로 직면하고, 하나님의 은혜에 의해 그것이 처리된다. 하나님의 은혜에 의해 죄가 처리된 다음, 그리스도인은 하나님께서 주신 모든 능력을 즐겁게 발전시켜 나갈 수 있게 된다. 이것은 인간의 교만이 아니라 신성한 은혜 위에 세워지는 휴머니즘이다.

그런데 비록 기독교가 절망으로 끝나지는 않지만, 시작은 절망과 함께해야 한다. 그것은 죄의식과 함께 시작한다. 죄의식이 없다면 복음은 전부 무익한 이야기로 보일 것이다. 하지만 어떻게 죄의식을 일으킬 수 있는가? 하나님의 율법을 선포함으로써 무엇인가가 분명히 성취될 수 있다. 법이 범법을 드러내기 때문이다. 나아가 율법 전체를 선포해야 한다. 작은 죄를 마치 큰 죄인 것처럼 다루는 일은 그만두어야 한다는 제안을 (최근 귀환하는 군인들의 충성심을 유지하기 위해 우리의 메시지를 수정하기 위한 많은 방법들 중 하나로 이것이 제안되었다) 채택하는 것은 결코 지혜롭지 못하다. 이는 작은 죄들에 대해서 지나치게 걱정해서는 안 되며, 방해받지 않는 상태로 그대로 두어야 한다는 제안으로 들린다. 이런 편의주의에 대해 이렇게 대답할 수 있을 것이다. 이 도덕적 전투에서 우리는 자원이 풍부한 적을 대항해 싸우고 있는데, 그는 큰 공격을 계획하면서 겉으로는 산만한 포격을 통해서 그의 대포의 위치를 감추는 전략을 사용한다. 유럽에서 있었던 큰 전쟁과 마찬가지로, 도덕적 전투에서도 조용한 부분이 대개 가장 위험하기 마련이다. 사탄이 우리 삶 속으로 침투하는 것은 "작은 죄들"을 통해서다. 그러므로 전선의 모든 부분을 감시하여, 한시도 지체하지 말고 명령의 통일성을 도입해야 할 것이다.

그러나 죄의식이 일어나기 위해서는 하나님의 말씀이 말로만 아니라 그리스도인의 삶 속에서 선포되어야 한다. 설교자는 강단에서 불과 유황을 내뿜는데, 그와 동시에 회중이 죄를 가볍게 여기면서 세상의 표준을 따라간다면 아무 소용이 없다. 교회의 일반 신도들도 그들의 삶으로 하나님의 법을 선포하는 일에 참여함으로써 사람들의 마음속 비밀이 드러나도록 해야 한다.

하지만 이것만으로는 죄의식을 일으키기에 결코 충분치 못하다. 교회의 상황을 관찰하면 할수록, 죄의 찔림은 성령에 의해서만 일어날 수 있는 위대한 신비임을 더욱 고백하지 않을 수 없다. 말씀과 행동으로 율법을 선포하는 것이 죄의 찔림을 경험하는 준비는 될 수 있지만, 찔림 그 자체는 하나님으로부터 온다. 사람이 이것을 경험할 때, 곧 사람이 죄의 찔림을 받을 때 삶에 대한 그의 태도 전체가 변한다. 자기가 장님 같은 상태에 있었음을 알고 놀라게 되며, 이전에는 무익한 소리처럼 들리던 복음이 빛으로 가득 차게 된다. 그러나 오직 하나님만이 이 변화를 일으킬 수 있다.

성령이 없이 무엇을 이루려 노력하지 말아야 한다. 현대 교회의 근본적인 실책은 절대적으로 불가능한 일을 이루려고 바쁘게 움직인다는 것이다. 교회는 의인을 회개시키려고 바빠 노력한다. 현대의 설교자들은 사람들에게 교만을 버릴 것을 요구하지 않으면서 사람들을 교회로 불러들이려 노력한다. 그들은 사람들이 죄의 찔림을 피하도록 돕기 위해 애쓴다. 설교자는 강단에 올라가 성경을 펼친 다음, 대개 다음과 같이 말한다. "여러분은 매우 선합니다. 여러분은 사회의 안녕을 추구하는 모든 호소에 반응하고 있습니다. 그런데 성경 속에서-특별히 예수의 생애 속에서-우리는 여러분처럼 선한 사람들에게조차 선하게 보일 정도로 선한 어떤 것을 발견합니다." 현대적인 설교란 이런 식이다. 매 주일마다 수천 개의 강단에서 이런 이야기를 들을 수 있다. 하지만 이것은 완전히 헛된 일이다. 우리 주님도 의인에게 회개하라고 요구하지 않았는데, 우리라고 성공할 수 있을 것 같지는 않다.

— 4 —

성경

지금까지 관찰한 바에 의하면, 현대 자유주의 신학은 기독교 메시지의 두 거대한 전제에 대해―살아 계신 하나님, 그리고 죄의 현실―눈이 멀어 있다. 자유주의 신학의 신론과 인간론은 기독교적 관점과 정반대의 위치에 있다. 그런데 이런 일탈은 메시지의 전제에서만 문제 되는 게 아니라, 메시지 그 자체에서도 문제가 된다.

기독교 메시지는 성경을 통해 우리에게 온다. 그렇다면 메시지를 담은 이 책에 대해서 우리는 어떻게 생각해야 할까?

기독교적 견해에 의하면 성경은 하나님으로부터 사람에게 오는 계시의 기록을 담고 있는데, 이것은 다른 어느 곳에서도 발견되지 않는다. 물론 하나님이 만드신 것들을 통해서, 그리고 사람의 양심을 통해서 주어진 계시들을 성경이 확증하고 놀랍도록 풍성하게 해주는 것은 사실이다. "하늘이 하나님의 영광을 선포하고 궁창이 그의 손으로 하신 일을 나타내는도다." 이 말은 자연에 나타난 하나님의 계시를 확증한다. "모든 사람이 죄를 범하였으매 하나님의 영광에 이르지 못하더니." 이 말은 양심에 의해 입증된 것을 확증해 준다. 그러나 다른 곳에서 배울 수 있는 것을 확증하는 것 이외에도―사실은 사람의 눈이 멀었기 때문에, 다른 곳에서 그렇게 많은 것을 배울 수 있다 하더라도 상대적으로 희미한 방식으로 배울 뿐이다―성경은 또한 전적으로 새로운 계시의 기록을 담고 있다. 그 새로운 계시란 죄 있는 사람이 살아 계신 하나님과 교제를 나눌 수 있는 방법에 관한 것이다.

성경에 의하면 그 길은 하나님에 의해서 열렸다. 곧 1,900년 전 예루살렘 성벽 밖에서, 영원한 아들이 사람의 죄를 위한 희생제물로 바쳐진 것이다. 구약성경 전체가 이 하나의 위대한 사건을 바라보았고, 신약성경 전체의 중심과 핵심이 바로 이 위대한 사건이다. 그러므로 성경에 따르면, 구원은 발견되는 것이 아니라 발생한 것이다. 바로 여기에 성경의 유일성이 있다. 기독교의 모든 관념들은 다른 종교에서도 발견될 수 있지만, 그 다른 종교 속에 기독교는 없다. 왜냐하면 기독교는 관념들의 종합이 아니라 어떤 사건에 대한 서술 위에 서 있기 때문이다. 기독교적 견해에 의하면, 그 사건이 없다면 세계는 암흑이며 인류는 죄책 아래에서 잃어버린 바 된다. 영원한 진리를 발견하는 것만으로는 구원을 얻지 못한다. 죄 때문에, 영원한 진리가 오직 절망만을 가져다주기 때문이다. 하나님이 자기 독생자를 내어 주셨을 때 이루신 놀라운 일 덕분에 삶이 새로운 얼굴을 가지게 된 것이다.

성경의 내용에 대한 이 견해는 반대에 부딪히곤 했다.[1] 그 반대는 다음과 같다. 그렇게도 오래전에 기록된 것을 의존해야 하는가? 구원을 위해서 곰팡내 나는 기록을 조사해야 하는가? 그 당시 팔레스타인 역사에 대한 노련한 연구자가 오늘날의 사제가 되며, 이 사제들의 은혜로운 개입이 없다면 어떤 사람도 하나님을 볼 수 없다는 말인가? 그것 대신 역사에 의존하지 않는 구원, 곧 바로 지금 여기에 우리와 함께 있는 것에만 의존하는 구원을 찾을 수는 없는가?

이런 반대는 가볍게 취급될 수는 없으나, 복음 기록의 진리성에 대한 일차적인 증거들 중 하나를 무시하고 있다. 그것은 기독교적 경험 속에서 발견되는 증거로, 구원은 오래전에 발생한 사건에 근거하고 있지만, 그 사건은 오늘까지 그 영향을 미치고 있다는 것이다. 신약성경은 예수가 자신을 믿는 사람들의 죄를 위하여 자신을 희생 제물로 바쳤다고 말한다. 이것은 과거 사건에 대한 기록이다. 그러나 우리는 오늘날 그 기록을 시험할 수 있고, 시험을 통해서 그것이 참이라는 것을 발견한다. 신약성경은 오래전 어느 날 아침에 예수가 죽음에서 살아나셨다고 말한다. 역시 과거 사건에 대한 기록이다. 하지만 우리는 그것을 시험할 수 있고, 시험을 통해서 예수가 정말로 오늘날 살아 있는 구주임을 발견한다.

그런데 바로 이 점에 치명적 오류가 숨어 있다. 그것은 현대 자유주의 신학의 근본 오류들 중의 하나다. 우리가 방금 말한 기독교인의 경험은 복음 메시지를 확증해 준다는 점에서 유용하다. 그러나 그 경험이 필요하다는 이유로, 많은 사람들은 오직 그 경험이면 된다는 성급한 결론에 도달한다. 마음속으로 지금 그리스도를 경험하고 있다면, 첫 번째 부활절 아침에 관해 역사가 말하는 것과 무관하게 우리는 그 경험을 견지할 수 있지 않은가? 우리는 성경 비평의 결과와 전적으로 무관할 수 있지 않은가? 나사렛 예수가 실제로 어떤 인물이었는지에 대해 역사가 말하는 것과 무관하게, 그의 죽음의 참된 의미에 대해서 혹은 그가 부활했다는 이야기에 대해서 역사가 무엇이라 말하는지와는 무관하게, 우리는 여전히 영혼 속에서 그리스도의 임재를 경험할 수 있지 않은가?

문제는 이렇게 유지되는 경험이 기독교의 경험이 아니라는 데 있다. 종교적 경험일 수는 있지만 기독교의 경험은 분명히 아니다. 왜냐하면 기독교의 경험은 어떤 사건에 절대적으로 의존하기 때문이다. 기독교인은 자신에게 이렇게 말한다. "나는 하나님과 바른 관계에 들어가는 문제에 대해 생각해 왔고, 하나님 앞에 설 수 있는 의를 이루려고 노력해 왔다. 그런데 복음 메시지를 들었을 때, 나는 그리스도께서 나를 위해 십자가에서 죽고 영광스러운 부활을 통해 구속의 일을 완성함으로, 내가 성취하려고 노력하던 것이 이미 성취되었음을 배웠다. 만약 그 일이 아직 성취되지 않았는데 내가 그 성취에 대한 생각만 가지고 있다면, 나는 모든 사람 중에서 가장 비참한 사람이 되었을 것이다. 이는 내가 아직 죄악 가운데 있기 때문이다. 그러므로 나의 기독교적 삶은 신약성경이 진리라는 사실에 전적으로 의존하고 있다."

기독교의 경험은 문서의 증거를 확증할 때 정당하게 사용된다. 그러나 그것이 절대로 문서의 증거를 대신할 수는 없다. 우리는 부분적으로, 복음 이야기가 등장하는 문서의 이른 연대, 저자에 관한 증거, 복음 이야기가 사실이라는 내적인 증거, 거짓말이나 신화에 근거해서는 설명될 수 없다는 사실 등에 의해서 복음 이야기가 사실임을 안다. 이 증거는 현재의 경험에 의해 영광스럽게 확증된다. 이 경험은 우리를 두려움으로부터 건져 주는, 놀랍도록 직접적이고 즉각적인 확신을 문서의 증거에 덧붙여 준다. 신약성경에 기록된 사건들이 실제로 발생했다는 것을 기독교 경험이 확신시켜 줄 때에 기독교 경험은 정당하게 사용되는 것이다. 그러나 그 사건이 발생했든지 아니든지, 경험 자체가 우리를 기독교인으로 만들지는 못한다. 경험은 예쁜 꽃이며, 하나님의 선물로 대접받아야 한다. 그러나 그 꽃을 뿌리인 복된 책에서 끊어 내면 곧 시들어서 죽고 만다.

그러므로 성경 기록에 포함되어 있는 계시는 영원한 진리를 재확증할 뿐만 아니라—사람의 눈이 멀어 진리가 모호해졌으므로 재확증이 필요하다—하나님의 행동의 의미를 보여주는 계시이기도 하다.

이와 같이 성경의 내용은 유일하다. 그러나 성경에 관한 또 다른 중요한 사실이 있다. 성경이 하나님으로부터 오는 참된 계시의 기록을 포함할 수 있지만, 그럼에도 불구하고 오류로 가득할 수 있다는 것이다. 그러므로 성경의 완전한 권위가 확립되기 위해서는 기독교 계시론에 기독교 영감론이 첨가되어야 한다. 영감론이란 다음과 같다. 성경은 중요한 일들에 대한 기록일 뿐만 아니라 그 기록 자체가 참되며, 저자들이 오류로부터 완전히 지켜져 그들의 생각과 표현의 습관이 온전히 유지되면서도, 그들이 쓴 책이 "믿음과 행위의 무오한 규칙"이 되는 것이다.

이 "완전 영감plenary inspiration" 교리는 지속적으로 잘못 제시되어 왔다. 이 교리의 반대자들은 완전 영감 교리가 성령이 기계적으로 작동한다는 주장인 것처럼 말해 왔다. 그들은 완전 영감론에 대해, 성령이 저자들에게 성경 내용을 불러 주었고, 저자들이 그것을 받아쓴 것에 불과하다는 이론이라고 비판한다. 물론 이런 모든 희화화된 내용에는 아무 근거도 없다. 똑똑한 사람들이 편견으로 눈이 어두워진 나머지, 그들이 충분히 구할 수 있는 관련 논문들을 검토조차 하지 않는 것이 놀라울 뿐이다. 어떤 사안에 대한 천박한 비판을 그저 따르기에 앞서, 본인이 직접 그 문제를 검토하는 것이 좋은 태도다. 그런데 성경과 관련해서는 그런 학문적인 제한 장치가 불필요한 것처럼 간주되는 듯하다. "기계적" 혹은 그와 유사한 몇 가지 무례한 말로 자기 자신을 만족시키는 것은 훨씬 쉬운 일이다. 사람들이 조롱을 좋아한다면, 심각한 비평에 애쓸 이유가 무엇인가? 허수아비를 때려눕히기가 쉽다면, 진짜 적을 공격할 이유가 있는가?[2]

실제로 완전 영감 교리는 성경 저자들의 개성을 부인하지 않는다. 또한 정보 획득을 위해 그들이 정상적인 방법을 사용했음을 무시하지도 않는다. 성경의 각 책이 만들어진 역사적 상황에 관심을 기울이지 않는 것도 아니다. 완전 영감 교리가 부인하는 것은 성경에 오류가 있다는 주장이다. 완전 영감 교리는 성령이 성경 저자들의 마음을 잘 가르쳐서, 다른 모든 책에는 반드시 있는 오류에 빠지지 않도록 했다는 것이다. 성경은 하나님의 진정한 계시의 기록을 포함하지만, 참된 기록을 포함하지 않을 수도 있다. 그러나 영감 교리에 따르면, 그것도 실제로는 참된 기록이다. 성경은 "믿음과 행위의 무오한 규칙"인 것이다.

물론 이것은 확실히 엄청난 주장이며, 거기에 공격이 가해진 것이 놀랄 일은 아니다. 그러나 그 공격이 항상 공정하지만은 않다는 것이 문제다. 만약 자유주의 설교자가 사실상 성경에 오류가 있다는 것을 근거로 완전 영감 교리를 비판한다면, 그 비판이 옳을 수도 있고 틀릴 수도 있지만, 어쨌든 합당한 근거 위에서 토론이 진행될 수 있다. 그러나 자유주의 설교자는 너무나 자주, 성경의 오류에 관한 미묘한 문제—교회의 일반 교인들에게 부담이 될 수도 있는 문제—를 피하고자 "기계적 영감설", "받아쓰기 영감설", "성경을 부적으로 사용하는 미신" 등에 관해서만 말하려고 한다. 보통 사람들에게는 그렇게 말하는 것이 무해한 것처럼 보인다. 자유주의 설교자도 성경은 "신성하다"고—실제로 그것이 더욱 인간적이기 때문에 더욱 신성하다고—말하지 않는가? 덕을 세우는 데 이보다 더 유익한 것이 있을 수 있는가? 그러나 물론 자유주의자들의 이런 외면은 속임수다. 오류로 가득한 성경을 "신성하다"고 한다면, 그것은 분명 현대의 범신론적 의미에서 "신성하다"는 것으로, 이에 따르면 하나님이라는 단어는 불완전함과 죄로 가득한 세계의 진행과정을 가리키는 또 다른 이름일 뿐이다. 그러나 그리스도인이 경배하는 하나님은 진리의 하나님이다.

완전 영감 교리를 받아들이지 않는 그리스도인이 많다는 것을 인정해야 한다. 이 교리는 기독교를 반대하는 자유주의 신학자들뿐만 아니라, 많은 진정한 그리스도인들에 의해서도 부인된다. 오늘날 교회 내에는 기독교가 단순한 진화의 산물이 아니라 하나님의 창조적 능력의 실제 개입에 의해 발생했다고 믿는 사람들, 구원을 위해 그리스도적 삶을 살아 내려는 자신의 노력을 의지하지 않고 그리스도의 대속의 피를 의지하는 사람들이 많다. 또한 오늘날 교회 내에는 이와 같이 성경의 중심 메시지를 받아들이면서, 성경 저자들이 작품을 쓸 때 성령의 초자연적인 지도를 받지는 않았지만, 오직 그 증언이 신뢰할 만하기 때문에 성경 메시지를 믿는다고 말하는 사람들이 많다. 성경의 핵심 곧 그리스도의 구속사역에서는 성경이 옳다고 믿으면서도, 동시에 성경이 많은 오류를 포함하고 있다고 믿는 사람들이 많이 있다는 뜻이다. 그런 사람들은 자유주의자들이 아니라 그리스도인들이다. 왜냐하면 그들은 기독교의 근거가 되는 메시지를 참된 것으로 받아들이기 때문이다. 기독교의 생사가 달린 하나님의 초자연적 개입을 부인하는 사람들과 그들 사이에는 큰 간격이 있다.

하지만 그런 식으로 유지되는 어중간한 성경관이 논리적으로 받아들여질 수 있는지는 또 다른 문제다. 우리 주님 자신이 가지신 것으로 보이는 성경에 대한 높은 견해가 여기서 거부되고 있다는 점이 문제다. 그런 양보를 하게 만드는, 성경에 대해 사람들이 가지는 당황스러움이 사실에 의해 정당화될 수 있는지는 다른 문제다. 이 질문에 대해 본 저자는 강력하게 아니라고 대답할 것이다. 만약 그런 그리스도인이 그리스도인의 특전을 충분히 사용한다면, 그는 단지 사람의 말이 아니라 하나님 자신의 말씀으로 여기는 전체 성경 속에 권위가 있음을 알게 될 것이다.

현대 자유주의 신학의 견해는 매우 다르다. 현대 자유주의자는 완전 영감을 거부할 뿐 아니라, 신뢰할 만한 모든 일반 책에 대해 갖는 정도의 존경심마저 성경에 대해서는 갖기를 거부한다. 기독교적인 성경관을 무엇으로 대체했는가? 종교의 권위가 어디에 있는지에 대한 자유주의의 견해는 무엇인가?[3]

현대 자유주의 신학이 성경의 권위 대신 내세우는 것이 그리스도의 권위인 것처럼 보일 때가 있다. 자유주의자는 구약의 잘못된 도덕적 가르침, 혹은 바울의 궤변론적 논증으로 보이는 것을 받아들일 수 없다고 말한다. 그러면서도 자신을 참된 그리스도인이라고 간주한다. 왜냐하면 성경의 나머지 부분을 거부하고 오직 예수만을 의지하기 때문이라는 것이다.

이런 인상은 완전히 거짓된 것이다. 현대 자유주의자들은 사실 예수의 권위를 인정하지 않는다. 설령 그들이 권위를 인정했다 하더라도, 그들은 여전히 하나님에 대한 지식과 구원의 길에 대한 지식이 극히 빈곤한 상태로 있을 것이다. 예수가 지상 생애 동안 한 말씀들이 하나님과 구원의 길에 관해 우리가 알아야 하는 모든 것을 포함할 수는 없다. 왜냐하면 예수의 구속 사역의 의미는 그 일들이 성취되기 전에는 완전히 제시될 수 없기 때문이다. 물론 예언을 통해서 제시될 수도 있었으며, 예수가 지상 생애 동안에 그 의미를 설명한 것도 사실이다. 그러나 완전한 설명은 당연히 그 일이 성취된 후에 주어졌고, 그것이 실제 하나님의 방법이었다. 사도들을 통해 주어진 성령의 가르침을 예수의 가르침보다 열등한 것으로 간주하는 것은, 성령뿐 아니라 예수 자신에 대한 모욕이다.

그러나 실제로 현대 자유주의자들은 예수의 권위마저도 굳게 견지하지 않는다. 분명 그들은 복음서에 기록된 예수의 말씀들을 받아들이지 않는다. 왜냐하면 기록된 예수의 말씀 속에는 현대 자유주의 교회가 가장 혐오하는 것들이 들어 있으며, 그 안에서 예수는 나중에 사도들을 통해서 드러날 더 충만한 계시를 지시하기 때문이다. 그러므로 현대 자유주의 신학에 의해 권위를 인정받을 수 있는 예수의 말씀들은, 기록된 말씀의 더미 속에서 비평 과정을 통해 걸러져야 하는 게 분명하다. 이 비평 과정은 확실히 매우 난해하며, 비평가들 자신의 선입견에 맞는 말들만이 역사적 예수의 진짜 말들로 선택되는 것이 아닌가 하는 의혹이 자주 일어난다. 그러나 거르는 과정이 완료된 후에도 자유주의 학자들은 여전히 예수의 모든 말씀들을 권위 있는 것으로 받아들일 수 없다. 현대 역사가들에 의해 재구성된 "역사적" 예수의 말 가운데서도 어떤 말들은 참되지 않다고 받아들여야만 하기 때문이다.

대개 많은 부분이 예수의 말씀으로 여겨지고 있다. 설령 예수가 말한 모든 것이 참되지는 않다 하더라도, 그의 중심적인 "삶의 목적"은 교회의 규범으로 받아들여질 만하다고 주장된다. 그렇다면 예수의 삶의 목적이 무엇인가? 가장 짧은 복음서이며 현대 비평주의가 인정하는 가장 초기 복음서에 따르면, 인자는 "섬김을 받으려 함이 아니라 도리어 섬기려 하고 자기 목숨을 많은 사람의 대속물로 주려"고 왔다는 본문이다(막 10:45). 여기서 대속의 죽음이 예수의 "삶의 목적"이 되고 있다. 그런데 현대 자유주의 교회에서는 이런 말이 당연히 한쪽으로 밀쳐진다. 진실을 말하자면, 현대 자유주의 신학이 발견한 예수의 삶의 목적은 예수의 진짜 삶의 목적이 아니라, 예수의 가르침 중에서—격리되고 잘못 제시된—현대 자유주의 신학의 프로그램과 우연히 일치하는 요소들일 뿐이다. 그렇다면 참된 권위는 예수가 아니라, 예수의 기록된 교훈 중에서 무엇을 선택할지를 결정한 현대 자유주의 신학의 원칙이다. 산상수훈에서 뽑힌 윤리적 원리들이 받아들여졌는데, 이는 그것들이 예수의 가르침이기 때문이 아니라 현대의 관념과 일치하기 때문이다.

그러므로 현대 자유주의 신학이 예수의 권위에 근거해 있다는 말은 전혀 참이 아니다. 자유주의 신학은 예수의 모범과 교훈에서 절대적으로 본질적인 의미를 가지는 상당한 분량을—대표적으로 자신이 하늘로부터 온 메시아라는 의식—거부할 수밖에 없다. 자유주의 신학에서 진짜 권위는 오직 "기독교적 의식consciousness" 혹은 "기독교적 경험"일 수밖에 없다. 하지만 기독교적 의식이 만들어 낸 결과물들을 어떻게 확증할 수 있는가? 제도 교회의 다수결 투표에 의해서 할 수는 없는 노릇이다. 그런 방법은 양심의 자유를 전적으로 부인하는 결과가 되는 까닭이다. 그렇다면 유일한 권위는 개인의 경험일 수밖에 없다. 각 개인을 "돕는" 것만 진리가 될 수 있는 것이다. 그런데 그런 권위는 전혀 권위가 아니다. 개인의 경험이란 무한히 다양하며, 진리가 어떤 특정한 때에 작동되는 것으로만 간주된다면 그것은 더 이상 진리가 아니다. 그 결과는 끝이 보이지 않는 회의주의다.

반면에, 기독교인은 성경 속에서 하나님의 말씀을 발견한다. 한 책을 의지하는 것은 죽은 것이거나 인위적인 것이라고 말해서는 안 된다. 16세기 종교 개혁은 성경의 권위를 근거로 했으면서도 세상에 불을 붙였다. 사람의 말을 의지하는 것은 맹종이 되며, 하나님의 말씀을 의지하는 것은 생명이 된다. 만약 우리 자신의 수단만 남아 있고 하나님의 복된 말씀이 없다면, 세상은 어둡고 우울할 것이다.

그러므로 자유주의 신학이 기독교와 전혀 다르다는 것은 이상한 일이 아니다. 그 근거가 다르기 때문이다. 기독교는 성경 위에 서 있다. 기독교는 그 사상과 삶에서 성경을 근거로 한다. 반면 자유주의 신학은 죄 있는 사람의 무상한 감정에 근거해 있다.

— 5 —

그리스도

지금까지 자유주의 신학과 기독교 사이의 세 가지 차이점을 살펴보았다. 이 두 종교는 기독교의 기본 전제들, 신관 그리고 인간관에서 다르다. 또한 그 둘은 메시지를 포함하고 있는 책에 대한 평가에서도 다르다. 그러므로 두 종교가 메시지 자체에 대해서도 근본적으로 다르다는 것은 놀라운 일이 아니다. 하지만 메시지를 생각하기 전에 메시지의 기초가 되는 인물에 대해 살펴보아야 한다. 그 인물은 곧 예수로, 자유주의 신학과 기독교는 그에 대한 태도에서 예리하게 대립된다.

예수에 대한 기독교적인 태도는 신약성경 전체에서 나타난다. 신약성경의 증거를 조사하는 최근 수년 간의 통상적인 방법은 사도 바울에게서 시작하는 것이다.[1] 이 통상적 방법이 어떤 때에는 잘못된 생각을 근거로 하기도 한다. 예수에 대한 정보를 얻는 데 바울 서신들이 "일차" 자료이고, 복음서들은 "이차" 자료들로 간주되어야 한다는 것이다. 사실 서신서들뿐 아니라 복음서들도 최고로 귀중한 일차 자료다. 그러나 바울로부터 시작하는 것이 편리한 점이 있기는 하다. 바울 서신들에 관해서는 의견이 상당히 일치하기 때문이다. 복음서의 연대와 저자에 대해서는 논쟁이 있다. 그러나 바울의 주요 서신들의 저자와 개략적인 연대에 대해서는, 그리스도인과 비그리스도인을 막론하고 진지한 역사가들은 의견이 동일하다. 현존하는 주요 서신들이 실제로 1세대 그리스도인 중 한 사람에 의해 기록되었고, 그 사람은 예수와 동시대 인물로서 예수와 가깝던 친구들과 직접 접촉했다는 사실이 보편적으로 인정된다. 그렇다면 1세대 그리스도인의 이 대표자가 나사렛 예수에 대해 취했던 태도는 무엇이었는가?

이 대답은 의심의 여지없이 분명하다. 사도 바울이 예수와 맺은 관계는 진정한 의미의 종교적 관계였음이 분명하다. 바울에게 있어서 예수는 신앙을 위한 모범만이 아니었다. 무엇보다도 예수 자신이 신앙의 대상이었다. 바울의 종교는 단지 예수가 하나님에 대해 가졌던 신앙과 같은 신앙을 가지는 것이 아니었다. 오히려 **예수에 대한** 신앙으로 이루어져 있었다. 물론 바울 서신에서도 예수의 모범에 호소하며, 바울의 생애에도 그것이 분명히 존재한다. 나아가 바울은 예수의 모범을 성육신과 대속의 행동에서만 찾은 것이 아니라, 팔레스타인 땅에서 이루어진 예수의 일상생활 속에서도 찾는다. 우리는 이 문제에 대해서 과장을 피해야 한다. 바울은 예수의 생애 가운데 서신서에 기록하는 것이 적절하다고 여겨진 것 이상으로 많은 것을 알고 있었음이 분명하다. 서신서는 교회들이 기독교적 삶을 시작할 때에 바울이 교회에 주었던 모든 교훈을 포함한 것이 아닐 것이다. 하지만 과장을 피한 후에도 그 사실은 중요한 의미를 가진다. 예수를 닮는 것이 바울에게 중요하기는 했지만, 이것은 훨씬 중요한 다른 어떤 것에 의해 완전히 가려졌음이 분명하다. 예수의 모범이 아니라, 예수의 구속 사역이 바울에게는 일차적인 것이었다. 바울의 종교는 일차적으로 하나님에 대한 예수의 믿음과 같은 믿음을 가지는 것이 아니었다. 그것은 예수에 대한 믿음이었다. 바울은 조금도 망설임 없이 그 영혼의 영원한 운명을 예수에게 의탁했다. 바로 이것이, 바울이 예수에 대해서 진정한 종교적 관계에 있었다고 말할 때에 우리가 의미하는 바다.

그러나 바울이 처음으로 예수와 이런 종교적 관계를 맺은 사람은 아니었다. 바로 이 결정적인 점에서, 바울은 이전에 그리스도인이었던 사람들이 예수에 대해 이미 취하고 있던 태도를 계속 유지했을 뿐이다. 바울이 제자들의 설득에 의해서 그런 태도를 취한 것은 아니다. 그는 다메섹 도상에서 주님 자신에 의해 회심했다. 그러나 그렇게 해서 일어난 믿음은 제자들 사이에 이미 널리 퍼져 있던 믿음과 본질적으로 동일했다. 바울은 그리스도의 대속의 일에 대한 설명을 "받았다"고 말한다. 그리고 그 설명은 이미 초대 교회에 구속자에 대한 믿음과 함께 있었다. 그러므로 바울은 예수가 하나님에 대해 가졌던 믿음과 구별되는 믿음으로 예수를 믿은 최초의 인물이 아니었다. 즉 바울이 처음으로 예수를 믿음의 대상으로 만든 것이 아니라는 뜻이다.

여기까지는 모든 사람이 의심 없이 받아들인다. 그런데 예수를 믿음의 대상으로 만든 바울 이전의 인물들이 누구였는가? 당연하고 확고한 대답은 예루살렘의 최초 제자들이었다는 것이다. 그런데 최근에 부셋Bousset과 하이트뮐러에 의해 거기에 의문을 제기하려는 이상한 일이 시도되고 있다. 그들은 바울이 "받은" 것이 최초 예루살렘 교회로부터 오지 않았고, 안디옥에 있었던 것과 같은 기독교 공동체로부터 왔다고 주장한다. 그러나 예루살렘 교회와 바울 사이에 별도의 연결고리를 집어넣으려는 시도는 실패했다. 서신서들은 바울이 예루살렘 교회와 맺고 있던 관계에 대해 풍부한 정보를 제공한다. 바울은 예루살렘 교회에 깊은 관심을 가지고 있었다. 바울의 대적이 되었던 유대주의자들은 어떤 문제들에 대해 바울을 반대하면서 기존 사도들에게 호소했는데, 이 문제에 대해 바울은 자신이 베드로 및 다른 사도들과 의견이 일치함을 강조한다. 그런데 유대주의자들까지도 바울이 예수를 신앙의 대상으로 삼은 것에 대해서는 반대하지 않았다. 서신서들에 이 문제에 대해서 어떤 논쟁이 있었다고 의심할 만한 여지가 전혀 없다. 기독교인의 삶에서 모세의 율법이 차지하는 위치에 관해서는 토론이 있었다. 사실 이 점에 있어서도 유대주의자들이 바울에 반대하면서 기존 사도들에게 호소한 것은 정당화될 수 없었다. 그러나 예수에 대한 태도에 있어서는, 바울의 가르침에 반대하여 기존 사도들에게 호소했다고 볼 만한 어떤 기미도 없었다. 예수를 종교적 믿음의 대상으로 삼음에 있어서—바울 종교의 심장이요 영혼이었던 이 문제—바울은 기존 사도들과 의견의 불일치가 전혀 없었다. 만약 그 문제에 불일치가 있었다면, 예루살렘 교회의 기둥들이 바울과 교제의 악수를 하는 것이 불가능했을 것이다(갈 2:9). 이 사실은 너무나 명백하다. 바울뿐 아니라 예루살렘 교회가 예수를 종교적 믿음의 대상으로 삼지 않았다면, 초기 기독교 역사는 풀 수 없는 수수께끼가 되고 만다. 초기 기독교는 단지 예수를 닮는 것으로만 구성되지 않았다.

그런데 이 "예수에 대한 신앙"이 예수 자신의 교훈에 의해 정당화될까? 이 질문에 대한 답이 이미 2장에서 주어졌다. 거기서 예수가 자신의 위격을 자신의 복음과 구분하지 않았으며, 오히려 자신을 인간의 구주로 제시했음이 아주 분명하다는 것을 보여주었다. 이 사실을 증명한 것이 고故 제임스 데니James Denney의 가장 큰 공로였다. "예수와 복음Jesus and Gospel"에 관한 그의 연구에는 몇 가지 점에서 현대적 형태의 비평에 너무 양보했다는 흠이 있다. 그러나 많은 중요한 문제들에 대해 그가 양보한 바로 그 사실 때문에, 책의 주요 쟁점이 더욱 확고해진다. 데니는 복음서 배후의 자료들에 대해 어떤 견해를 취하든지, 복음서의 어떤 요소들이 이차적 자료로 거부되든지, 비평 절차가 끝난 후에 남은 이른바 "역사적 예수"가 자신을 신앙의 모범으로서만이 아니라 신앙의 대상으로 제시한 것이 분명하다는 것을 보여주었다.

　더욱이 예수는 사람들에게 최소한의 짐만 지면 된다고 말하여 사람들의 믿음을 이끌어 내려 하지 않았다. 예수는 "하나님께 받아들여지는 것이 어려운 일이 아니므로, 내가 너희를 하나님께 받아들여지게 해준다는 말을 믿어라. 하나님은 죄를 그렇게 심각하게 여기시지 않는다"고 말하지 않았다. 반대로 예수는 나중에 제자들이 한 것보다 더 무서운 방식으로 하나님의 진노를 제시했다. 현대 자유주의 신학자들이 차별 없는 사랑의 따뜻한 옹호자로 소개하는 바로 이 예수가 저 바깥 어두운 곳, 영원한 불, 이 세상과 오는 세상에서도 용서받지 못할 죄를 말했던 것이다. 하나님의 성품에 대한 예수의 가르침에는 그 자체로 믿음을 불러일으킬 수 있는 것이 하나도 없다. 도리어 하나님에 대한 무서운 그림이, 우리 죄인에게는 오로지 절망만을 가져다준다. 믿음이 일어나는 것은 우리가 하나님의 구원의 길에 주의를 기울일 때뿐이다. 그 길은 예수 안에서 발견된다. 예수는 죄인이 하나님의 두려운 보좌 앞에 흠 없이 서기 위해 필요한 것을 최소화하여 제시함으로 사람에게 확신을 주려 하지 않는다. 반대로, 자기 자신의 놀라운 위격을 제시하며 확신을 주려 한다. 죄책이 크기는 하지만, 예수는 그보다 더 크다. 예수에 따르면 하나님은 사랑하시는 아버지였다. 하지만 죄에 빠진 세상의 사랑하는 아버지가 아니라, 자기의 아들을 통하여 그의 나라로 이끌어 들인 사람들의 사랑하는 아버지였다.

사실을 말하자면, 신앙의 대상인 예수에 대한 신약성경의 증거는 완전히 일관된 단 하나의 증언이다. 이것은 초기 기독교의 기록에 너무나 깊이 뿌리박혀 있어서, 어떤 비평에 의해서도 제거되지 않는다. 신약성경이 말하는 예수는 단순한 의의 선생이 아니라, 그저 새로운 유형의 종교적 생활을 개척한 사람이 아니라, 사람들에 의해 신뢰할 수 있는 구주로 간주되고 스스로도 그렇게 여긴 인물이었다.

그러나 현대 자유주의 신학은 예수를 전혀 다른 방식으로 이해한다. 그리스도인들은 예수와 종교적인 관계를 맺지만, 자유주의자들은 예수와 종교적인 관계를 맺지 않는다. 이보다 더 깊은 차이가 있을 수 있을까? 현대 자유주의 설교자들은 예수를 존경한다. 그들은 예수라는 이름을 늘 입에 달고 있다. 그들은 예수가 하나님의 지고의 계시라고 말한다. 그들은 예수의 종교적 삶으로 들어가거나, 적어도 들어가려고 노력한다. 그러나 그들은 예수와 종교적 관계를 맺으려 하지 않는다. 예수는 그들에게 믿음의 모범이지 믿음의 대상이 아니다. 현대 자유주의자들은 예수가 하나님에 대해 가지고 있었던 것으로 추정되는 믿음과 같은 믿음을 가지려고 노력한다. 그러나 예수에 대한 믿음은 없다.

다른 말로 하면, 현대 자유주의 신학에 따르면 예수는 최초의 그리스도인이었으므로 기독교의 창시자이며, 기독교는 예수가 세운 종교적 생활을 유지하는 것으로 이루어진다.

그러나 예수가 정말로 그리스도인이었는가? 하는 질문을 달리 하면, 우리 그리스도인들이 모든 면에서 예수의 경험 안으로 들어가, 그를 모든 점에서 우리의 모범으로 삼아야 하거나 삼을 수 있는가? 하고 물을 수 있다. 이와 관련하여 몇 가지 어려움이 야기된다.

첫 번째 어려움은 예수의 메시아 의식에서 일어난다. 자유주의자들이 우리의 모범으로 받아들이라고 요구하는 그 인물이, 자신을 온 땅의 최후 심판자가 될, 하늘에서 온 인자라고 생각했던 것이다. 이 점에서 우리가 그를 모방할 수 있을까? 결코 우리의 것이 될 수 없는 특별한 사명을 예수가 감당했다는 것만이 곤란한 점이 아니다. 그런 어려움은 관념적으로는 극복될 수 있다. 우리는 예수가 그의 삶의 현장에서 보여주었던 특성을 우리 삶의 현장에 채택함으로써, 여전히 예수를 우리의 모범으로 삼을 수 있다. 그러나 더욱 심각한 다른 어려움이 있다. 진짜 어려움은 예수의 거창한 주장이다. 현대 자유주의 신학에서도 믿지 않을 수 없는 이 주장이 정당화될 수 없다면, 예수의 거창한 주장은 그의 인격에 도덕적 흠을 남기게 된다. 겸손과 온전한 정신에서 너무나 멀리 떠난 나머지, 세상의 영원한 운명이 자신의 손에 맡겨졌다고 믿는 인간을 우리는 어떻게 생각해야 하는가? 만약 예수가 단지 모범이라면, 실은 그는 좋은 모범이 아니다. 왜냐하면 그는 훨씬 이상의 것을 주장했기 때문이다.

이 반대에 대해, 현대 자유주의 신학은 대개 메시아 주장을 약화시키는 방식을 취해 왔다. 메시아 의식은 예수의 경험의 후기에 일어난 것으로, 실제로는 근본적이지 않다는 것이다. 자유주의 역사가들은 계속해서, 정말로 근본적인 것은 하나님을 향한 아들됨의 의식이라고 말한다. 바로 이 의식이 모든 겸손한 제자들과 공유될 수 있었다는 것이다. 이 견해에 의하면 메시아 의식은 뒤에 생긴 결과물이다. 이 주장에 의하면, 예수는 하나님을 향하여 아무 막힘이 없는 아들의 관계 속에 있었다. 그런데 이 관계에 다른 사람이 참여하지 못한다는 것을 발견했다. 그래서 그는 자신이 이미 들어와 있는 그 특권의 자리에 다른 사람들을 이끌어 들여야 한다는 사명을 의식하게 되었다. 이 사명이 그를 특이한 존재로 만들었으며, 이 특이함의 표현으로 그는 삶의 후기에 자신의 뜻을 거슬러 메시아직이라는 흠이 있는 카테고리를 취했다는 것이다.

최근 몇 년 동안 예수의 생애에 대한 이런 심리학적 재구성이 여러 가지 형태로 이루어졌다. 현대 세계 최고의 문헌적 노력들이 이 임무에 쏟아졌다. 그러나 그 노력들은 실패로 끝났다. 먼저, 재구성된 예수가 역사적이라는 진짜 증거가 없다. 삶의 후기에 자기의 뜻을 거슬러 메시아직이라는 카테고리를 취한 예수를 보여주는 자료는 없다. 도리어 자료들이 보여주는 유일한 예수는 그의 모든 사역을 자신의 엄청난 주장 위에 세운 예수다. 둘째, 설령 현대 자유주의의 재구성이 역사적이라 할지라도 그것은 문제를 전혀 해결하지 못한다. 그 문제는 도덕적·심리학적 문제다. 제정신에서 아주 멀리 벗어난 나머지 자신을 온 세상의 심판자라고 생각하는 지경에 이른 사람, 그런 사람이 어떻게 인류의 지고의 모범으로 간주될 수 있는가? 예수가 삶의 후기에 마지못해 메시아직을 수락했다는 것은 반대에 대한 대답이 절대로 될 수 없다. 이 견해에 의하면, 그가 언제 유혹에 무릎을 꿇었든지 그는 무릎을 꿇은 것이다. 그리고 이 도덕적 패배는 그의 인격에 지울 수 없는 흠을 남긴다. 예수를 위해 변명해 줄 수는 있으며, 실제로 자유주의 역사가들에 의해서 변명이 시도되었다. 그렇다면 참된 그리스도인이 되어야 한다는 자유주의 신학의 주장은 어떻게 되었는가? 변명이 필요한 것으로 간주되는 사람과 현대 비평가들이 맺는 관계가, 신약성경의 예수가 교회와 맺는 관계와 아주 조금치라도 비슷할 수 있는가?

예수를 단순히 최초의 그리스도인으로 간주하는 이 방법에는 또 다른 어려움이 있다. 이는 죄에 대한 예수의 태도에 관련된다. 만약 예수가 그의 메시아 의식에서 우리와 분리된다면, 그에게 죄의식이 없다는 사실에 의해서 그는 우리와 더욱 근본적으로 분리되어 있다.

예수의 죄 없음이라는 문제에 부딪히면 현대 자유주의 신학의 역사가들은 진퇴양난에 처하게 된다. 그에게 죄가 없음을 인정한다는 것은, 현대 자유주의 역사가들이 그렇게도 유지하고 싶어 하는 자유주의 종교에 대한 변호를 포기하고, 죄의 성격에 대한 위험한 가설을 수용한다는 것을 의미한다. 왜냐하면 만약 죄가 단순한 불완전함이라면, 언제나 가변적이며 언제나 진전 중인 자연의 과정 속에 있으면서 죄를 부정하는 주장을 감히 할 수 있겠는가?

"죄 없음"이라는 생각 자체, "죄 없음"이라는 실체는 훨씬 그 이상으로, 죄를 정해진 법규 혹은 정해진 기준을 어기는 것이라고 생각할 것을 요구하며, 동시에 절대적 선이라는 개념을 동원하게 만든다. 그러나 세상에 대한 오늘날의 진화론적 견해는 **절대적** 선이라는 개념을 사용할 아무 권리가 없다. 그런 절대적 선이 현재의 세계 과정 속의 어떤 특정한 순간에 개입하도록 허용된다면, 우리는 오늘날 재구성된 기독교가 가장 피하고자 하는 바로 그 초자연성에 얽히게 되는 것이다. 앞으로 이것에 대해 다룰 것이다. 예수에게는 죄가 없고 다른 모든 사람에게는 죄가 있다고 일단 긍정한다면, 당신은 현대적 견해 전체와 화해 불가능한 대립 속으로 빠져 들어간다. 다른 한편으로는, 예수에게 죄가 없다는 단언에 대해 자유주의자의 관점에서 과학적 반대가 있다면, 그에게 죄가 있다는 정반대의 주장에 대해서는 당연히 종교적 반대가 있을 수밖에 없다. 그러므로 이것은 역사적 교회의 신학에게만 아니라, 현대 자유주의 신학에게도 어려움이다. 만약 예수에게 다른 사람들처럼 죄가 있다면 그의 유일성의 마지막 남은 근거가 사라진 것처럼 보일 것이고, 이제까지 있어 온 기독교의 모든 발전과의 연속성은 파괴될 것이다.

이런 난관에 직면하여 현대 자유주의 신학의 역사가들은 성급한 단언을 피하는 경향을 보인다. 예수가 제자들에게 "우리의 죄를 사하여 주옵소서"라고 말하도록 가르쳤을 때, 예수가 그들과 함께 그 기도를 올렸는지에 대해서 그들은 확신하지 못할 것이다.

다른 한편으로, 그들은 의심으로부터 논리적으로 귀결되는 결과를 제대로 감당하지 못할 것이다. 황당함 속에서 그들은 예수에게 죄가 있든 없든, 어쨌든 우리보다 말할 수 없이 높이 있다는 주장으로 만족하려 할 것이다. 그들은 아마 이렇게 말할 것이다. 예수의 "죄 없음" 여부는 학문적 질문으로 절대적인 것의 신비에 관한 일이며, 우리에게 필요한 일은 우리의 부정함과 비교해볼 때 어두운 방의 하얀 빛 같은 거룩함 앞에 단순한 존경심으로 머리 숙이는 것이라고 말이다.

이런 식으로 어려움을 피하려는 것이 만족스러운 해결이 아니라는 점은 거의 증명할 필요조차 없다. 자유주의 신학자들은 예수의 무죄를 단언하는 종교적 이익을 취하면서, 동시에 그것을 부인하는 과학적 이익을 취하는 것이다. 하지만 잠깐 그 질문을 거론하지 않기로 하자. 예수에게 정말로 죄가 있는지 없는지를 결정하는 일에서 눈을 떼기로 하자. 우리가 지금 주목해야 하는 것은, 예수가 죄가 있었든 없었든 실제로 우리에게 전해진 그의 생애에 대한 기록에 의하면, 그가 아무런 죄의식을 보이지 않고 있다는 사실이다. "네가 왜 나를 선하다 하느냐?"라는 질문이 자신에게 선을 돌리는 사람의 말을 부인하는 것이라 할지라도—실제로는 그렇지 않다—기록된 글 속에서 보면 우리가 알 수 있는 방법으로 예수께서 자신의 삶의 죄를 다룬 적이 결코 없었다. 시험받은 기록에 보면, 그가 어떻게 죄가 들어오는 것을 막았는지 읽을 수 있지만, 죄가 들어온 후에 그것을 어떻게 처리했다는 기록은 전혀 없다. 다른 말로 하면, 복음서에 기록된 예수의 종교적 경험은 그에게서 죄가 어떻게 제거되었다는 아무런 정보도 제공하지 않는다.

그런데도 복음서에서 예수는 항상 죄의 문제를 다루는 것으로 나타난다. 그는 항상 다른 사람들에게 죄가 있다는 것을 전제한다. 하지만 자신에게서는 결코 죄를 찾지 못한다. 이 점에서 예수의 경험과 우리의 경험 사이에는 엄청난 간극이 존재한다.

이 차이 때문에 예수의 종교적 경험이 그리스도인 삶의 유일한 근거로 사용되지 못한다. 왜냐하면 기독교란 결국 죄를 제거하는 방법이기 때문이다. 만약 그렇지 않다면 기독교는 아무 쓸모가 없다. 모든 사람이 죄를 범했기 때문이다. 사실 기독교는 처음부터 그러했다. 기독교의 선포를 오순절 날로 잡든지, 혹은 예수가 처음 갈릴리에서 복음을 전하기 시작할 때로 잡든지 간에, 처음 시작하는 말은 "회개하라"였다. 전체 신약성경을 통해서 최초의 기독교는 분명히 죄를 제거하는 방법으로 제시되고 있다. 그런데 만약 기독교가 죄를 제거하는 방법이라면 예수는 기독교인이 아니었다. 우리가 아는 한 그에게는 제거해야 할 죄가 없었기 때문이다.

그렇다면 왜 초기 그리스도인들은 자신들을 예수의 제자라고 불렀는가? 왜 그들은 자신들을 그의 이름에 연결시켰는가? 그 대답은 어렵지 않다. 그들이 자신들을 그의 이름에 연결시킨 것은 자기들의 죄를 없애는 점에서 예수가 그들의 모범이었기 때문이 아니라, 그들의 죄를 없애는 방법이 예수를 통하는 것이었기 때문이다. 그들을 그리스도인으로 만든 것은 일차적으로 예수의 삶의 모범이 아니라, 예수가 그들을 위해서 행한 일이었다. 이것이 모든 초기 기록의 증언이다. 이미 관찰했듯이, 사도 바울의 경우에 그것이 가장 충만하다. 분명히 바울은 예수가 그를 위해 십자가에서 행한 일에 의해 자신이 구원받은 것으로 여겼다. 그러나 바울만 그런 것은 아니다. 다시 말해 "그리스도께서 **우리 죄를 위해** 죽었다"는 인식은 바울에게서 처음 생긴 것이 아니었다. 그것은 그가 "받은" 것이었다. 최초 교회에 의하면, 그리스도의 구원 사역의 혜택은 믿음에 의해서 온다. 이 확신의 고전적 표현이 바울의 것으로 입증된다 하더라도, 그 확신 자체는 처음으로 거슬러 올라간다. 최초의 그리스도인들은 자신들에게 구원이 필요하다고 생각했다. 죄의 짐이 어떻게 제거될 수 있는지 그들은 물었다. 대답은 너무나 간단했다. 그들은 죄의 짐을 없애기 위해 예수를 의지했다. 다른 말로 하면, 그들은 예수에 대한 "믿음"이 있었던 것이다.

여기서 우리는 이 장의 앞부분에서 주목한 중요한 사실을 직면하게 된다. 곧 초기 그리스도인들은 예수를 믿음을 위한 모범으로만이 아니라, 일차적으로 믿음의 대상으로 간주했다는 것이다. 처음부터 기독교는 나사렛 예수에 대한 믿음을 통해 죄를 제거하는 수단이었다. 그런데 만약 예수가 기독교 신앙의 대상이라면, 하나님이 종교적 존재가 아닌 것과 마찬가지로 예수 자신도 종교적 존재가 아니다. 하나님은 모든 종교의 대상이며, 모든 종교를 위해서 절대적으로 필요한 존재다. 그래서 하나님은 온 우주에서 본성적으로 결코 종교적이 될 수 없는 유일한 존재다. 예수도 기독교 신앙과의 관계 속에서 이와 같다. 기독교 신앙이란 죄의 제거를 위해 예수 안에 둔 신뢰다. 그는 자신 안에 그런 신뢰를 (우리가 여기서 관심을 가지는 의미에서) 둘 수 없다. 그러므로 그는 한 그리스도인에 불과하지 않았다. 만약 우리가 기독교적 삶의 완전한 실례를 찾고자 한다면, 예수의 종교적 경험에서는 그것을 발견할 수 없다.

이 결론에 대한 두 가지 반대에 대비해야 한다.

첫째로, 이런 반론이 있을 수 있다. 우리는 현대 신학자들뿐 아니라 교회의 신조들도 확증하는 예수의 참된 인성을 정당하게 다루지 못하는 것이 아닌가? 하나님이 종교적일 수 없는 것처럼 예수도 기독교 신앙의 예증이 되지 못한다고 말한다면, 이는 참된 인성의 필수 요소인 종교적 경험이 예수에게 있음을 부인하는 것이 아닌가? 만약 예수가 참된 사람이라면 그는 종교적 신앙의 대상 이상이 되어야 하지 않는가? 그 자신이 종교를 가지고 있어야 하지 않는가? 이 질문에 대한 답을 찾기는 그리 어렵지 않다. 예수가 자신의 종교를 가지고 있었던 것은 확실하다. 그의 기도는 참된 기도였다. 그의 믿음은 진짜 믿음이었다. 하늘에 계신 아버지와 그의 관계는 단순히 어린아이가 아버지에 대해 갖는 관계가 아니었다. 그것은 사람이 하나님에 대해 갖는 관계였다. 그러므로 예수가 종교를 가지고 있었던 것이 확실하다. 만약 그렇지 않았다면 그의 인성이 불완전했을 것이다. 의심의 여지없이 예수에게는 종교가 있었다. 이 사실은 극히 중요하다. 그러나 예수가 가지고 있던 종교가 기독교가 아니었음을 주목하는 것이 동일하게 중요하다. 기독교는 죄를 제거하는 길인데, 예수에게는 죄가 없었다. 그의 종교는 낙원의 종교였지 죄 있는 인간의 종교가 아니었다. 그것은 우리의 정화purification 과정이 완성되었을 때 (그때에도 구속의 기억은 결코 우리를 떠나지 않겠지만) 하늘에서나 경험할 수 있는 종류의 종교다. 하지만 여기서부터 그런 종교로 시작할 수 없음이 확실하다. 예수의 종교는 아무 문제가 없는 아들의 위치에서 가지는 종교다. 기독교는 그리스도의 대속 사역에 의해서 아들의 위치에 도달하는 종교다.

둘째로, 이런 반론도 가능하다. 만약 그것이 사실이라면 예수는 우리에게서 멀리 떨어져 있으며, 그는 더 이상 우리의 형제와 모범이 아니라는 반론이다. 이 반대는 환영할 만한 것이다. 왜냐하면 이 반대가 오해와 과장을 피할 기회를 제공하기 때문이다.

만약 예수의 위대성과 유일성을 지키려는 우리의 노력 때문에 예수가 우리에게서 너무나 분리된 나머지 우리의 연약함을 느낄 수 없게 된다면, 그 결과는 재앙이다. 예수가 세상에 온 의미의 많은 부분을 놓치게 될 것이다. 그러나 유사성이 항상 근접성을 필요로 하는 것은 아니다. 아버지가 경험하는 아들과의 인격적 관계는 아들이 아버지와의 관계에서 경험하는 인격적 관계와 매우 다를 수 있다. 그런데 바로 그 차이점이 아버지와 아들을 더욱 밀접하게 묶는 것이다. 아버지는 아들이 아버지에 대해서 갖는 사랑을 똑같이 공유하지 못하며, 아들은 아버지가 아들에 대해 갖는 사랑을 똑같이 공유하지 못한다. 그러나 어떤 형제 관계도 그만큼 친밀하지는 못할 것이다. 아버지됨과 아들됨은 서로 상호보완적이다. 상이한 만큼 결합은 친밀하다. 우리가 예수에 대해 갖는 관계가 이와 유사하다 할 수 있다. 만약 그가 우리와 똑같다면, 만약 그가 단순히 우리의 형제라면, 우리는 그가 우리와 구주라는 관계에 있을 때만큼 가깝지 못할 것이다.

그럼에도 불구하고 예수는 우리의 구주일 뿐만 아니라 실제로 우리의 형제, 그 발걸음을 따라갈 수 있는 손위 형이다. 예수를 본받는 것은 그리스도인의 근본이다. 예수를 지고의 완전한 모범으로 제시하는 것은 전혀 잘못이 아니다.

윤리의 영역에 관한 한 아무 논란거리가 없음이 너무나 확실하다. 예수의 기원과 높은 본성에 대해서 어떤 입장을 취하든, 그는 참 인간의 삶을 살았고, 그 속에서 다채로운 인간관계를 맺었으며, 그 관계들 속에서 도덕적 성취를 이루었다. 그의 완전히 순결한 삶은 밀치는 군중으로부터 분리되어 높이 들린 냉정한 모습으로 드러나지 않았다. 그의 비이기적인 사랑은 강력한 능력을 발휘하는 일들 속에서만 발휘된 것이 아니라 친절한 행동들 속에서도 발휘되었는데, 그 친절은 의지만 있다면 우리 중 가장 겸손한 사람이 모방할 수 있는 것이다. 모든 세세한 부분보다 더욱 강력한 것은 그의 전체적인 삶이 주는 지울 수 없는 인상이다. 예수는 그의 어떤 말이나 행동보다 훨씬 위대하게 느껴진다. 그의 잠잠

함, 이타심 그리고 능력은 모든 세대의 놀라움이다. 이 빛나는 모범이 주는 영감을 세상은 결코 놓칠 수 없다.

더욱이 예수는 사람이 사람과 맺는 관계의 모범이었을 뿐만 아니라, 사람이 하나님과 맺는 관계의 모범이기도 하다. 예수를 모방하는 일은 윤리의 영역만이 아니라 종교의 영역으로까지 확대될 수 있고 또한 확대되어야 한다. 예수에게서 종교와 윤리는 결코 분리되지 않았다. 그의 삶의 어떤 요소도 하늘에 계신 아버지를 참조하지 않고는 이해되지 않는다. 예수는 존재했던 모든 사람들 중에서 가장 종교적이었다. 그는 하나님을 생각하지 않고는 아무 일도, 아무 말도, 아무 생각도 하지 않았다. 그의 모범이 우리에게 무엇인가를 의미한다면, 그것은 바로 하나님의 임재를 의식하지 않는 인간의 삶은—설령 그것이 외적으로는 예수의 사역과 비슷한 인류애적 봉사의 삶이라 할지라도—기괴한 타락이라는 의미다. 우리가 진정 예수의 발걸음을 따르려면, 우리는—둘째 계명은 첫째 계명과 같기 때문에—둘째 계명을 지킬 뿐 아니라 첫째 계명도 지켜야 한다. 우리는 주 우리 하나님을 온 마음과 영혼과 정신과 힘을 다하여 사랑해야 한다. 예수와 우리 사이의 차이점 때문에, 이 교훈은 취소되는 것이 아니라 더욱 강화된다. 만약 모든 능력을 받은 분이 기도를 통해 원기 회복과 힘의 공급이 필요했다면, 우리에게는 더욱 필요하다. 들의 백합에서 하나님의 영광의 계시를 받은 분이 성전에 들어갔다면, 우리에게는 그런 도움이 그에게보다 더 필요하다. 만약 지혜롭고 거룩한 분이 "주의 뜻이 이루어지이다"라고 말했다면, 가진 지혜가 어린아이의 어리석음과 같은 우리는 더욱 복종해야 하는 위치에 있음이 분명하다.

이처럼 예수는 인간을 위한 최고의 모범이다. 그러나 이렇게 모범이 되는 예수는 현대 자유주의 신학이 재구성한 예수가 아니라, 오직 신약성경의 예수일 뿐이다. 현대 자유주의 신학의 예수는 엄청난 주장을 하지만 그것은 사실에 근거해 있지 않다. 그런 행동은 절대로 규범이 될 수 없다. 현대 자유주의 신학의 예수는 그의 사역 내내 터무니없고 황당한 말을 했기 때문이다. 그를 모방하는 현대의 제자들이 그런 황당한 상태로 동일하게 떨어지지 않기를 바랄 따름이다. 자연주의의 재구성이 만들어 낸 예수가 진짜 모범으로 받아들여진다면 곧 재앙이 뒤따를 것이다. 그런데 실제로 현대 자유주의 신학자들은 자유주의 역사가들의 예수를 그들의 모범으로 받아들이지도 않는다. 자유주의 신학자들이 실제로 하는 일은 단순한 비교리적 옹호자를 모범으로 만들어 내는 것이다. 그런 예수는 그들의 학파에 속한 더 유능한 역사가들도 실존했다고 생각하지 않는, 현대인의 상상 속에만 있는 존재일 따름이다.

진짜 예수, 곧 1세기에 실제로 살았던 신약성경의 예수를 모방하는 것은 전혀 다른 일이다. 그 예수도 원대한 주장을 했다. 그러나 그의 주장은 열광주의자의 황당한 꿈이 아니라 온전한 진리였다. 그러므로 그의 입에서 나온 말씀은, 현대적으로 재구성된 예수에게서는 격앙되고 황당했을 언어들이 인류를 위한 복으로 가득 찬 언어가 된다. 예수는 자신을 따르던 사람들에게 인간의 지고한 유대까지도 단절해야 한다고 요구했다. 그는 "무릇 내게 오는 자가 자기 부모와 처자와 형제와 자매와 더욱이 자기 목숨까지 미워하지 아니하면 능히 내 제자가 되지 못한다"고 했으며, "죽은 자들로 자기의 죽은 자들을 장사하게 하라"고 말했다. 현대 자유주의 신학에 의해서 재구성된 단순한 선지자의 입에서 나왔다면 이 말들은 기괴한 말이 되었겠지만, 진짜 예수에게서 나왔으므로 찬란한 말이 되는 것이다. 그런 말들을 정당화시키는 그 자비의 사명은 얼마나 위대했는가! 영원한 아들의 낮아지심은 얼마나 놀라운가! 사람들을 위한 얼마나 비교할 수 없는 모범인가! 바울은 성육신한 구주의 모범에 얼마든지 호소할 수 있었으며, "그리스도 예수 안에 있는 것과 같은 마음을 너희도 품으라"고 얼마든지 말할 수 있었다. 진짜 예수를 모방하면 결코 길을 잃지 않을 것이다.

그런데 예수의 모범이 완전한 모범이 되는 것은, 오직 예수가 사람에게 제공한 것이 정당화되는 맥락에서만 그러하다. 그가 제공하는 것은 일차적으로 지침이 아니라 구원이다. 그는 자신을 사람들의 신앙의 대상으로 제시했다. 현대 자유주의 신학은 그것을 거부했으나, 그리스도인은 받아들인다.

그렇다면 현대 자유주의 신학이 주 예수에 대해 취하는 태도와 기독교가 취하는 태도 사이에는 심오한 차이가 있다. 자유주의 신학은 그를 모범이요 안내자로 간주하지만, 기독교는 구주로 간주한다. 자유주의 신학은 그를 신앙을 위한 모범으로 만들지만, 기독교는 신앙의 대상으로 만든다.

예수에 대한 태도에서 드러나는 이 차이는 예수가 누구인가 하는 문제에 대한 답변의 깊은 차이로 말미암는다. 만약 예수가 자유주의 역사가들이 가정하는 그런 인물이라면, 그를 믿는다는 것은 있을 수 없는 일이다. 그를 향한 우리의 태도는 선생에 대한 학생의 태도 이상이 될 수 없다. 그러나 만약 그가 신약성경이 제시하는 그런 인물이라면, 우리는 우리 영혼의 영원한 운명을 안전하게 그에게 의탁할 수 있다. 그렇다면 우리 주님에 대한 자유주의 신학과 기독교 사이의 차이는 무엇인가?

그 대답을 상세히 다루기는 쉽지 않다. 그러나 본질적인 문제는 한 마디로 말할 수 있다. 자유주의 신학은 예수를 인간성의 가장 아름다운 꽃으로 간주하지만, 기독교는 그를 초자연적인 인물로 간주한다.

예수가 초자연적인 인물이라는 개념은 신약성경 전체를 관통한다. 바울의 서신들에서는 당연히 그것이 아주 분명하게 드러난다. 조금의 의심도 없이, 바울은 예수를 일반적인 인류에게서 분리해 하나님 편에 위치시켰다. 갈라디아서 1:1의 "사람들에게서 난 것도 아니요 사람으로 말미암은 것도 아니요 오직 예수 그리스도와 그를 죽은 자 가운데서 살리신 하나님 아버지로 말미암아"라는 말은 서신들의 다른 모든 곳에서 발견되는 말의 전형이다. 예수 그리스도와 보통 인류 사이의 이런 식의 대비는 모든 곳에 전제되어 있다. 바울이 예수 그리스도를 사람이라고 부르는 것은 사실이다. 그러나 그가 예수를 사람이라고 말하는 방식은 이미 받은 인상을 깊게 할 뿐이다. 또한 바울이 예수의 인간성을 말할 때에는 마치 예수가 사람이라는 사실이 낯선 어떤 것, 놀라운 어떤 것이라는 듯이 말한다. 어쨌든 현저한 사실은, 바울의 서신들 어디서나 예수가 보통 인류로부터 분리된다는 사실이다. 그리스도의 신성이 어디서나 전제되고 있다. 바울이 예수에게 영어 성경에서 "하나님"으로 번역되는 헬라어 단어를 적용했는지는 별로 문제가 되지 않는다. 로마서 9:15에 비춰 보면, 바울이 예수에게 그 단어를 적용하지 않았다고 부인하기가 매우 어렵다. 그것이 어찌되었든, 바울이 통상 예수를 가리키는 데 사용한 "주"라는 단어는 "하나님"이라는 단어만큼이나 신성을 가리키는 단어다. 그 단어는 바울의 전도를 듣고 회심한 사람들이 익숙하게 알고 있던 이방 종교에서도 신성을 가리키는 단어였다. (더욱 중요하게도) 바울 당시에 사람들이 사용하던 구약성경 헬라어 번역본에서 그 단어는 히브리 본문의 "야웨"의 번역어로 사용되었다. 그런데 바울은 주님이라는 단어가 이스라엘의 하나님을 가리키는 헬라어 구약성경의 많은 단락들을 주저 없이 예수에게 적용한다. 그리스도라는 인물에 대한 바울의 가르침을 확정하는 데 있어서 가장 의미 있는 것은, 바울이 어디서나 예수를 향하여 종교적 태도를 취한다는 사실이다. 이로 보건대 종교적 믿음의 대상인 인물은 분명 단순한 사람이 아닌 초자연적인 인물이며, 실제로 그 인물은 하나님이었다.

이와 같이 바울은 예수를 초자연적인 인물로 여겼다. 이 사실만 놓고 보면 놀라운 일이다. 바울은 예수와 동시대 사람이었다. 그렇다면 그렇게도 빨리 보통 인간의 한계를 넘어서 하나님 편에 놓인 이 예수가 어떤 인물이어야 했겠는가?

그런데 이보다 훨씬 놀라운 일이 있다. 정말로 놀라운 것은 바울이 예수에 대해 가졌던 견해가 예수의 가장 친근한 친구들이 예수에 대해 이미 가졌던 견해였다는 사실이다.[2] 다른 증거는 거론할 필요도 없이 이 사실이 바울 서신들 속에 나타난다. 서신들은 그리스도라는 인물에 대해서 바울과 원래 사도들 사이에 근본적인 일치가 있었음을 분명히 전제하고 있다. 왜냐하면 만약 이 문제에 대해 조금이라도 논란이 있었다면 분명히 언급되었을 것이기 때문이다. 바울을 끝까지 반대했던 유대주의자들까지도 예수를 초자연적인 인물로 보는 바울의 생각에 대해서는 전혀 반대하지 않았다. 그리스도에 대한 바울의 견해에서 정말로 인상적인 사실은 그가 예수의 초자연성에 대해 전혀 변호하지 않았다는 점이다. 서신들에 그것이 체계적인 방식으로는 거의 제시되지 않는 것이 사실이다. 하지만 그것은 모든 곳에 전제되어 있다. 거기서 무엇을 추론해야 할지는 너무나 분명하다. 그리스도라는 인물에 대한 바울의 생각은 초대 교회에서는 당연한 것이었다. 이 문제에 관한 한 바울은 모든 팔레스타인의 그리스도인들과 완전한 조화를 이룬 것으로 보인다. 예수와 함께 걷고 말했으며, 비교적 제한적인 지상 생활 동안에 그를 보았던 사람들은, 그를 모든 존재all Being의 보좌에 앉은 초자연적인 인물로 간주한 바울의 생각에 완전히 동의했다.

바울 서신이 전제하고 있는 예수와 정확하게 동일한 예수에 대한 기록이 복음서의 상세한 서술 속에 등장한다. 복음서는 바울과 똑같이 예수를 초자연적인 인물로 제시하며, 이 의견 일치는 한두 개의 복음서가 아니라 네 복음서 전체에 나타난다. 예수를 신성한 인물로 그리는 요한복음과 예수를 인간으로 그리는 마가복음을 대비하던 시대는—만약 그런 시대가 있었다면—이미 오래전에 지나갔다. 네 개의 복음서 전부가 보통 사람의 수준을 훨씬 넘어선 한 인물을 제시하고 있다. 가장 짧으며, 현대 성경 비평에서 가장 초기 복음서로 간주되는 마가복음은 예수가 행한 초인간적인 일들을 특별히 현저하게 부각시킨다. 네 복음서 전부에서 예수는 자연을 지배하는 주권적인 능력을 가진 인물로 나타난다. 전체 신약성경에서와 마찬가지로 네 복음서에서 예수는 분명히 초자연적인 인물로 나타난다.[3]

그러면 '초자연적인 인물'이란 무슨 뜻인가? 초자연적이라는 말은 무슨 뜻인가?

"초자연적"이라는 개념은 "기적"과 밀접하게 연결되어 있다. 기적이란 외부 세계로 드러나는 초자연성이다. 그렇다면 초자연성이라는 것은 또 무엇인가? 많은 정의들이 제시되었다. 하지만 오직 한 가지 정의만이 정확하다. 초자연적 사건이란 하나님의 능력이 어떤 매개에 의하지 않고 직접적으로 나타나는 것이다. 초자연적이라는 말을 이렇게 정의한다면, 초자연적인 일의 가능성은 두 가지 사실을 전제한다. 첫째로는 인격적 하나님의 존재, 둘째로는 자연의 실제 질서의 존재다. 인격적 하나님이 존재하지 않는다면 세계의 질서 속에 하나님의 능력이 의도적으로 개입하는 일은 없다. 또한 자연 질서가 진짜로 존재하지 않는다면 자연적 사건과 자연을 초월하는 사건이 구별되지 않을 것이다. 모든 사건들이 초자연적이든지, 아니면 "초자연적"이라는 말 자체가 아무 의미가 없을 것이다. "자연적"과 "초자연적"의 구별은 당연히 자연이 하나님으로부터 독립해 있다는 뜻이 아니다. 초자연적 사건들은 하나님에 의해 일어나지만 자연적 사건들은 하나님에 의해서 일어나지 않는다는 뜻이 아니다. 그 반대로, 초자연적인 일을 믿는 신자는 발생하는 모든 것이 하나님의 일이라는 것을 믿는다. 단, 그는 자연적이라고 불리는 사건들에서는 하나님이 수단들을 사용하지만, 초자연적이라고 불리는 사건들에서는 수단들을 사용하지 않고 그의 창조적 능력을 그대로 발휘한다고 믿는다. 다른 말로 하면, 자연적인 것과 초자연적인 것의 차이는 하나님의 섭리의 일과 하나님의 창조의 일 사이의 차이다. 기적은 세상을 존재케 한 신비한 행동과 동일한 창조의 일이다.

초자연성에 대한 개념은 절대적으로 유신론적 신관에 의존한다. 유신론은 먼저 이신론^{deism}과 구별되고, 다음으로 범신론^{pantheism}과 구별된다.

이신론에 의하면, 하나님은 세상을 기계처럼 작동하도록 하여 세상이 하나님으로부터 독립해서 혼자 돌아가도록 했다. 그런 견해에 의하면 초자연적인 일은 발생할 수 없다. 성경의 기적들은 이 세상의 움직임을 지속적으로 주시하고 인도하는 하나님을 전제한다. 성경의 기적들은 세상과 관계 없는 어떤 능력이 제멋대로 침입하는 것이 아니라, 자연 질서 내에서 어떤 결과를 이루기 위한 의도가 가져온 결과가 분명하다. 성경의 기적들에는 이신론적 신관과 전혀 어울릴 수 없는 방식으로 자연적인 것과 초자연적인 것이 섞여 있다. 예를 들면, 오천 명을 먹인 일에서 떡 다섯 덩이와 물고기 두 마리가 그 사건에서 어떤 부분을 담당했는지 누가 말할 수 있는가? 어디서 자연적인 것이 끝나고 초자연적인 것이 시작되었다고 누가 말할 것인가? 그럼에도 불구하고 그 사건은 확실히 자연 질서를 초월했다. 그렇다면 성경의 기적들은 자연의 과정에 전혀 개입하지 않는 어떤 신의 일이 아니다. 그것은 자신의 섭리를 통해 "만물과 만물의 모든 움직임을 유지하고 다스리는" 하나님의 일들이다.

그러나 초자연성은 이신론뿐만 아니라 범신론과도 어울리지 않는다. 범신론은 자연 전체와 하나님을 동일시한다. 그러므로 범신론에서는 외부로부터 자연의 과정에 무엇이 들어온다는 것은 생각할 수 없는 일이다. 자연의 힘이 실제로 존재한다는 것을 부인하는 어떤 형태의 관념론이 있는데, 여기서도 초자연성은 있을 수 없다. 자연 속에서 서로 연결되어 있는 것처럼 보이는 것들이 실제로는 오직 신의 마음속에서만 연결되어 있다면, 기적처럼 보이는 신의 마음의 작동과 자연적 사건처럼 보이는 신의 마음의 작동을 구분하기가 어렵다. 또는 모든 사건이 창조의 일이라고 주장되기도 한다. 이 견해에서는 하나의 물체가 중력의 법칙에 의해 다른 물체에게 끌린다고 말하는 것은 통속적인 표현을 그저 인정해 주는 것에 불과하다. 그것을 실제로 말한다면, 두 개의 물체가 어떤 조건하에서 서로 가까이 있으면 함께 있게 된다고 말해야 한다는 것이다. 이 견해에 의하면, 자연 속에서 어떤 현상 뒤에 항상 어떤 다른 현상이 뒤따를 때, 사람들은 앞의 사건이 뒤의 사건의 "원인이 된다"라고 주장한다. 이는 단지 그 두 현상이 이런 순서에 의해서 늘 발생하는 것을 가리키는 말이며(거기 인과관계가 없다는 뜻이다—옮긴이), 모든 경우에 유일하게 참된 원인은 하나님이라는 것이다. 이런 견해를 근거로 하면, 하나님의 직접적인 능력으로 일어나는 사건과 직접적인 능력에 의하지 않고 일어나는 사건 사이의 구분이 있을 수 없다. 왜냐하면 모든 사건이 하나님의 직접적인 개입에 의해 일어나기 때문이다. 이런 견해에 반대하여 기적에 대한 우리의 정의를 받아들이는 사람들은 원인이라는 상식적 관념을 자연스럽게 받아들일 것이다. 하나님은 항상 제1원인이지만, 거기에 제2원인이 존재한다. 이 제2원인이 세상의 통상적인 과정 속에서 하나님이 자신의 목적을 이루기 위해 사용하는 수단들이다. 그런 제2원인들이 배제된 채 어떤 사건이 발생하면 그것이 기적이다.

때로 사람들은 기적이 실제로 발생한다면 과학의 근거가 무너질 것이라고 한다. 과학은 사건이 늘 일정한 순서로 발생한다는 사실을 근거로 한다는 것이다. 과학은 자연의 과정 속에서 어떤 조건이 주어지면 다른 조건이 항상 발생할 것을 가정한다. 그런데 모든 이전 조건들로부터 독립된 것으로 규정된 어떤 사건이 개입하게 되면, 과학이 기초로 삼고 있는 자연의 규칙성이 깨어진다는 것이다. 다른 말로 하면 기적은 임의성과 설명불가능성이라는 요소를 세계의 과정 속으로 도입하는 것처럼 보인다.

이런 반대는 기적에 대한 기독교의 근본 개념을 무시하는 것이다. 기독교적 개념에 의하면, 기적은 **하나님**의 직접적인 능력에 의해 발생한다. 기적은 임의적이고 기상천외한 독재자에 의해 발생하는 것이 아니라, 자연의 규칙성의 원인이 되는 바로 그 하나님에 의해 발생하는 것이다. 더욱이 이 하나님은 성경을 통해 성품이 알려진 신이다. 그런 하나님이라면 자신이 인간에게 부여하신 이성에 거슬러 행동하지 않을 것임을 우리는 확신할 수 있다. 그의 개입은 자신이 만든 세상에 무질서를 초래하지 않을 것이다. 기독교적 개념에 의하면 기적에는 임의성이 없다. 그것은 원인 없이 발생한 사건이 아니라, 세상에 있는 모든 질서의 근원인 분에 의해 발생한 사건이다. 기적은 임의적이지 않으며, 모든 것들 중에서 가장 굳건하게 고정된 것, 곧 하나님의 성품에 전적으로 의존한다.

그러므로 기적의 가능성은 "유신론"과 불가분적으로 결합되어 있다. 천지의 창조주요 통치자인 인격적 하나님의 존재를 일단 인정하면, 그런 하나님의 창조적 능력에 대하여 세상의 것이든 천상의 것이든 어떤 제한도 가해질 수 없다. 하나님께서 과거에 세상을 창조했음을 인정한다면, 그가 창조의 일을 다시 할 수 있음을 부인하지 못할 것이다. 그러나 기적이 실제로 발생한다는 것은 하나님에게 그런 가능성이 있다는 것과는 다르다. 기적이 일어날 수 있음을 인정할 수는 있다. 하지만 그것들이 실제로 일어났는가?

이 질문이 현대인의 마음속에 짙게 드리워져 있다. 이 질문의 무게는 신약성경의 기적을 받아들이는 많은 사람들의 마음에도 무거운 부담이 되는 것 같다. 과거에는 기적이 믿음에 도움이 되는 것으로 간주되었으나, 지금은 도리어 믿음에 방해가 된다고들 말한다. 과거에는 기적 때문에 믿음이 생겼는데, 이제는 기적에도 불구하고 믿음이 생긴다. 과거에는 예수가 기적을 행했기 때문에 사람들이 예수를 믿었으나, 이제는 다른 근거로 예수를 믿을 수 있기 때문에 기적을 받아들인다는 것이다.

사람들이 일반적으로 하는 이런 말들에는 이상한 혼란이 깔려 있다. 어떤 의미에서는 기적이 믿음에 방해가 되는 것이 사실이다. 그렇지만 그 반대로 믿음이 기적을 받아들이는 데 방해가 된다고 생각한 사람이 있었을까? 만약 신약성경에 기적에 대한 서술이 없다면 믿기가 훨씬 쉬웠을 것이라는 말은 분명 수긍할 만하다. 이야기가 평범할수록 그것을 참이라고 받아들이기 쉬운 법이다. 그러나 평범한 이야기는 별로 가치가 없다. 기적이 없는 신약성경은 훨씬 믿기가 쉬웠을 것이다. 그러나 문제는, 그렇다면 믿을 가치가 없다는 점이다. 기적이 없다면 신약성경은 거룩한 한 사람의 이야기를 포함했을 것이다. 그는 완전한 사람은 아니었다. 왜냐하면 자신이 할 수 없는 거창한 것을 주장했기 때문이다. 적어도 우리 보통 사람보다는 훨씬 거룩한 사람이었지만, 그런 사람과 실패를 의미하는 그의 죽음이 우리에게 무슨 유익이 있는가? 예수가 보여준 모범이 고상할수록 거기에 도달하지 못하는 우리의 슬픔은 더욱 커질 것이며, 죄의 짐 아래에서 우리의 절망감은 더욱 커질 것이다. 나사렛의 현자는 자신의 삶에서 악의 문제를 직면해 본 적이 없는 사람을 만족시킬 수는 있을 것이다. 하지만 죄의 노예 상태에 있는 사람에게 그런 이상에 대해 이야기하는 것은 잔인한 조소일 뿐이다. 그럼에도 만약 예수가 우리 보통 사람들처럼 단지 사람에 불과하다면, 우리가 그에게서 얻는 것은 오직 하나의 이상일 뿐이다. 죄에 빠진 세상에게는 훨씬 더 큰 것이 필요하다. 우리에게 필요한 것은 죄를 이기는 선인데, 세상에 선이 있다고 말하는 것은 작은 위로가 될 수 있다. 그러나 죄를 이기는 선은 하나님의 창조적 능력의 도입을 필요로 하며, 그 창조적 능력이 기적에 의해 현저하게 드러나는 것이다. 기적이 없다면 신약성경은 더 믿기 쉬울 것이다. 그러나 그것은 지금 우리 앞에 실제로 주어진 것과는 전혀 다른 것이 된다. 기적이 없다면 우리에게 선생이 있게 되지만, 기적이 있으면 우리에게 구주가 있게 된다.

이와 같이 기적을 신약성경의 나머지로부터 분리시키는 것은 분명한 실책이다. 예수의 부활 문제를 논하면서, 1세기 팔레스타인의 어떤 사람의 부활을 증명하면 되는 것처럼 말한다면 실책이 된다. 의심의 여지없이, 그런 사건에 대한 현존하는 증거는, 비록 강력한 증거라 해도 충분하지는 않을 수 있다. 기독교의 기원에 대한 어떤 자연주의적 설명도 아직 발견되지 않았으며, 기적의 증거가 매우 강하다는 것을 역사가는 인정하지 않을 수 없다. 하지만 아무리 양보해도 기적은 극히 이례적인 사건이며, 어떤 사례에 대해서도 그것이 기적이라는 가설을 받아들이는 것에 대해 엄청난 적대감이 있다. 그러나 사실 이 경우의 기적은 우리가 전혀 모르는 사람의 부활에 관한 이야기가 아니다. 그것은 예수의 기적에 관한 이야기다. 그리고 예수는 매우 비상한 인물이었음이 분명하다. 그리스도라는 인물의 독특성으로 인해 기적에 대한 적대적 가정은 제거된다. 보통 사람이 죽음에서 살아나리라는 것은 극히 예외적이지만, 예수는 지금까지 살았던 어떤 사람과도 달랐다.

신약성경의 기적의 증거는 다른 방법으로도 지지를 받는다. 바로 적절한 상황이 있었다는 사실이다. 위에서 기적이 하나님의 직접적 능력에 의해서 일어나며, 하나님은 질서의 하나님이라는 사실을 보았다. 그러므로 기적의 목적이 밝혀진다면 기적의 증거는 훨씬 강력해진다. 이 말은 그 많은 기적들이 있을 때마다 정확한 이유가 있어야 한다는 뜻은 아니다. 또한 신약성경에서, 어떤 경우에는 기적이 일어났는데 다른 경우에는 기적이 일어나지 않은 이유를 정확하게 알 수 있다는 뜻도 아니다. 도리어 이 말은, 전체적으로 기적이 일어나야 할 합당한 이유를 발견하면, 그 기적들을 받아들이기가 훨씬 더 쉬워진다는 뜻이다.

신약성경의 기적의 경우 그런 적절한 이유를 발견하기가 어렵지 않다. 죄를 정복한다는 사실에 그 이유가 있다. 성경에 나타난 기독교적 견해에 의하면, 사람은 하나님의 거룩한 율법의 저주 아래에 있으며, 우리 성품의 전체적인 타락이 그 두려운 형벌의 일부다. 실제적인 범법 행동이 이 악한 뿌리에서 나오며, 그것은 하나님 앞에서 인간의 죄책을 심화시키는 역할을 한다. 매우 심오하고 삶의 현실에 매우 합당한 이 견해를 근거로 볼 때, 자연적인 어떤 것도 우리의 필요를 채우지 못하리라는 것이 명백하다. 자연은 끔찍한 결함을 전수할 뿐이다. 하나님의 창조적 활동에서만 소망을 찾을 수 있다.

그 하나님의 창조적인 행동이―그렇게도 신비하고, 그렇게도 모든 기대와 어긋나며, 그러면서도 사랑의 하나님으로 계시된 그 하나님의 성품에 너무나 어울리는―그리스도의 구속 사역에서 발견된다. 죄 있는 인간이 내놓는 어떤 것도 두려운 죄책에서 사람을 구속하거나, 죄 있는 인류를 죄의 진창에서 건져 올리지 못한다. 하지만 한 구속자가 하나님으로부터 왔다. 바로 여기에 기독교의 뿌리가 있고, 초자연성이 기독교 신앙의 근거요 본질이 되어야 하는 이유가 있다.

그런데 초자연성을 받아들이려면 죄의 현실에 대한 유죄선고를 받아야 한다. 그것 없이는 예수의 유일성을 인식할 수 없다. 우리의 죄성을 예수의 거룩성과 대비시킬 때만이, 우리는 예수를 나머지 사람들과 분리시키는 그 간격을 인식한다. 죄에 대한 유죄 선고를 모르고서는 하나님의 초자연적인 행동의 필요성을 이해할 수 없다. 죄로 인한 찔림이 없이는 구속의 기쁜 소식이 쓸데없는 이야기로 들린다. 기독교 신앙에서 죄에 대한 유죄 선고는 너무나 중요하기 때문에, 이성적 사고를 통해 신앙에 도달하는 것은 소용이 없다. 모든 사람이 죄인이고 나는 사람이므로, 나도 죄인인 것이 분명하다고 생각하고 말하는 것만으로는 안 된다. 사람들이 죄로 인한 찔림이라고 생각하는 것이 그 정도인 경우가 많다. 그러나 참된 찔림은 그것보다 훨씬 직접적이며, 외부로부터 오는 정보에 의존한다. 그것은 하나님의 법의 계시에 의존한다. 인간의 보편적 죄성에 관하여 성경에 밝혀진 것이 무서운 사실이라는 것에 의존한다. 그러나 외부로부터 온 그 계시에 첨가되어야 하는 것이 있다. 곧 온 정신과 마음의 확신, 자신이 버려진 상태에 있다는 깊은 깨달음, 세상과 하나님을 향한 태도에 코페르니쿠스적 혁명을 일으키는, 죽은 양심에 비춰는 빛이 곧 그 계시다. 사람이 그 경험을 통과하면 그는 이전에 자기가 어떻게 그토록 눈이 멀었었는지 놀라게 된다. 특별히 신약성경의 기적에 대한 이전의 태도, 거기 계시되어 있는 초자연적 인물에 대한 이전의 태도에 대해 놀라게 된다. 진정으로 회개한 사람은 초자연적인 것을 자랑하게 된다. 자연적인 어떤 것도 그의 필요를 채울 수 없음을 아는 까닭이다. 그가 추락하면서 세상이 한번 요동치고, 그가 구원을 받으려면 다시 한번 요동쳐야 한다.

하지만 기적에 관한 전제를 받아들인다고 해서 실제로 발생한 기적에 대한 명백한 증거가 불필요하게 되지는 않는다. 그리고 그 증거는 극히 강력하다.[4] 신약성경에 나타난 예수는 분명히 역사적 인물이다. 역사적 문제를 정말로 고민한 사람이라면 여기까지는 모두 인정한다. 그런데 현대 자유주의 신학에서는 초자연적 인물은 결코 역사적인 존재가 아니다. 그러므로 자유주의적 견해를 채택하는 사람들에게 문제가 발생한다. 신약성경의 예수는 역사적 인물이면서 초자연적인 존재인데, 자유주의의 가정에서는 초자연적인 것은 절대로 역사적인 것이 될 수 없다. 이 문제는 신약성경의 예수에 대한 서술 가운데서 자연적인 것과 초자연적인 것을 분리하여, 초자연적인 것을 제거하고 자연적인 것만을 유지해야 해결될 수 있다. 그런데 이 분리의 과정이 성공적으로 이뤄진 적이 한 번도 없었다. 시도는 많았지만—현대 자유주의 교회는 온 정성과 영혼을 기울여 노력했고, 그 결과 인간 정신의 역사에서 이 "역사적 예수의 연구"보다 더 빛나는 장이 기록된 적이 없다—모든 시도가 실패했다. 문제는 이것이다. 기적들은 신약성경의 예수 이야기에 비정상적으로 붙은 것이 아니라, 그 이야기를 이루는 날실과 씨실인 것이다. 기적들은 예수의 고상한 선언에 밀접하게 연결되어 있다. 기적들은 의심할 수 없는 그의 성품의 순결성에 의해 서기도 하고 무너지기도 한다. 세상에서의 기적들은 예수의 사명의 본질이다.

그런데도 현대 자유주의 교회에서는 기적들이 거부되고 있으며, 기적과 함께 우리 주님의 초자연적인 존재도 전적으로 거부된다. 거부되는 것은 몇몇 기적이 아니라 모든 기적이다. 예수의 놀라운 일들 중 몇 가지를 자유주의 교회가 받아들인다 해도, 거기에는 전혀 중요한 의미가 없다. 병을 치료한 몇 가지 일이 역사적으로 간주되지만, 실은 아무 의미도 없다. 왜냐하면 현대 자유주의 신학에서는 그 일들을 초자연적인 일로 간주하지 않고, 단순히 기이한 종류의 신유$^{\text{faith-cure}}$ 정도로 취급하기 때문이다. 정말로 중요한 것은 진정으로 초자연적인 일이 있느냐 없느냐다. 더욱이 그 기적을 신유로 간주하는 정도의 양보는 고작해야 잠깐 지속될 뿐이다. 초자연적인 일들을 믿지 않는 사람들은, 그 놀라운 많은 일들을 단순히 전설 혹은 신비적인 것으로 간주하여 거부하고 만다.

그러므로 문제는 이런저런 기적의 역사성이 아니다. 문제는 모든 기적의 역사성이다. 이 사실이 자주 흐려지고 있으며, 이런 사실에 대한 모호함이 자유주의 신학의 주장을 부정직한 방법으로 변호하는 결과를 초래한다. 자유주의 설교자가 하나의 기적을 뽑아낸 후에 그것이 마치 유일한 문제인 양 그 기적에 대해 논의한다. 일반적으로 뽑히는 기적이 동정녀 탄생이다. 자유주의 설교자는 그리스도가 이 세상에 들어올 때 취한 방식에 대해 어떤 견해를 갖든지 그리스도를 믿을 수 있다고 주장한다. 그가 어떤 방식으로 태어났든 그 인물이 그 인물 아닌가? 결국 평범한 사람의 마음속에는 이런 인상이 남는다. 그 설교자가 예수에 대한 신약성경의 기록을 받아들이기는 하는데, 그 기록 중 동정녀 탄생에 대해서만 어려움을 느끼고 있다고 말이다. 하지만 그런 인상은 완전히 틀린 것이다. 어떤 사람들은 동정녀 탄생을 부인하면서도 예수를 초자연적 인물이라고 말하는 신약성경의 기록을 받아들이기도 한다. 그러나 그런 사람은 극히 드물다. 오늘날 생존하는 걸출한 인물 중에 그런 사람을 찾기는 어렵다. 동정녀 탄생은 신약성경 전체가 그리는 그리스도와 너무나 심오하고 너무나 명백하게 일치한다. 동정녀 탄생을 거부하는 사람들 중 절대다수는 신약성경의 초자연적인 내용 전체를 거부하며, "부활"을 그 단어가 전혀 의미하지 않는 것, 곧 예수의 항구적인 영향력, 혹은 무덤 저편에 있는 예수의 정신적 실존으로 만들어 버린다. 오래된 단어들이 사용되기는 하지만 그 단어들이 가리키는 실제 내용은 사라졌다. 제자들은 십자가 사건 이후 슬픔에 빠져 있던 사흘 동안에도 예수라는 인물의 지속적인 존재를 믿었다. 그들은 사두개인들이 아니었다. 그들은 예수께서 살았으며 마지막 날 일어날 것이라고 믿었다. 그러나 그들로 하여금 기독교 교회의 일을 시작할 수 있도록 한 것은 예수의 몸이 하나님의 능력에 의해 무덤에서 이미 살아나왔다는 믿음이었다. 그 믿음은 초자연적인 것을 받아들이게 한다. 그렇다면 초자연적인 일을 받아들이는 것은 우리가 고백하는 종교의 핵심이요 영혼이 된다.

어떤 결정이 내려지든 이 문제가 모호해져서는 안 된다. 동정녀 탄생이 중요한 기적이기는 하지만, 문제는 각각의 기적들에 대한 것이 아니라 전체 기적들에 관한 문제다. 간단하게 말해서, 이것은 신약성경이 제시하는 구주를 받아들이느냐 거부하느냐의 문제다. 기적을 거부하면 당신은 예수에게서 인간성의 가장 아름다운 꽃을 볼 것이다. 그러면 당신은 예수가 추종자들에게 너무나 깊은 인상을 준 나머지, 추종자들은 그가 죽었음을 믿지 않을 수 없었으나 환각을 경험하고서 그가 죽음 가운데서 살아난 것을 자신들이 보았다고 생각하게 되었다고 믿어야 한다. 기적을 받아들이면 당신은 우리의 구원을 위해 자발적으로 이 세상에 와서, 십자가에서 우리 죄를 위한 고난을 받고, 하나님의 능력에 의해 사흘 만에 죽음 가운데서 부활하여, 항상 살아서 우리를 위해 중보하는 구주를 소유하게 된다. 이 두 가지 견해 사이의 차이는 전혀 다른 두 종교 사이의 차이다. 지금은 이 문제를 정면으로 다룰 적절한 시기다. 지금은 전통적 용어들을 오해할 수 있는 방법으로 사용하기를 그치고 사람들이 자기의 마음을 완전히 드러내기에 적절한 시기다. 우리는 신약성경의 예수를 구주로 받아들일 것인가, 아니면 자유주의 교회와 함께 예수를 거부할 것인가?

이 시점에 반대가 제기될 수 있다. 자유주의 설교자가 그리스도의 "신성"을 말할 준비가 되어 있다고 말할 수 있다. 그도 때로 "예수는 하나님이다"라고 말하기도 한다. 보통 사람들은 이런 말을 듣고 강한 인상을 받는다. 그렇게 인상을 받은 사람들은 그 설교자도 우리 주님의 신성을 믿는다고 말한다. 그렇다면 그의 비정통주의는 세부사항에만 연관이 있다는 것이다. 그런 설교자가 교회에 있는 것을 반대하는 사람들은 속 좁고 무자비한 이단 사냥꾼이 되고 만다.

그러나 유감스럽게도 언어는 오직 생각의 표현으로서만이 가치를 가진다. "하나님"이라는 단어는 그 자체로 어떤 특정한 가치를 지니지 않는다. 그 단어가 다른 단어들보다 더 아름다운 것도 아니다. 그 단어가 중요해지는 것은 전적으로 거기에 덧붙여진 의미 때문이다. 그러므로 자유주의 설교자가 "예수는 하나님이다"라고 말했을 때, 그 말의 의미는 그가 "하나님"이라는 말로 의미하는 바가 무엇인가에 전적으로 달려 있다.

자유주의 설교자가 "하나님"이라는 단어를 사용할 때, 그는 그리스도인이 생각하는 것과 전혀 다른 의미를 떠올린다는 사실을 이미 살펴보았다. 최소한 현대 자유주의 신학의 논리적 흐름에 따르면, 하나님은 세상과 구분되는 인격이 아니라 세상에 스며 있는 통일성에 불과하다. 그러므로 예수가 하나님이라는 말은 모든 사람에게서 나타나는 하나님의 생명이 예수에게서 특별히 선명하게, 혹은 특별히 풍부하게 나타난다는 뜻이다. 그런 주장은 그리스도의 신성에 대한 그리스도인의 신념과 정반대의 위치에 있다.

예수는 하나님이라는 주장에 붙어 있는 또 다른 의미가 역시 기독교적 신념과 동일하게 대척점에 있다. "하나님"이라는 단어는 때로 인간이 욕망하는 지고의 대상, 사람이 알고 있는 최고의 것을 가리키는 데 사용된다. 그들은 자기들이 우주의 창조자와 통치자라는 개념을 포기했다고 말한다. 그런 관념은 "형이상학"에 속하며, 현대인은 그것을 거부했다는 것이다. 그러나 "하나님"이라는 단어가 비록 우주의 창조주를 더 이상 가리키지는 않지만, 인간의 감정과 욕망의 대상을 가리키는 데에는 편리한 단어라는 것이다. 어떤 사람에게 있어서는 맘몬이 그들의 하나님이라고 말할 수 있다. 그들은 맘몬을 위해 일하며, 맘몬에 그들의 마음이 집중하기 때문이다. 이와 어느 정도 비슷한 의미로 자유주의 설교자는 예수가 하나님이라고 말한다. 그는 예수가 우주의 창조주와 통치자와 본질적으로 동일하다는 의미로 말하는 것이 아니다. 그런 창조주의 개념은 다른 곳에서 얻을 수 있다. 그리고 그는 그런 존재를 더 이상 믿지 않는다. 그가 의미하는 것은 예수라는 사람이 ―우리 중 하나이며, 우리와 본질적으로 동일한 한 사람― 우리가 아는 최고의 존재라는 뜻이다. 이런 사고방식은 일신교^{Unitarianism}보다도 ―적어도 초기 형태의 일신교― 더 기독교로부터 멀리 떨어져 있다. 초기의 일신교는 최소한 하나님을 믿기는 했기 때문이다. 반면 현대 자유주의자들이 예수를 하나님이라고 말하는 것은, 예수에 대해 높게 생각해서가 아니라 그들이 하나님에 대해 극히 낮게 생각하기 때문이다.

또 다른 방식으로 "복음주의" 교회들 내에 있는 자유주의 신학은 일신교보다 열등한데, 무엇보다 정직성에 있어서 그러하다. 자유주의자들은 복음주의 교회 내에 자리를 유지하면서 보수주의적 동료들의 우려를 잠재우기 위해, 계속해서 이중적인 언어를 사용하고 있다. 예를 들면, 어떤 청년이 한 유명한 설교자가 비정통적이라는 불편한 보고를 들었다. 그는 설교자를 찾아가 그의 신념에 대해 알아보았고, 우려를 불식시키는 답변을 들었다. 그 설교자는 "당신은 모든 사람들에게 내가 예수를 하나님으로 믿는다고 말해도 좋다"고 말했다. 그 청년은 깊은 인상을 받고 떠났다.

하지만 자유주의 설교자들이 "나는 예수를 하나님으로 믿는다"는 말, 혹은 그와 유사한 말들을 할 때, 그것이 정확하게 믿을 만한 말인지 아닌지 우리는 충분히 의심할 수 있다. 자유주의 설교자는 실제로 그 말들에 의미를 붙여서 사용하며, 그 의미는 그들의 마음으로 정말로 아끼는 의미다. 그는 정말로 "예수는 하나님이다"라고 믿는다. 그러나 문제는 그가 거기에 붙인 의미가 그들의 청중인 보통 사람들이 그 말에 붙이는 의미와 다르다는 사실이다. 그러므로 그 설교자는 언어의 근본 원칙에 역행하는 잘못을 범하고 있다. 그 근본 원리에 따르면, 언어란 말을 하는 사람이 그 말에 붙이는 의미가 사실과 부합할 때에 진실해지는 것이 아니라, 그 말을 듣는 사람의 마음속에 일으키고자 하는 의미가 사실과 부합할 때 진실해지는 것이다. 그러므로 "나는 예수가 하나님이라고 믿는다"는 말의 진실성 여부는 그 말을 듣는 청중에게 달려 있다. 만약 청중이 신학적 훈련을 받은 사람들이어서 연사가 "하나님"이라는 말에 붙이는 의미와 같은 의미를 그 단어에 붙인다면 연사의 말은 진실하다. 그러나 만약 청중이 구식 그리스도인들이어서 "하나님"이라는 단어에 오래된 의미(창세기 처음에 등장하는 의미) 이외의 의미를 한 번도 붙여 본 적이 없는 사람들이라면 그 말은 진실하지 못하다. 이 두 번째 경우에서, 세상에서 가장 경건한 동기가 있다 하더라도 그의 말은 옳지 못하다. 기독교 윤리는 상식적인 정직성을 폐기하지 않는다. 교회를 세우고 사람을 불쾌하게 하지 않으려는 어떤 의도라고 해도 거짓말에 대한 변명이 되지는 않는다.

어떻게 되었든, 우리 주님의 신성이-"신성"이라는 단어의 참된 의미에서-현대 자유주의 신학에 의해서 부인되고 있음이 명백하다. 현대 자유주의 교회에 따르면, 예수는 다른 사람들과 정도에서만 다를 뿐 종류에서는 다르지 않다. 모든 사람이 신성할 때만이 그도 신성할 수 있다. 하지만 만약 그리스도의 신성에 대한 자유주의의 개념이 그렇게 무의미해진다면 기독교적인 개념은 무엇인가? 기독교인이 "예수는 하나님이다"라고 말할 때 그는 무엇을 의미하는가?

앞에서 말한 것 속에 이미 답이 주어졌다. 신약성경이 예수를 초자연적인 인물로 그린다는 사실을 이미 살펴보았다. 그런데 만약 예수가 초자연적 인물이라면 그는 하나님이든지, 아니면 인간보다는 높지만 하나님보다는 낮은 중간 존재일 것이다. 두 번째 견해는 기독교 교회에서 이미 여러 세기 전에 폐기되었으며 재생할 가능성은 없어 보인다. 아리우스주의는 분명 죽었다. 그리스도가 하나님과 유사하기는 하지만 하나님이 아닌 초자연적이고 천사 같은 존재라는 아리우스파의 생각은, 이교 신화에 속한 것일지

언정 성경이나 기독교 신앙에 속한 것은 아니다. 하나님과 사람 사이의 분리에 대한 유신론적 개념이 유지된다면, 그리스도가 하나님이든지 아니면 단지 사람이라고 인정될 것이다. 그는 하나님과 사람 사이의 중간적 존재는 분명 아니다. 그런데 만약 그가 단순한 사람이 아니라 초자연적인 인물이라면 결론은 그가 하나님이라는 것이다.

둘째, 신약성경과 모든 참된 기독교에서 예수는 단지 신앙을 위한 모범이 아니라, 신앙의 대상이라는 사실을 지적했다. 예수를 대상으로 하는 신앙은 종교적인 신앙임이 분명하다. 그리스도인이 예수에 대해 가지는 확신은 그것이 오직 하나님에 대한 확신일 때에만 의미가 있는 확신이다. 예수에게 맡겨지는 것은 다름 아닌 영혼의 영원한 복락이다. 이와 같이 신약성경 전체를 통하여 나타나는, 예수를 향한 온전한 그리스도인의 태도는 분명히 우리 주님의 신성을 전제로 한다.

각각의 주장들은 이 중심적인 전제에 비추어 다뤄져야 한다. 그리스도의 신성을 증언하는 각각의 구절들은 신약성경에 첨가된 것이 아니라, 어디서나 동일한 근본적인 개념의 자연적인 결과다. 그 각각의 구절들은 어떤 한 권의 책이나 일군의 책들에서만 나타나는 것이 아니다. 바울 서신들에서는 특별히 명백하게 나타난다. 복음서에서 그리스도는 반복해서 오직 아버지와 아버지의 성령과만 관계된 것으로 나타난다. 요한복음에서도 그 구절들을 찾기 위해 애쓸 필요가 없다. 그리스도의 신성은 거의 그 책의 주제라고 할 수 있을 정도다. 하지만 공관복음서의 증언도 다른 곳에서 나타나는 증언들과 크게 다르지 않다. 예수가 **나의** 아버지, **그의** 아들이라고 말하는 방식—예를 들면, 마태복음 11:27(눅 10:22)에서 "내 아버지께서 모든 것을 내게 주셨으니 아버지 외에는 아들을 아는 자가 없고 아들과 또 아들의 소원대로 계시를 받는 자 외에는 아버지를 아는 자가 없느니라"는 말씀—곧 성부와 예수의 관계를 표시하는 이 방식은 공관복음에서 절대적으로 중요하며 우리 주님의 신성을 단언하는 표현 방식이다. 이렇게 말하는 그 인물은 영원한 하나님과 신비한 연합 속에 있는 것으로 제시된다.

하지만 신약성경은 동일하게 분명한 말로 예수를 한 사람으로 제시한다. 요한복음은 "말씀은 곧 하나님이시니라"는 엄청난 말을 하고서 주님의 신성을 줄기차게 이야기하면서도, 예수가 우물가에서 지치고 십자가의 고통 속에서 목말라하는 것으로 그리고 있다. 요한복음에서는 우리 구주의 인성을 입증하는 극적인 표현이 반복해서 등장하지만, 공관복음서에는 그만큼 등장하지 않는다. 그럴지라도 이 문제에 관한 논란의 여지는 없다. 공관복음서 저자들 역시, 진정한 인간의 삶을 살았고 그 자신이 진정한 인간인 하나의 인물을 그리고 있다.

사실 신약성경의 증언은 어디서나 똑같다. 신약성경은 어디서나 하나님이요 사람인 한 인물을 제시하고 있다. 이 증언의 어느 한편을 제거하고 나머지 한편만을 유지하려는 모든 노력이 어떻게 실패했는지를 보는 것은 흥미롭다. 아폴리나리우스주의자Apollinarian들은 주님의 완전한 인성을 거부했지만, 그 결과 신약성경의 예수와는 전혀 다른 인물을 갖게 되었다. 신약성경의 예수는 분명히, 완전한 의미에서 한 사람이었다. 또 다른 사람들은 신성과 인성이 예수 안에서 혼합되어, 순전히 신도 아니고 순전히 인간도 아닌 제3의 존재가 되었다고 생각하는 것 같다. 하지만 신약성경의 교훈으로부터 이보다 멀리 떠난 교훈은 없을 것이다. 신약성경에 따르면 신성과 인성은 분명히 구분된다. 신적 본성은 순전히 신성이고, 인간적 본성은 순전히 인성이다. 예수는 **구별되는** 두 본성을 가진 신이요 인간이었다. 반면에 네스토리우스파Nestorian는 예수 안에 있는 신성과 인성의 구별을 너무 강조한 나머지 예수 안에 두 개의 다른 인물이 있다고 가정했다. 그러나 그런 영지주의적 견해는 성경의 기록과 결코 일치하지 않는다. 신약성경은 우리 주님의 인격의 통일성을 명확하게 가르친다.

이런 오류들을 제거하고 교회는 두 본성이 한 인물 속에 있다는 신약성경의 교리에 도달했던 것이다. 신약성경의 예수는 "서로 구별되는 두 본성 속에서 하나님과 사람이면서 영원히 한 인격자다." 때로 이 교리는 사변적인 것으로 간주되고 있다. 그러나 이것은 절대로 사실이 아니다. 두 본성 교리가 참이든 거짓이든, 그것은 분명 사변에 의해 생긴 것이 아니라 성경의 가르침을 간단하고 분명하게 요약하려는 시도 속에서 생긴 것이다.

현재 자유주의 신학은 당연히 이 교리를 거부한다. 그 방법은 간단하다. 우리 주님의 모든 고귀한 본성을 제거하는 것이다. 그러나 이런 극단주의는 과거의 이단들보다 조금도 나을 게 없다. 초자연적 요소들이 제거된 후에 남는 예수는 고작해야 매우 어렴풋한 인물이다. 초자연적인 것을 제거하면 그 밖의 남은 것들도 논리적으로 제거되며, 역사가는 예수를 역사의 페이지에서 아주 지워버리는 황당한 결론에 계속 접근하게 된다. 그러나 그런 위험을 피하기 위해, 역사가가 제거 과정에서 자의적인 한계를 정함으로써 순전히 인간인 예수를 재구성하는 데 성공한다 해도, 이렇게 재구성된 예수는 전혀 현실적이지 않다. 이 예수는 그 존재의 중심에 도덕적 모순, 곧 그의 메시아 의식으로 말미암은 모순을 가지고 있다. 그는 순수하고 겸손하고 강인하고 정신이 온전하지만, 아무 사실적 근거가 없이 자신을 온 땅의 최후 심판자가 될 것이라고 믿었던 것이다! 이와 같이 오늘날 예수를 심리학적으로 재구성하여 되살리려는 모든 노력에도 불구하고, 자유주의자의 예수는 무대에서 만들어진 인물로 남는다. 신약성경과 위대한 성경적 신조의 예수는 자유주의자의 예수와 전혀 다르다. 그 예수가 신비스러운 것은 사실이다. 그의 인격의 신비를 누가 헤아릴 수 있는가? 그러나 그 신비는 사람이 거기서 안식을 얻을 수 있는 신비다. 신약성경의 예수는 오늘날 재구성된 예수보다 적어도 한 가지는 낫다. 곧 그가 참되다는 것이다. 그는 윤리적 원리를 지지하기에 적합하게 만들어진 인물이 아니라, 사람이 사랑할 수 있는 진짜 인물이다. 모든 기독교 시대를 내려오면서 사람들은 그를 사랑했다. 이상한 일은, 그를 역사의 페이지에서 제거하려는 모든 노력에도 불구하고 여전히 그를 사랑하는 사람들이 있다는 사실이다.

— 6 —
구원

지금까지 자유주의 신학과 기독교의 다른 점들을 살펴보았다. 복음의 전제들에 관하여(신관과 인간관), 복음이 포함된 책(성경)에 관하여, 그리고 복음이 제시하는 인물(예수)에 관하여, 자유주의 신학의 이해가 기독교와 다르다는 사실을 주목했다. 따라서 자유주의 신학이 복음 자체를, 혹은 구원의 길을 기독교와 전혀 다르게 설명한다는 것이 놀라운 일은 아니다. 자유주의 신학은 구원을("구원"이라는 말을 사용한다면) 사람에게서 찾지만, 기독교는 하나님이 하신 일에서 찾기 때문이다.

구원의 방법에 관해서 말하자면, 무엇보다도 그리스도의 구속 사역 속에 구원의 근거가 있다는 점이 중요하다. 기독교 신앙에 의하면, 예수가 우리의 구주인 것은 그가 말한 것 때문도 아니고, 심지어 그의 존재 때문도 아니며, 오히려 그가 행한 일 때문이다.

예수가 우리의 구주인 것은, 그가 우리에게 영감을 주어 그가 살았던 것과 같은 종류의 삶을 살게 했기 때문이 아니라, 그가 우리의 죄에 따라오는 무서운 죄책을 십자가에서 우리 대신 담당했기 때문이다. 이것이 그리스도의 십자가에 대한 기독교적인 개념이다. 그런데 이 개념이 "교묘한 속죄 이론"이라는 비웃음을 받고 있다. 이것이야말로 하나님 말씀의 명백한 가르침이다. 우리는 죄인을 대신하는 속죄 이외의 다른 어떤 속죄도 알지 못한다. 그것이 신약성경이 말하는 유일한 속죄이기 때문이다. 이 성경 교리는 복잡하거나 교묘하지 않다. 비록 신비를 포함하기는 하지만, 그 자체는 너무나 단순하여 어린아이라도 이해할 수 있다. "우리는 영원한 죽음을 당해 마땅하지만, 주 예수가 우리를 사랑하신 까닭에 우리 대신 십자가에서 죽었다." 여기에는 복잡한 것이 하나도 없다. 이해하기 어려운 것은 속죄라는 교리가 아니다. 정말로 핵심을 놓치고 있는 것은 인간의 자랑을 위해 성경 교리를 제거하려는 오늘날의 정교한 노력이다.[1]

현대 자유주의 설교자들도 때로 "속죄"를 말하는 것은 사실이나, 그들은 가능한 한 그것을 드물게 말한다. 그들의 마음이 십자가 그늘 밑이 아닌 다른 곳에 가 있다는 것을 쉽게 알 수 있다. 실로 이 점에서도, 다른 경우들과 마찬가지로 전통적 언어들이 전혀 낯선 사상들을 억지로 나타내려는 표현들이 되고 있음을 느낄 수 있다. 전통적 용어들을 벗겨 내면, 그리스도의 죽음에 대한 현대적인 개념의 본질이—비록 여러 가지 형태이지만—상당히 분명히 드러난다. 그것의 본질은, 그리스도의 죽음이 하나님을 향해 어떤 효과가 있는 것이 아니라, 오직 인간에게만 효과가 있다는 것이다. 때로 이 인간에 대한 효과는 매우 단순한 방법으로 이해된다. 곧 그리스도의 죽음은 다만 우리가 따라야 하는 자기희생의 모범으로 간주된다는 것이다. 그렇다면 이 모범의 독특성은 어디에 있는가? 그리스도의 죽음을 둘러싼 기독교적 정서가 그리스도의 죽음을 최고의 자기희생을 나타내는 간편한 상징으로 만들었다는 사실에 그 독특성이 있다. 그리스도의 죽음이 없었더라면 자기희생이라는 냉랭한 일반용어로 표현되어야 했던 것이, 그리스도의 죽음이라는 구체적인 형태로 표현되었다는 것뿐이다. 인간에 대한 그리스도의 죽음의 효과는 때로 더욱 교묘한 방식으로 이해된다. 그리스도의 죽음은 하나님이 죄를 얼마나 싫어하시는지-죄가 심지어 거룩한 자마저 무서운 십자가로 보내므로-보여주기에, 하나님이 죄를 싫어하시듯이 우리도 죄를 싫어하여 회개해야 한다는 것이다. 때로는 그리스도의 십자가가 하나님의 사랑을 드러내 보여주는 것으로 이해되기도 한다. 하나님 자신의 아들이 우리 모두를 위해 내어 준 바 된 것이다. 이런 현대의 "대속 이론들"이 모두 같은 평면에 놓일 수는 없다. 특히 마지막 이론은 예수라는 인물에 대한 높은 관점과 결합될 수 있다. 그러나 그런 이론들은 죄책이라는 무서운 현실을 무시하고, 구원을 위해 유일하게 필요한 것은 인간의 의지를 설득하는 것이라고 가르치는 오류를 범하고 있다. 그 이론들이 모두 어느 정도의 진리를 포함하고 있기는 하다. 그리스도의 죽음이 자기희생의 모범이 되어, 사람들 안에 자기희생을 일으킬 수 있다는 것이 사실이다. 또한 그리스도의 죽음은 하나님이 죄를 얼마나 싫어하시는지를 보여주며, 동시에 하나님의 사랑을 드러내 보여주는 것도 사실이다. 이 모든 진리들이 신약성경에 분명하게 제시된다. 그러나 훨씬 큰 진리가 그것들을 다 삼켜 버린다. 바로 우리를 하나님의 보좌 앞에 흠 없이 세우기 위해 그리스도가 우리를 대신해 죽으셨다는 진리다. 이 중심 진리가 없다면 나머지 모두는 참된 의미를 가지지 못한다. 죄책을 지고 죄의 노예 상태에 있는 사람에게는 자기희생의 모범이 아무 소용이 없다. 하나님이 죄를 미워한다는 사실은 그 자체로는 절망만을 가져다줄 뿐이다. 그 희생의 근본이 되는 원인이 없었다면, 하나님의 사랑을 드러내는 것은 단순한 전시에 불과하다. 그리스도인의 삶에서 십자가가 정당한 위치를 회복하려면, 우리는 현대의 이론들을 뚫고 들어가 훨씬 깊은 곳에서 한 인물을 만나야 하는데, 그는 우리를 사랑해서 우리를 위해 자기를 내어 주신 분이다.

현대의 자유주의자들은 지치지도 않고 기독교의 십자가 교리에 계속해서 증오와 조소를 쏟아 낸다. 심지어 이 점에 있어서도 공격적으로 보이지 않으려는 희망을 포기하지 않는다. "대속"과 같은 단어들이—원래의 기독교적인 의미와는 전혀 다른 의미로 사용되기는 하지만—여전히 때때로 사용되기는 한다. 현대의 자유주의 설교자들은 때로 그런 정통적인 용어를 채택하기도 하지만, 동시에 그들의 속마음을 너무나 분명하게 드러낸다. 그들은 "대속의 죽음으로 흘려진 우리 주님의 피가 소외된 하나님의 마음을 달래고, 돌아오는 죄인이 받아들여지게 해준다"고[2] 믿는 사람들에 대한 혐오를 드러낸다. 그들은 온갖 풍자와 악담을 무기로 십자가 교리를 공격한다. 이와 같이 그리스도인들에게는 너무나 거룩하고 귀중하여, 말로 할 수 없는 감사로 마음이 녹아내리는 바로 그 교리에 대해 자유주의자들은 조소를 퍼붓는다. 기독교의 십자가 교리를 조소하는 것이 사람들의 심장을 짓밟는 것이라는 생각이, 현대 자유주의자들에게는 결코 떠오르지 않는 것 같다. 그렇지만 기독교의 십자가 교리에 대한 현대 자유주의자들의 공격이 거꾸로 그 교리가 무엇인지를 설명하는 데 도움이 되기도 한다. 이제 이런 관점에서 그 공격들을 간단하게 살펴보겠다.

첫째로, 그리스도의 십자가를 통한 기독교의 구원의 길이 비판받는 것은 그것이 역사에 의존한다는 사실 때문이다. 때로 그리스도인들은 이 비판의 예봉을 비켜 가려 한다. 즉 그리스도가 각각의 그리스도인을 위해 지금 하는 일에 집중해야지, 그가 오래전에 팔레스타인에서 한 일에 집중해서는 안 된다고 말하는 식이다. 그러나 이런 식으로 예봉을 피하면 기독교 신앙을 완전히 포기하지 않을 수 없게 된다. 만약 그리스도의 구원의 일이 그가 각각의 그리스도인을 위해 지금 하고 있는 일로만 국한된다면, 기독교 복음─삶에 새로운 의미를 부여하는 한 사건에 대한 설명─같은 것은 없을 것이다. 우리가 남긴 것이라고는 신비주의뿐일 텐데, 신비주의는 기독교와 전혀 다르다. 우리의 종교를 신비주의가 아닌 기독교가 되게 하는 것은 신자의 현재 경험과 예수가 세상에 존재했던 실제 역사의 연결이다.

기독교가 과거에 발생했던 어떤 일에 의존한다는 것은 확실히 인정되어야 한다. 역사의 분명한 어느 시기에 예수가 사람의 죄를 위한 화목제물로 죽지 않았다면, 우리의 종교는 포기되어야 한다. 기독교가 역사에 의존하는 것은 확실하다.

만약 그렇다면 즉시 다음과 같은 문제 제기를 예상할 수 있다. 우리가 정말로 우리 영혼의 안녕을 위해 오래전에 발생한 일을 의지해야 하는가? 우리는 역사가들이 자료의 가치 등에 대한 논쟁을 마무리할 때까지 기다렸다가 비로소 하나님과 평화를 이루어야 하는가? 현재 여기에 우리와 함께 하는 구원, 우리가 보거나 느낄 수 있는 것에 의존하는 구원을 택하는 것이 낫지 않을까?

이런 문제에 대해 생각할 때에는, 만약 종교가 역사로부터 독립한다면 복음 같은 것은 존재하지 않는다는 사실을 주목해야 한다. 왜냐하면 "복음"이란 "좋은 소식", 곧 과거에 발생한 어떤 일에 대한 정보이기 때문이다. 역사로부터 독립된 복음이라는 말은 그 자체가 모순이다. 기독교 복음은 항상 진리였던 어떤 것을 제시하는 것이 아니라, 새로운 어떤 것, 곧 인류의 상태에 전혀 다른 측면을 부여하는 어떤 것을 의미한다. 인류는 죄로 인해 절망적이었지만 하나님이 그리스도의 속죄의 죽음으로 상황을 변화시켰다는 말은, 그저 전부터 있던 것의 반복이 아니라 새로운 어떤 것에 대한 설명이다. 우리는 세상에 갇혀서 포위 공격을 당하는 진지 속에 있다. 자유주의 설교자는 우리가 용기를 내도록 격려한다. 힘든 상황에서도 나름대로 최선을 다하기 위해 삶의 밝은 면을 보라고 그는 말한다. 그러나 유감스럽게도, 그런 격려가 사실을 바꾸지는 못한다. 무엇보다 죄의 무서운 현실을 제거하지 못한다. 기독교 전도자의 메시지는 전혀 다르다. 그는 옛것에 대한 성찰이 아니라, 새로운 어떤 소식을 전한다. 격려가 아니라 복음을 전하는 것이다.[3]

기독교 복음이 어제 발생한 어떤 일이 아니라 오래전에 발생한 어떤 일에 대한 설명인 것은 사실이다. 그런데 중요한 것은 그것이 실제로 발생했다는 점이다. 만약 그것이 실제로 발생했다면 그 시기가 언제였느냐는 별로 중요하지 않다. 어제든, 1세기든, 혹은 언제 발생했든지, 그것은 참된 복음 곧 진정한 소식이다.

뿐만 아니라, 오래전에 발생한 일이 이 경우에는 현재의 경험에 의해 확증된다. 그리스도인은 처음에 그리스도의 속죄의 죽음에 대한 신약성경의 설명을 받는다. 그 설명은 역사다. 만약 그 역사가 참되다면 그것은 지금 효과를 발휘하며, 그것이 참인지의 여부가 그 효과에 의해 시험될 수 있다. 그리스도인은 기독교 메시지를 실험해 보며, 실험에 의해 그것이 참이라는 것을 알게 된다. 경험이 문서의 증거를 대체하지는 못하지만, 증거를 확증해 줄 수는 있다. 그리스도인에게 십자가는 더 이상 멀리 떨어져 있는 것, 훈련된 신학자들만 논쟁할 수 있는 것이 아니다. 도리어 그 메시지는 그리스도인의 가장 깊은 영혼으로 받아들여지며, 그리스도인 삶의 매일 매시간 그것이 참되다는 확증을 얻는다.

둘째로, 그리스도의 죽음을 통한 구원이라는 기독교 교리는 너무 협소하다는 이유로 비판을 받는다. 기독교는 구원을 예수의 이름에 연결시키지만, 세상에는 유효한 방법으로 그 이름을 전혀 듣지 못한 사람들이 많다는 것이다. 사람들이 예수에 대해 듣든지 못 듣든지, 사람들이 어떤 형태의 삶을 영위하든지, 어디서나 모든 사람을 위한 구원이 우리에게 정말로 필요하다는 말을 우리는 듣는다. 새로운 신조가 요구를 만족시키지 않는다는 것이다. 세상이 보편적으로 필요로 하는 것은 사람이 어떤 신조를 가지고 살든 바른 삶을 살게 하는 수단이라는 것이다.

이 두 번째 문제에 대해서도, 첫 번째 경우와 마찬가지로 예봉을 피하려는 노력이 시도된다. 복음을 받아들이는 것이 구원의 한 방법이기는 하지만, 다른 방법도 있다고 말하는 것이다. 그러나 이런 방법으로 대답하고자 하면 기독교 메시지의 특징이라 할 수 있는 배타성을 포기하게 된다. 최초에 기독교를 관찰했던 사람들에게 가장 큰 충격을 준 것은, 기독교 복음이 구원을 제공할 뿐만 아니라 다른 모든 수단을 결연하게 거부한다는 사실이었다. 초기 기독교 선교사들은 절대적으로 오직 그리스도에게만 헌신할 것을 요구했다. 이런 배타성은 당시 퍼져 있던 헬라 시대의 혼합주의와 정면으로 충돌했다. 당시에는 많은 종교들이 많은 구원자를 사람들 앞에 소개했지만, 그 다양한 종교들이 완전한 조화 속에서 존재할 수 있었다. 어떤 신에게 헌신한다고 해서 다른 신들을 포기해야 하는 것은 아니었다. 그러나 기독교는 이런 "영혼의 우아한 일부다처제"와[4] 아무 관계도 없었다. 기독교는 절대적으로 배타적인 헌신을 요구했다. 오직 한분 주님 외의 다른 모든 구원자들을 버려야 한다고 주장했다. 다른 말로 하면 구원이 그리스도를 통해서 주어진다고만 말해서는 안 되고, 오직 그리스도만을 통해서 주어진다고 말해야 한다. "오직"이라는 이 작은 단어에 온갖 공격이 가해진다. 그 단어가 없었다면 박해도 없었을 것이다. 당시의 배운 사람들은 인류의 구원자들 가운데 한 자리, 그것도 명예로운 한 자리를 기꺼이 예수에게 주었을 것이다. 그 배타성만 없었다면 기독교 메시지가 당시 사람들에게 전혀 불쾌하게 보이지 않았을 것이다. 마찬가지로, 예수를 인류에 혜택을 준 사람들 중의 하나로 간주하는 현대 자유주의 신학은 현대 세계에 전혀 불쾌감을 주지 않는다. 모든 사람이 그것을 좋게 말한다. 그것은 전혀 불쾌하지 않다. 그러나 동시에 그것은 완전히 무익하다. 십자가의 거치는 것이 제거되면 영광과 능력 또한 제거된다.

그러므로 기독교가 구원을 예수의 이름에 연결짓는 것이 공정하게 받아들여져야 한다. 그리스도의 죽음이 가져오는 효과가 복음을 듣지 못했거나 받아들이지 않은 사람들에게도―비록 그들이 스스로 판단할 수 있는 연령에 도달했다 하더라도―적용될 수 있느냐 하는 문제는 여기서 논의할 성질이 아니다. 신약성경은 이 문제와 관련해 아무런 분명한 소망을 내놓지 않는다. 사도 시대,

교회 활동의 기초에는 자기들에게 무서운 책임이 맡겨졌다는 의식이 있었다. 생명과 구원의 유일한 메시지가 사람에게 맡겨졌다. 그 메시지는 아직 시간이 있을 때 어떤 위험을 무릅쓰고라도 전파되어야 했다. 그러므로 구원을 위한 기독교의 배타성 문제를 회피하려 해서는 안 되고 직접 대면해야 한다.

이 문제 제기에 대한 대답을 하자면, 기독교의 구원의 길은 오직 교회가 그 길을 좁게 유지하기로 작정하는 한 좁을 뿐이다. 예수의 이름은 모든 인종의 사람, 모든 종류의 교육을 받은 사람들에게 적용된다. 또한 교회는 하나님의 성령의 약속과 함께 모든 사람에게 예수의 이름을 전할 수 있는 풍부한 수단들을 가지고 있다. 따라서 이 구원의 길이 모든 사람에게 제공되지 않는다면, 이는 구원의 길 자체의 잘못이 아니라 하나님으로부터 이 방법을 받아 가지고 있으면서 사용하지 않은 사람들의 잘못이다.

그러나 이렇게 말할 수 있다. 어떻게 그런 엄청난 책임이 연약하고 악한 사람의 손에 맡겨질 수 있는가? 차라리 하나님이 사람들에게 새 메시지를 받아들일 것을 요구하지 말고, 모든 사람에게 구원을 제공함으로 구원이 전달자의 충성에 의존하지 않도록 해야 하지 않을까? 이에 대한 대답은 자명하다. 기독교의 구원의 길이 사람에게 엄청난 책임을 맡기는 것은 분명한 사실이다. 그러나 그 책임은 하나님이 사람에게 책임을 맡기는 통상적인 일들에서도 드러난다. 예를 들어 부모가 자녀에 대해서 지는 책임과 비슷하다. 부모는 자녀의 신체뿐 아니라 영혼에도 상처를 줄 수 있는 능력을 얼마든지 가지고 있다. 이 책임은 두려운 것이다. 그러나 이것은 질문의 여지가 없이 존재하는 책임이다. 예수의 이름을 모든 사람에게 알려야 하는 교회의 책임도 이와 비슷하다. 그것은 엄청난 책임이다. 하지만 그 책임은 존재하며, 이것은 하나님이 사람을 다루는 다른 방법들과 유사하다.

그런데 현대 자유주의 신학은 기독교의 십자가 교리에 대해 더욱 구체적으로 이의를 제기한다. 어떻게 한 사람이 다른 사람의 죄를 위해 고난을 당할 수 있느냐는 것이다. 그것은 불합리하다는 것이다. 죄책은 개인의 것이며, 만약 나의 잘못 때문에 다른 사람이 고통을 받도록 만든다고 해도 그로 인해 나의 죄책이 조금도 줄어들지 않는다는 것이다.

이에 대한 대답을 한 사람이 다른 사람의 죄를 위해 고통당하는 우리 일상사의 명백한 예에서 찾을 수 있다. 예를 들면, 전쟁에서는 많은 사람이 다른 사람의 안녕을 위해 자발적으로 죽는다. 사람들은 여기서 그리스도의 희생과 유사한 것을 본다고 말하기도 한다.

그러나 이 유비가 매우 미약하다는 것을 고백해야 한다. 왜냐하면 지금 문제가 되고 있는 바로 그 점을 다루지 못하기 때문이다. 전쟁에서 병사가 당하는 자발적 죽음은 그것이 자기희생의 지고의 실례라는 점에서 그리스도의 죽음과 유사하다. 그러나 그 자기희생에 의해 성취되는 것은 갈보리에서 성취된 것과 전혀 다르다. 전쟁에서 자신을 희생한 사람들의 죽음은 고향에 있는 사랑하는 사람들에게 평안과 보호를 가져다주기는 했지만, 죄값을 씻는 일에서는 아무 소용이 없다.

그 이의에 대한 진짜 대답은 그리스도의 죽음과 자기희생을 보여주는 다른 예들 사이의 유사성이 아니라, 도리어 그 둘 사이의 심오한 차이점에서 찾아야 한다.[5] 이제 사람들이 더 이상 자기들의 구원과 세상의 소망을 오래전에 한 사람이 행한 하나의 행동에서 찾으려 하지 않는 이유가 무엇인가? 그들이 오랜 세월을 통해 오늘날까지 이어지는 무수한 사람들의 무수한 자기희생의 행동을 더 선호하는 이유가 무엇인가? 대답은 명백하다. 사람들이 예수의 인격의 장엄함을 볼 수 있는 눈을 상실했기 때문이다. 그들은 예수를 자기와 같은 사람으로 생각한다. 만약 예수가 그들과 같은 사람이라면 그의 죽음은 자기희생의 한 예에 불과한 것이 된다. 그런데 자기희생의 예는 무수하게 많다. 그렇다면 오래전 팔레스타인에서 발생한 이 한 사건에만 관심을 쏟아야 할 이유가 무엇인가? 사람들은 예수를 언급하면서 "죄의 값을 지불하기에 충분한 선행은 없다"고 말하곤 했다. 그런데 이제는 더 이상 그렇게 말하지 않는다. 도리어 각 사람은 이제 평화 시에나 전시에 어떤 고귀한 대의를 위해 결정적 행동을 취할 만큼 용감하다면 죄의 값을 충분히 지불할 만큼 선한 것으로 간주된다.

사람은 절대로 다른 사람의 죄를 위한 대가를 지불할 수 없다. 그러나 그렇다고 해서 예수까지 그 일을 못하는 것은 아니다. 왜냐하면 예수는 단지 사람이기만 한 것이 아니라, 영원한 하나님의 아들이기 때문이다. 예수는 도덕적인 세계의 가장 중심에 있는 비밀의 주인이시다. 그는 다른 사람이 절대로 할 수 없는 일을 했다. 그는 우리 죄를 담당했다.

그러므로 기독교의 속죄 교리는 온전히 그리스도의 신성에 대한 기독교 교리에 뿌리를 내리고 있다. 죄를 속한다는 현실은 신약성경이 제시하는 그리스도라는 인물에 전적으로 의존한다. 심지어 우리가 교회에서 부르는 십자가에 관한 찬송도, 예수라는 인물을 높게 여기는지 낮게 여기는지에 따라 순서대로 나열될 수 있다. 그 제일 아래쪽에 저 익숙한 찬송이 있다.

하나님께 가까이
더 가까이 나아가네!
나를 끌어올리는 것이
십자가라 할지라도.[6]

이것은 분명히 좋은 찬송이다. 우리의 고난이 채찍이 되어 우리를 하나님께 더 가까이 이끌 수 있다는 의미다. 이 생각은 기독교에 대립되지 않으며, 신약성경에서도 발견된다. 그런데 많은 사람들은 이 찬송 속에 "십자가"라는 단어가 있기 때문에 거기에 특별히 기독교적인 어떤 것이 있으며, 그것이 복음과 무슨 관계가 있다는 인상을 받는다. 이 인상은 전혀 참된 것이 아니다. 실제로 여기서 말하는 십자가는 그리스도의 십자가가 아니라 우리 자신의 십자가다. 이 찬송 가사는 우리 자신의 십자가 혹은 고난들이 우리를 하나님께 더 가까이 이끄는 수단이 될 수 있다는 뜻이다. 이것이 좋은 생각이기는 하지만, 분명히 복음은 아니다. 타이타닉의 승객들이 그들 삶의 마지막 엄숙한 순간에 부를 더 좋은 찬송이 없었던 것이 아쉬울 뿐이다.

그러나 찬송가에는 다른 찬송도 있다.

그리스도의 십자가를 나는 자랑하네,
시간의 잔해 위에 우뚝 솟은 십자가.
거룩한 이야기의 모든 빛이
그 장엄한 머리의 주위에 모이네.

이것은 확실히 낫다. 여기서 말하는 것은 우리 자신의 십자가가 아니라 그리스도의 십자가 곧 갈보리에서 실제로 발생한 사건이며, 그 사건이 모든 역사의 중심으로 높여진다. 그리스도인은 확신을 가지고 이 찬송을 부를 수 있다. 그러나 여기서도 십자가의 의미에 대한 충만한 기독교적 감각을 아쉬워하게 된다. 십자가가 높여지기는 하지만 이해되지는 못하고 있다.

그러므로 다른 찬송 하나를 더 보기로 한다.

영광의 주가 달려 죽은
놀라운 십자가를 살펴보고

나의 부요를 손실로 여기고

나의 모든 자만에 조소를 퍼붓네.[7]

마침내 여기서 참된 기독교적 정서의 어조가 들린다. "영광의 주가 달려 죽은 놀라운 십자가." 갈보리에서 고난당한 이가 단순한 사람이 아니라 영광의 주라는 이해에 도달할 때, 우리는 우리 자신의 구원과 사회의 소망을 위해 흘려진 예수의 고귀한 피 한 방울이, 역사의 전쟁터에서 흘려진 모든 피의 강보다도 더 큰 가치를 가진다고 기꺼이 말할 것이다.

이와 같이 그리스도의 대속의 희생에 대한 반대는 예수라는 인물에 대한 장엄한 기독교적 감각 앞에서 완전히 사라진다. 오늘날 자연주의적으로 재구성된 예수가 다른 사람들의 죄를 위해 고난당할 수 없다는 것은 너무나 당연하다. 그러나 영광의 주에게는 사정이 완전히 다르다. 만약 오늘날 반대자들의 말대로 대속적 죽음이라는 관념이 그렇게도 불합리하다면, 그 죽음에 근거한 기독교 경험에 대해서는 무엇이라 말해야 하는가? 현대 자유주의 교회는 경험에 호소하기를 좋아한다. 갈보리에서 오는 복된 평안에서 기독교의 경험이 발견되지 않으면, 어디에 참된 기독교적 경험이 있는가? 하나님과 관계를 바르게 가지기 위한 자기의 모든 노력, 구원받기 위해 율법을 지키려는 모든 열광적인 시도가 다 무익하며, 주 예수가 십자가에서 죽음으로써 자기를 비난하던 모든 기록을 지웠다는 사실을 인식할 때만이 이 평안이 온다. 이 복스러운 지식으로부터 오는 평안과 기쁨의 깊이를 누가 측량할 수 있는가? 이는 "속죄의 이론" 혹은 인간 망상의 속임인가? 아니면 참된 하나님의 진리인가?

그런데 기독교의 십자가 교리에 대한 또 다른 비판이 남아 있다. 이 비판은 하나님의 성품과 관련되어 있다. 하나님이 사람에게서 "소외된" 모습으로 그려지고, 값이 지불되기를 냉정하게 기다렸다가 사람에게 구원을 제공하는 것으로 그려진다면, 이 얼마나 저급한 신관인가, 하고 현대 자유주의자들은 외친다. 실제로 하나님은 우리가 자신의 죄를 용서받기 원하는 것보다 더 기꺼이 우리의 죄를 용서한다고 그들은 말한다. 그러므로 화해는 순전히 우리에게 달렸다는 것이다. 그 모든 것이 우리에게 달렸다. 하나님은 우리가 선택하기만 하면 언제든지 우리를 받아들일 것이다.

이 반론은 물론 죄에 대한 자유주의의 견해에 근거해 있다. 만약 자유주의 교회가 가정하는 것처럼 죄가 사소한 것이라면, 하나님의 율법의 저주도 가볍게 간주될 것이며, 하나님은 지난 일은 지난 일로 끝낼 수 있을 것이다.

이런 식으로 지난 일은 지난 일이라고 처리하는 것은 듣기에는 그럴듯하다. 그러나 이것이 실제로는 세상에서 가장 무정한 일이다. 같은 인간에게 범해진 죄의 경우에도 이런 식으로 처리되지는 않는다. 하나님께 범한 죄까지는 거론하지 않더라도, 우리가 우리 이웃에게 해를 끼친 일에 대해서는 어떻게 해야 하는가? 물론 그 손해를 회복할 수 있는 경우도 있다. 만약 우리가 이웃의 돈을 사기 쳤다면, 그 돈을 이자와 함께 상환할 수 있다. 그러나 더욱 심각한 악행인 경우에는 대개 상환이 전혀 가능하지 않다. 더욱 심각한 악행이란, 몸이 아니라 사람의 영혼에 행해진 것이다. 그런 종류의 악행에 대해 무심하게 생각할 수 있는 사람이 어디 있는가? 젊은 사람들에게 본이 되지 못하고 오히려 나쁜 영향을 끼친 것을 아무렇지도 않게 생각할 수 있는가? 또한 사랑하는 사람에게 한 아픈 말들이, 시간이 흐른 뒤에도 결코 지워지지 않을 상처로 남는 것은 어떻게 되는가? 그런 기억이 있는데도 오늘날 설교자는 그저 회개하고 지난 것은 잊어버리라고 말한다. 하지만 그런 회개는 얼마나 무정한 일인가! 우리는 그저 어떤 고상하고, 행복하고, 훌륭해 보이는 삶으로 도피하는 것이다. 그러나 우리가 보인 나쁜 모습과 우리의 말에 의해 지옥의 문턱까지 끌려간 사람들은 어떻게 되는가? 그들을 잊어버리고, 지나간 일은 지나간 일이라고 끝내 버릴 수 있는가?

그런 회개는 우리의 죄책을 결코 씻지 못할 것이다. 하나님을 향해 범한 죄는 말할 것도 없고, 동료 인간을 향해 범한 죄도 마찬가지다. 진정으로 회개하는 사람은 그저 죄를 잊기만 하는 것이 아니라 죄의 결과까지 씻어 버리기를 원한다. 그러나 누가 죄의 결과까지 씻을 수 있는가? 다른 사람들이 우리 과거의 죄로 인해 고통당한다. 우리 자신이 그들을 대신해 고통을 당하기 전까지, 우리는 참된 평안에 도달하지 못한다. 우리는 삶의 혼란 속으로 다시 돌아가 우리가 잘못했던 일을 바로잡기를 원한다. 최소한 우리가 다른 사람으로 하여금 받게 했던 그 고통을 당하기를 원한다. 그리스도께서 십자가에서 우리 대신 죽었을 때, 그는 그와 비슷한 것을 우리를 위해 한 것이다. 그가 우리의 모든 죄를 속했다.

동료 인간에게 범한 죄로 인한 슬픔은 그리스도인의 마음속에 남는다. 그러므로 그는 자신의 능력이 미치는 모든 수단을 동원해 자신이 가한 손상을 회복할 길을 모색한다. 그러나 최소한 구속은 이루어졌다. 마치 죄인이 자신에게 해악을 당한 사람으로 말미암아 실제로 고통을 당한 것처럼 말이다. 그리고 죄인 자신은 은혜의 신비에 의해서 하나님과 바른 관계를 회복한다. 모든 죄는 근본적으로 하나님을 향한 죄다. "내가 주께만 범죄하였나이다." 이것이 진정으로 회개하는 자의 부르짖음이다. 하나님을 향한 범죄라니, 얼마나 두려운 일인가! 낭비된 순간들과 세월들을 누가 회수할 수 있는가? 그것들은 지나가 버리고 다시는 돌아오지 않는다. 삶의 그 짧은 순간들은 가 버렸다. 사람이 일해야 하는, 그 얼마 되지 않는 날들은 가 버렸다. 낭비되어 버린 삶의 돌이킬 수 없는 죄책을 누가 측량할 수 있는가? 하지만 그런 죄책을 위해서까지, 하나님은 그리스도의 보혈로 씻는 샘을 제공했다. 하나님은 마치 옷을 입히듯이 그리스도의 의를 우리에게 입혔다. 그리스도 안에서, 우리는 심판의 보좌 앞에 흠 없이 선다.

그러므로 속죄의 필요성을 부인한다면 진정한 도덕적 질서의 존재를 부인하는 것이 된다. 이런 사실을 감히 부인하는 사람들이 어떻게 자신을 예수의 제자로 간주할 수 있는지 이상하다. 예수의 생애에 대한 기록에서 분명한 것이 한 가지 있다면, 예수가 하나님의 공의를 그분의 사랑과 구별되는 것으로 인식했다는 사실이다. 예수에 의하면, 하나님은 사랑이지만 오직 사랑이기만 한 것은 아니다. 예수는 무서운 말로, 이 세상에서뿐만 아니라 오는 세상에서도 용서받지 못할 죄에 대해 말했다. 그는 보응적 정의의 존재를 인정한 것이 분명하다. 예수가 오늘날처럼 죄에 대한 가벼운 견해를 받아들였으리라고는 결코 생각할 수 없다.

그렇다면 하나님의 사랑은 어떻게 되느냐고 반론할 것이다. 공의가 죄에 대한 형벌을 요구한다고 인정하더라도, 공의가 은혜로 인해 가려졌다는 기독교 교리는 어떻게 되느냐고 현대 자유주의 신학자들은 말할 것이다. 만약 하나님이 값이 지불되기를 기다렸다가 죄를 용서하는 분이라면, 그의 공의는 이루어지겠지만 그의 사랑은 어떻게 되는가?

현대의 자유주의 교사들은 이 문제에 변화가 있어야 할 것을 지치지도 않고 요구한다. 그들은 "소외된" 혹은 "분노한" 하나님이라는 교리는 끔찍하다고 말한다. 이 반론에 대해서는 신약성경을 지적하면서 간단하게 대답할 수 있다. 신약성경은 하나님의 진노와 예수 자신의 진노에 대해 분명히 말한다. 또한 예수의 모든 교훈은 죄에 대한 하나님의 분노를 전제한다. 그렇다면 예수의 교훈과 모범에서 이렇게도 절대적으로 중요한 요소를 거부하는 사람들이, 도대체 어떻게 자신들을 예수의 참된 제자로 간주할 수 있는가? 진상은 이렇다. 하나님의 진노라는 교훈을 거부하는 현대인들의 태도는 죄를 가볍게 생각하는 견해에서 나왔다. 그러나 이런 견해는 전체 신약성경의 교훈, 그리고 예수 자신의 교훈과 완전히 어긋난다. 사람이 일단 죄에 대한 유죄 선고를 진정으로 받았다면, 그는 십자가 교리를 받아들이는 데 별로 어려움이 없을 것이다.

실상을 말하자면, 속죄 교리가 하나님의 사랑에 위배된다는 이유로 오늘날 자유주의자들이 속죄 교리를 반대하는 것은, 교리 그 자체에 대한 말할 수 없는 오해 때문이다. 현대 자유주의 교사들이 그리스도의 희생 제사에 대해 말할 때에는, 언제나 그것이 마치 하나님 자신이 아니라 다른 누군가가 드린 제물인 것처럼 말한다. 그들은 그리스도가 희생 제물이 되었다는 것은, 하나님이 죄값이 지불될 때까지 냉정하게 기다리다가 지불된 후에야 죄를 사한다는 것을 의미한다고 말한다. 하지만 실제로는 전혀 그렇지 않다. 자유주의자들의 반대는 기독교의 십자가 교리에 절대적으로 중요한 근본적 요소를 무시하는 것이다. 바로 죄를 위한 희생 제물을 드린 이는 하나님 자신이지, 다른 어떤 존재가 아니라는 사실이다. 인간의 본성을 취하고 십자가에서 죽은 아들의 위격 속에서 하나님 자신이, 그리고 자기 아들을 아끼지 않고 우리 모든 사람을 위해 내어 준 아버지의 위격 속에서 하나님 자신이 그 제물을 드린 것이다. 구원은 우리가 숨을 쉬는 공기처럼 아무 값 없이 **우리를 위하여** 주어진다. 엄청난 값은 하나님이 지불하고 그 유익은 우리가 얻는다. "하나님이 세상을 이처럼 사랑하사 독생자를 주셨으니." 이런 사랑은 현대의 설교 속에 등장하는 하나님의 느긋함과는 매우 다르다. 이 사랑은 값을 따지지 않는 사랑이다. 이 사랑이야말로 진정한 사랑이다.

이 사랑, 오직 이 사랑만이 사람에게 참된 기쁨을 가져다준다. 실로 오늘날 자유주의 교회도 기쁨을 찾고 있다. 그러나 그들은 거짓된 방법으로 찾고 있다. 하나님과의 교제가 어떻게 하면 기쁨이 될 수 있는가? 당연히 우리에게 위로를 주는 하나님의 속성, 곧 하나님의 오래 참으심, 하나님의 사랑을 강조함으로써 그렇게 될 수 있다고 그들은 말한다. 하나님을 우울한 독재자나 엄격하고 의로운 재판관으로 간주하지 말고, 오직 사랑이 많은 아버지로만 간주하자고 권한다. 옛 신학의 공포여, 사라져라! 우리가 기뻐할 수 있는 그런 신을 경배하자! 이것이 그들의 이야기다.

종교가 기쁨을 위한 길이라는 이 제안에 대해 두 가지 의문을 제기할 수 있다. 첫째, 그것이 효과가 있는가? 둘째, 그것은 참된가?

그것이 효과가 있을까? 당연히 효과가 있어야 한다. 자기 자녀에게 영원한 고통을 가하는 일이 결코 없는, 모든 사람의 아버지이자 사랑의 아버지가 우주의 통치자인데 누가 행복하지 않겠는가? 만약 모든 죄가 반드시 사해질 것이라면 후회의 아픔이 있겠는가? 그런데 사람들은 이상하게도 감사하지 않는다. 현대의 설교자가 자기의 역할을 아주 열심히 행한 후에도—즉 하나님에 대한 관념에서 불쾌한 모든 요소를 제거하고, 하나님의 무한한 사랑에 대해 그에 어울리는 유창한 언어로 경축한 후에도—회중은 어찐지 옛날의 그 기쁨의 열광 속으로 들어가기를 지속적으로 거부한다. 진상을 말하자면, 현대 설교 속의 하나님은 매우 선할지는 모르지만, 별로 관심이 가지 않는 신이다. 누구에게나 듣기 좋은 유머만큼 무미건조한 것도 없다. 그렇게 희생을 치르지 않는 것이 진정한 사랑인가? 만약 우리가 어떻게 행동하든지 하나님이 필연적으로 용서한다면, 우리가 하나님에 대해 신경 쓸 것이 무엇인가? 그런 하나님은 우리를 지옥의 두려움에서 건질 수는 있을 것이다. 그러나 그의 천국은, 만약 그런 천국이 존재한다면, 죄로 가득할 것이다.

사람을 격려하기 위한 오늘날의 신의 개념에 대해 제기할 수 있는 또 다른 반대는, 그것이 참이 아니라는 것이다. 하나님이 오직 사랑과 친절뿐인 분이라는 것을 어떻게 아는가? 자연을 통해서 아는 것은 아니다. 자연은 두려운 일로 가득하기 때문이다. 인간의 고통은 불쾌한 일이지만 실제 상황이며, 하나님도 그것과 어떤 식으로든 관련되어 있을 수밖에 없다. 성경을 통해서 알 수 있는 것도 분명 아니다. 당신이 우울하다고 거부하려는 그 신의 개념을 이전 신학자들은 성경으로부터 이끌어 내었기 때문이다. 성경은 "주 너의 하나님은 소멸하는 불이시다"라고 말한다. 그러면 예수가 당신의 근거인가? 이것은 더 좋지 않은 주장이다. 저 바깥 어두운 곳과 영원히 타는 불, 이 세상에서나 오는 세상에서도 용서 받을 수 없는 죄를 말한 분이 바로 예수이기 때문이다. 아니면 당신은 위로를 주는 신의 개념을 위해 오늘날 당신에게 직접 내려진 계시에 호소하겠는가? 그렇다면 당신은 자신 이외의 다른 누구도 설득하지 못할 것이다.

하나님의 밝은 면만을 보는 방식으로는 종교가 기쁨이 되지 못한다. 한편으로 치우친 하나님은 진짜 하나님이 아니며, 우리 영혼의 갈망을 채워 줄 수 있는 분은 진짜 하나님뿐이기 때문이다. 하나님은 사랑이지만, 오직 사랑이기만 할까? 하나님은 사랑이지만, 사랑이 하나님일까? 오직 기쁨만을, 어떤 값을 지불하고라도 오직 기쁨만을 찾으면 당신은 결국 그것을 찾지 못할 것이다. 그렇다면 어떻게 기쁨을 얻을 수 있는가?

종교에서 기쁨을 찾으려는 노력은 재앙으로 끝나고 마는 것처럼 보인다. 하나님은 불가침의 신비 속에 둘러싸여, 두려운 공의 속에 존재한다. 사람은 세상이라는 감옥에 갇혀 있는 상태로 자신의 형편을 최대로 활용하며 감옥을 싸구려 금장식으로 치장하려고 노력한다. 그러나 마음속으로는 자신의 속박에 불만족하고, 결코 선이 될 수 없는 상대적 선에 불만족하고, 죄 있는 동료들과의 교제에 불만족하며, 자신에게 숭고한 운명과 숭고한 의무가 있음을 외면하지 못하고, 거룩한 분과의 영적 교제를 목말라하고 있다. 아무 희망도 없어 보인다. 하나님은 죄인으로부터 멀리 떨어져 있다. 기쁨의 여지는 없고 오직 심판과 불같은 분노를 두려운 마음으로 예상할 뿐이다.

그럼에도 불구하고 이런 하나님은 현대 설교에 등장하는 위로하는 하나님보다 적어도 한 가지는 나은 점이 있다. 그는 살아 계시고, 통치하시며, 자신의 창조나 자신의 피조물에게 얽매이지 않으며, 기이한 일들을 행할 수 있다. 그 하나님은 원하기만 하면 우리를 구원할 수 있지 않을까? 그는 우리를 구원하셨다. 복음은 이 메시지다. 그것은 아무도 모르던 것이었다. 구원의 방법이 그러하리라는 것은 더욱 아무도 몰랐다. 그 탄생, 그 생애, 그 죽음. 왜 그것이 그런 방법으로 그때 거기서 이루어졌는가? 그것은 너무나 지역적이고, 너무나 특정적이며, 너무나 비철학적이고, 기대할 수 있었던 것과 너무나 달랐다. 사람들은 이렇게 말할 수도 있다, 우리 자신의 구원의 방법이 더 낫지 않은가? "다메섹 강 아바나와 바르발은 이스라엘 모든 강물보다 낫지 아니하냐?"(왕하 5:12) 그러나 만약 그것이 참되다면 어떻게 되는가? "그래서, 가장 크신 자가 가장 사랑이 많기도 하다." 하나님의 아들이 우리 모두를 위해 내어 준 바 되었고, 모든 시대의 철학자들이 추구하던 세상으로부터의 해방이 이제 모든 사람에게 거저 주어졌고, 현자와 지자에게 감춰졌던 것이 어린아이들에게 나타났으며, 오랫동안 갈망했지만 성취될 수 없었던 죄의 정복이 신비한 은혜에 의해 이루어졌고, 하늘에 계신 우리 아버지 곧 거룩한 하나님과의 영적인 교제가 마침내 이루어졌다!

참으로 이것, 오직 이것만이 기쁨이다. 그러나 그것은 두려움에 가까이 있는 기쁨이다. 살아 계신 하나님의 손에 빠져 들어가는 것은 두려운 일이다. 우리 자신이 만든 하나님, 오직 사랑뿐이고, 오직 아버지 외에 다른 분이 아니며, 우리 자신의 공로를 가지고 두려움 없이 그 앞에 설 수 있는 하나님과 함께 있다면 우리는 더 안전하지 않을까? 이런 하나님과 함께 있고자 하는 사람은 만족할 수 있을 것이다. 그러나 우리는, 비록 죄가 있지만, 하나님의 도우심으로 여호와를 보고자 한다. 절망하고, 소망하고, 떨며, 반신반의하고, 모든 것을 예수에게 의탁하면서, 우리는 바로 그 하나님의 임재 앞으로 감히 나아간다. 그리고 우리는 그 임재 앞에서 산다.

그리스도의 속죄의 죽음, 오직 그것만이 죄인들을 하나님 앞에 의롭게 세워 준다. 주 예수가 그들의 모든 죄값을 완전히 지불했고, 그들을 완전한 의로 옷 입혀 하나님의 심판의 보좌 앞에 세워 준다. 그런데 그리스도는 그리스도인들을 위해서 그 이상의 일을 했다. 그리스도는 그리스도인들에게 하나님과의 새롭고 바른 관계를 맺도록 해주었을 뿐만 아니라, 영원히 하나님 앞에서 살 수 있는 새로운 생명을 주었다. 그리스도는 그리스도인을 죄책에서뿐만 아니라 죄의 권세에서도 구원했다. 신약성경은 그리스도의 죽음으로 끝나지 않는다. 십자가에서 그리스도께서 하신 "내가 다 이루었다"는 승리의 말로 끝나지 않는다. 죽음 이후에 부활이 따라왔다. 그리고 그 부활도 죽음과 마찬가지로 우리를 위한 것이었다. 예수는 죽음에서 일어나 영광과 능력의 새생명으로 들어갔으며, 그가 위하여 죽은 사람들을 데리고 그 생명으로 들어갔다. 그리스도의 구속 사역을 기초로, 그리스도인은 죄에 대해 죽었을 뿐만 아니라 하나님을 향해 살아났다.

이렇게 그리스도의 구속 사역이 완성되었다. 그리스도는 이 일을 이루려고 세상에 온 것이다. 이 일에 대한 설명이 "복음", 곧 "좋은 소식"이다. 이것은 결코 예측될 수 없었다. 왜냐하면 죄는 오직 영원한 죽음이라는 결과만을 초래하기 때문이다. 그러나 하나님은 우리 주 예수 그리스도의 은혜를 통해 죄에 대해 승리했다.

그런데 그리스도의 구속 사역이 어떻게 각 그리스도인에게 적용되는가? 신약성경의 대답은 명백하다. 신약성경에 의하면, 그리스도의 일은 성령에 의해서 각 그리스도인에게 적용된다. 그리고 성령의 이 일은 하나님의 창조 활동의 일부다. 그것은 일반적인 수단에 의해 성취되지 않는다. 그것은 사람 속에 이미 존재하는 선을 통해 성취되지 않는다. 그것은 새로운 어떤 것이다. 그것은 삶에 영향을 끼치는 정도가 아니라 새 생명의 시작이다. 그것은 우리가 이미 가지고 있던 것을 계발하는 것이 아니라 새로운 출생이다. 그러므로 기독교의 중심에 있는 것은 "당신은 거듭나야 한다"라는 말이다.

오늘날은 이 말이 비웃음을 사고 있다. 중생은 초자연적인 일이다. 그런데 현대인은 역사의 영역에서 그러한 것처럼, 개인의 경험에서도 초자연적인 것은 없다고 주장한다. 현대 자유주의 신학의 핵심 교리는 세상의 악이 세상의 선에 의해 극복될 수 있다는 것이다. 세계 바깥에서 오는 어떤 도움도 필요치 않다는 것이다.

이 교리가 다양한 방식으로 전파된다. 우리 시대의 대중적 글들에 이 교리가 가득 퍼져 있다. 이 교리가 종교적인 글들을 지배하며, 심지어 연극 무대에도 등장한다. 수년 전에는 이 교리를 감동적인 방식으로 전달하는 한 연극이 큰 인기를 얻은 적이 있다. 그 연극은 런던의 어느 하숙집 장면으로 시작되었는데, 참으로 맥빠진 광경이었다. 그 하숙집에 사는 사람들은 어떤 의미로는 절망적인 범죄자들은 아니었는데, 차라리 그랬더라면 하는 마음이 들 정도였다. 그러면 훨씬 더 흥미로웠을 것이다. 그들은 단지 먹을 것과 편안한 곳을 찾아 눈을 번뜩이며 으르렁거리는 야비하고 이기적인 사람들이었다. 영혼이 없는 사람들이라고 말하고 싶어지는 그런 종류의 사람들이었다. 그것은 평범성의 섬뜩함을 힘 있게 보여주는 장면이었다. 그러나 얼마 지나지 않아 "삼층 뒤쪽"에 사는 신비로운 나그네가 등장하면서 모든 것이 바뀌었다. 그는 아무 교리도 제공하지 않았고 아무 종교도 없었다. 그는 단지 하숙집에 기거하는 사람들 각자와 대화를 나누고서는, 각 사람의 생애에서 한 가지 좋은 점이 있다는 것을 발견했다. 모든 생애의 어딘가에 어떤 한 가지 좋은 것이 있다. 어떤 한 가지 인간애, 어떤 한 가지 거룩한 꿈 같은 것이다. 그것은 오랫동안 야비함과 이기심의 두꺼운 외투 아래 감춰져 있었다. 그 존재가 잊혀져 있었다. 그러나 그것은 거기 있었으며, 그것이 다시 빛 속에 드러날 때 전 생애가 변화되었다. 사람 속에 있던 악이 그의 안에 이미 있던 선에 의해 정복되었다.

이 사상은 더욱 직접적이고 실천적인 방식으로 가르쳐지기도 한다. 예를 들면, 위의 방법을 감옥 속에 있는 죄수에게 적용하려는 사람들이 있다. 수감자와 교도소라는 조합은 전혀 가망성 없는 상태임이 분명하지만, 그들에게 그들이 나쁘다고 말하거나 죄를 강조해 그들을 좌절시키는 것은 큰 실수라고 말한다. 도리어 우리는 그들 안에 이미 있는 선을 찾아서 세워 주어야 한다는 것이다. 심지어 범죄자라도, 공통된 인간성의 어떤 것을 소유하고 있음을 보여주는, 잠재된 명예심에 호소해야 한다는 것이다. 이와 같이 사람 안에 있는 악은 밖에 있는 선에 의해서가 아니라, 사람이 이미 소유하고 있는 선에 의해서 극복되어야 한다는 것이다.

이 현대의 원리는 상당히 일리가 있는 것이 분명하다. 그와 동일한 이야기가 성경에서 발견된다. 성경은 악을 제어하기 위해 사람 속에 이미 있는 선이 장려되어야 한다는 것을 분명히 가르친다. 참되고 순결하고 칭찬받을 만한 모든 것. 우리는 이것들을 생각해야 한다. 세상에 이미 있는 선으로 세상의 악을 극복해야 한다는 것은 위대한 원리임이 확실하다. 옛 신학자들은 "일반 은혜"의 교리 속에서 그것을 충분히 인정했다. 세상에는 기독교가 아니더라도 최악의 상태가 나타나는 것을 억제하는 어떤 것이 있다. 그것은 활용되어야 한다. 그것을 활용하지 않는다면 이 세상은 하루도 살 수 없는 곳이 된다. 그것은 위대한 원리다. 그것이 많은 유용한 일을 성취할 것이다.

그러나 그것이 성취하지 못하는 하나가 있다. 바로 죄라는 질병을 제거하는 것이다. 물론 죄의 증상을 완화하거나 그 질병의 형태를 바꾸기는 할 것이다. 때로 질병이 감춰져 있어서, 그것이 치료되었다고 생각하는 사람들이 있다. 그러다가 1914년에 그러했던 것처럼, 그 질병이 새로운 형태로 터져 나와 세상을 놀라게 한다. 정말로 필요한 것은 죄의 증상을 완화시킬 연고가 아니라, 질병의 뿌리를 공격할 치료약이다.

사실 질병의 비유는 오해의 여지가 있다. 유일하게 참된 비유는—그것을 실제로 비유라고 부를 수 있다면—성경에서 사용된 것이다. 사람은 단지 아프기만 한 것이 아니라 죄와 허물로 죽어 있으며, 정말로 필요한 것은 새생명이다. 그 생명이 "중생" 혹은 신생이 발생할 때에 성령에 의해 주어진다.

하나님의 말씀 속에서 신생이라는 중심 교리는 많은 구절들과 다양한 방법으로 이야기된다. 그중에서 가장 엄청난 것 하나가 갈라디아서 2:20이다. "내가 그리스도와 함께 십자가에 못 박혔나니 그런즉 이제는 내가 사는 것이 아니요 오직 내 안에 그리스도께서 사시는 것이라." 벵겔은 이 구절을 기독교의 정수라고 불렀는데, 이것은 정당한 평가였다. 이 구절은 그리스도의 구속 사역 속에 있는 기독교의 객관적 근거를 가리키며, 기독교적 실존의 초자연성을 포함하고 있다. "이제는 내가 사는 것이 아니요 오직 내 안에 그리스도께서 사시는 것이라." 이것은 극히 이례적인 말이다. "당신이 그리스도인들을 주목하면 거기에 그리스도의 생명이 그렇게도 많이 드러나는 것을 볼 것이다"라고 사도가 말하는 셈이다. 만약 갈라디아서 2:20이 홀로 있다면 그 의미는 분명 신비주의적으로 혹은 범신론적으로 이해될 수 있다. 그리스도인의 인격이 마치 그리스도의 인격 속에 합쳐지는 것으로 이해될 수 있다. 그러나 바울은 그런 오해를 두려워할 이유가 없었다. 그가 자신의 전체 교훈을 통해 그런 오해를 충분히 방지했기 때문이다. 바울에 의하면, 그리스도인이 그리스도와 맺는 새로운 관계에서 자신의 독립적 인격을 상실하는 일은 없다. 도리어 그것은 어디서나 극히 인격적이다. 그것은 모든 자 혹은 절대자의 단순히 신비하기만 한 관계가 아니라, 한 인격과 다른 인격 사이에 존재하는 사랑의 관계다. 바울은 오해를 이미 충분히 방지했기 때문에 아무 걱정 없이 극단적으로 과감한 언어를 사용한다. "이제는 내가 사는 것이 아니요 오직 내 안에 그리스도께서 사시는 것이라." 이 말은 사람이 그리스도인이 될 때 그의 삶에서 일어나는 단절에 대한 엄청난 개념을 포함하고 있다. 그것은 그가 거의 새사람이 된 것과 같다. 그 변화는 너무나 거대하다. 이 말들은 기독교란 단지 삶 속에 새로운 동기가 들어오는 것을 의미한다고 믿는 사람이 쓴 말이 아니다. 바울은 그의 온 마음과 심장으로 새로운 창조, 곧 신생의 교리를 믿었다.

이 교리는 그리스도에 의해서 성취되고 성령에 의해 적용되는 구원의 한 측면을 보여 준다. 그러나 이 동일한 구원에는 다른 측면도 있다. 중생은 새로운 생명을 의미한다. 그러나 거기에는 또한 신자가 하나님에 대해서 갖는 새로운 관계가 있다. 새로운 관계가 "칭의"에 의해 성립된다. 칭의란 그리스도의 속죄의 죽음 때문에 하나님이 죄인을 의롭다고 선언하는 행동이다. 칭의가 중생

전에 오느냐 후에 오느냐를 질문할 필요는 없다. 실제로는 그것이 구원의 두 가지 측면이다. 그리고 이 둘은 그리스도인 삶의 시작이다. 그리스도인은 새생명의 약속만을 가진 것이 아니라 새생명을 이미 소유하고 있다. 또한 그는 하나님 앞에서 의롭다고 선언되리라는 약속만을 받은 것이 아니라(비록 이 복된 선언은 심판의 날에 확증되겠지만), 지금 여기서 이미 의롭다고 선언되었다. 그리스도인의 삶이 시작될 때, 거기에는 하나님의 행동이 진행되고 있는 것이 아니라 이미 결정적인 행동이 있는 것이다.

그렇다고 해서 모든 그리스도인이 자기가 의롭다 함을 얻고 중생한 정확한 순간을 말할 수 있다는 뜻은 아니다. 어떤 그리스도인들은 실제로 그들이 회심한 날과 시간을 말할 수 있다. 그런 사람들의 경험을 비웃는 것은 큰 잘못이다. 때로 그들은 큰 변화를 준비한 하나님의 섭리의 단계들을 무시하기도 한다. 그들은 중요한 점에서는 옳다. 그들이 어느 날 기도하기 위해 무릎을 꿇었을 때는 아직 죄 가운데 있었으나, 꿇었던 무릎을 펴고 일어설 때는 하나님의 자녀가 되어 있어서, 자신이 다시는 그를 떠나지 않게 되었다는 것을 안다. 그런 경험은 매우 거룩한 것이다. 그러나 다른 한편, 모두가 그런 경험을 해야 한다고 요구하는 것은 옳지 않다. 자기들이 회심한 날과 시간을 말할 수 있는 그리스도인들이 있지만, 많은 그리스도인들은 자신들이 구원받은 정확한 순간을 알지 못한다. 그 행동의 효과는 명백하지만, 행동 그 자체는 하나님의 고요함 속에서 이루어졌다. 이것이 그리스도인 부모에게서 자란 자녀들에게 흔한 경험이다. 모든 사람이 구원을 받기 전에 영혼의 고통을 통과해야 하는 것은 아니다. 기독교 가정의 양육을 통해 믿음이 평화롭고 쉽게 온 사람들도 있다.

그것이 어떻게 나타나든지, 그리스도인의 삶은 하나님의 역사와 함께 시작된다. 그것은 하나님의 일이지 사람의 행동이 아니다.

그렇다고 해서 그리스도인의 삶이 시작될 때 하나님이 마치 막대기나 돌을 다루듯이 우리를 다루고, 우리는 어떤 일이 일어나고 있는지 전혀 이해하지 못한다는 뜻은 아니다. 도리어 하나님은 우리를 인격적으로 다루신다. 구원은 사람의 의식 속에 자리 잡는다. 우리의 구원에서 하나님은 인간 영혼의 의식적 행동을 사용하신다. 비록 그것은 하나님의 성령의 일이지만, 동시에 사람의 행동이기도 하다. 구원에서 하나님이 일으키고 사용하는 인간의 행동은 믿음이다. 기독교의 중심에 "믿음에 의한 칭의"가 있다.

믿음을 높이 산다고 하여 우리가 현대 사상과 즉시 갈등 관계에 들어가는 것은 아니다. 가장 현대적인 사람들에 의해서도 믿음은 매우 높이 칭송된다. 하지만 어떤 종류의 믿음인가? 세 가지 다른 의견이 등장한다.

믿음이 오늘날 너무나 높게 칭송되는 까닭에, 사람들은 그저 모든 종류의 믿음으로 만족한다. 단지 믿음이기만 하면 된다는 것이다. 믿음이라는 복된 태도가 있기만 하면, 무엇을 믿는가는 어떤 차이도 만들어 내지 못한다고 말한다. 또 비교리적인 믿음이 교리적인 믿음보다 낫다고 말한다. 왜냐하면 그것이 더 순수한 —지식이라는 불순물에 의해 덜 약화된—믿음이기 때문이라는 것이다.

믿음을 다만 영혼의 유익한 상태로 여기는 그런 식의 태도는 너무나 분명하게 어떤 결과를 초래할 것이다. 가장 불합리한 것에 대한 믿음이 때로 가장 유익하고 광범위한 결과를 가져온다는 결론이 나오는 것이다. 그런데 모든 믿음에는 대상이 있다는 사실을 생각하면 심란해진다. 과학적인 관찰자는 믿음의 대상이 직접 역사하는 것이 아니라고 생각할 수 있다. 관찰자는 자신의 시점에서, 중요한 것은 믿음이며—단지 심리학적 현상으로 간주되는—대상이 어떤 것이든지 동일한 결과를 가져오리라고 확신할 것이다. 그러나 실제로 믿는 사람은, 그를 돕는 것은 믿음 자체가 아니라 믿음의 대상이라는 것을 언제나 정확하게 확신한다. 그저 믿음 자체가 그를 돕는다고 확신하게 되는 순간 믿음은 사라진다. 왜냐하면 믿음이란 언제나 객관적 진리, 혹은 대상의 신뢰성에 대한 확신을 수반하기 때문이다. 만약 대상이 정말로 믿을 만하지 않다면 그 믿음은 거짓이다. 때로 그런 거짓된 믿음이 사람을 도울 수도 있다는 것은 사실이다. 거짓된 것들이 세상에서 매우 많은 유용한 일들을 성취할 수 있다. 내가 위조지폐를 가지고 식당에 가서 저녁을 먹으면, 그 음식은 내가 진짜 지폐를 사용할 때와 다름없이 맛있을 것이다. 게다가 그 저녁 식사는 얼마나 유용한가! 그런데 내가 가난한 사람에게 음식을 사주려고 시내로 가고 있는 도중에, 한 전문가가 나에게 그 돈이 위조지폐라는 사실을 이야기해 준다. 얼마나 한심하고 무정한 이론가인가! 그 사람이 객관적이고 학적인 태도로 그 지폐의 최초 역사를 이야기하고 있는 동안 한 가난한 사람이 굶주림으로 죽어가고 있는 것이다. 사람들은 믿음에 대해서도 같은 이야기를 하고 있다. 믿음은 너무나 유용하므로 그것이 진리에 근거하고 있는지를 상세히 조사하지 말아야 한다고 말한다. 그러나 정말로 큰 문제는, 상세한 조사를 피하는 그 태도 자체가 믿음의 파괴를 초래한다는 점이다. 왜냐하면 믿음이란 본질적으로 교리적이기 때문이다. 당신이 모든 것을 할 수 있어도 믿음에서 지적인 동의라는 요소를 제거할 수는 없다. 믿음이란 누군가가 당신을 위해 무엇인가를 해줄 것이라는 생각이다. 만약 그 사람이 정말로 당신을 위해 그것을 해주려 한다면, 그 믿음은 참이다. 만약 그 사람이 그것을 하려 하지 않는다면, 그 믿음은 거짓이다. 후자의 경우, 그 믿음을 통해서 세상의 모든 이익을 얻는다 할지라도 그 믿음이 참이 되지는 않는다. 비록 그 믿음이 세상을 어둠에서 빛으로 바꾸고, 칭찬할 만한 훌륭한 삶을 무수하게 만들어 내었다 하더라도 그것은 여전히 병적인 현상이다. 그것은 거짓이며, 거짓이라는 것이 조만간 반드시 밝혀질 것이다.

그런 위조는 제거되어야 한다. 이는 파괴를 좋아해서가 아니라, 정금正金을 위해서다. 위조의 존재는 이 정금의 존재를 암시하고 있다. 믿음이 종종 오류에 기반할 때가 있지만, 진리에 근거하는 경우가 전혀 없다면 믿음 자체가 존재하지 않을 것이다. 그러나 기독교의 믿음이 진리에 근거한다면, 그리스도인을 구원해 주는 것은 믿음이 아니라 그 믿음의 대상이다. 그리고 그 믿음의 대상은 그리스도다. 기독교적 견해에 의하면, 믿음이란 단순히 선물을 받아들이는 것을 의미한다. 그렇다면 그리스도에 대한 믿음을 가진다는 것은, 자기 자신의 성품에 의해 하나님의 호의를 얻어 내려는 노력을 그만둔다는 것을 의미한다. 그리스도를 믿는 사람은 그리스도께서 갈보리에서 바친 희생 제사를 단순히 받아들이는 것이다. 그런 믿음의 결과가 새로운 생명이요 모든 선행이지만, 구원 자체는 절대적으로 값없이 주시는 하나님의 선물이다.

자유주의 교회에서 힘을 얻고 있는 믿음에 대한 개념은 이와 매우 다르다. 현대 자유주의 신학에 따르면, 믿음은 본질적으로 한 사람의 인생에서 "그리스도를 주인으로 삼는" 것과 같다. 최소한 인생에서 그리스도를 주로 삼아서 사람의 행복을 얻겠다는 것이다. 그러나 이것은 그리스도의 명령에 대한 우리 자신의 순종을 통해 구원을 얻겠다고 생각한다는 뜻일 뿐이다. 이것은 율법주의를 승화시킨 것에 다름 아니다. 이 견해에 의하면, 그리스도의 희생이 아니라 하나님의 법에 대한 우리의 순종이 소망의 근거다.

이렇게 해서 종교개혁의 모든 성취가 포기되고 중세 종교로의 회귀가 일어났다. 16세기 초에 하나님께서 한 사람을 일으켰고, 그는 갈라디아서를 자신의 눈으로 읽기 시작했다. 그 결과 오직 믿음에 의해서만 의롭게 된다는 교리가 재발견되었다. 우리의 모든 복음적 자유가 그 재발견에 근거하고 있다. 루터와 칼빈에 의해 갈라디아서가 "그리스도인의 자유의 대헌장"이 되었다. 그러나 현대 자유주의 신학은 갈라디아서에 대한 그 이전의 해석으로 돌아갔는데, 이것은 개혁자들과 반대되는 해석이다. E. D. 버튼 Burton 교수의 정교한 갈라디아서 주석은 현대 학문에서 극히 귀중함에도 불구하고 한 가지 측면에서 중세의 책이다. 이 책은 반종교개혁의 해석으로 회귀한 것이다. 이 해석에 의하면, 갈라디아서에서 바울이 공격하는 것이 바리새인의 꼼꼼한 도덕성이라는 것이다. 그러나 실제로 바울이 공격하는 것은 사람이 어떤 방법으로든지 자기의 공로로 하나님 앞에 받아들여지겠다는 생각이다. 바울의 일차적 관심사는 정신적 종교를 위해 예식주의ceremonialism를 반대하는 것이 아니라, 하나님의 값없이 주시는 은혜를 위해 인간의 공로를 반대하는 것이다.

현대 자유주의 신학은 하나님의 은혜를 거부한다. 그 결과는 노예 상태다. 율법의 노예가 되어, 자신의 의로움으로 하나님께 받아들여지기 위한 근거를 마련하겠다는 불가능한 임무를 수행하는 비참한 속박이다. 해방을 의미하는 "자유주의"라는 단어가 실제로는 비참한 노예 상태라는 사실이 첫눈에도 이상하게 보인다. 그러나 그 현상은 이상한 것이 아니다. 하나님의 복된 뜻으로부터 벗어나면 언제나 더 나쁜 어떤 주인의 속박 아래로 들어가기 때문이다.

오늘날 자유주의 교회에 대해서, 바울 당시의 예루살렘에 대해서와 마찬가지로 "그가 그 자녀들과 더불어 종노릇하고" 있다고 말할 수 있다. 하나님께서 그 교회를 다시 그리스도 복음의 자유로 회복시키시기를!

복음의 자유는 하나님의 선물에 근거하며, 그리스도인의 삶은 이 선물로부터 시작한다. 이 선물에 따라오는 것이 칭의 곧 죄책의 제거, 신자와 하나님 사이의 바른 관계의 회복, 그리고 중생 혹은 신생, 곧 기독교인을 새로운 피조물로 만드는 것이다.

그러나 이 고귀한 교리에 대한 한 가지 그럴듯한 반대가 있으므로, 그에 대한 대답으로 기독교의 구원의 길을 더 자세히 설명할 필요가 있다. 새 창조라는 교리에 대한 그럴듯한 반대는 이 교리가 관찰된 사실과 부합하는 것으로 보이지 않는다는 것이다. 그리스도인들이 정말로 새로운 피조물인가? 그렇지 않아 보이는 것이 분명하다. 그들은 이전에 종속되어 있던 것과 동일한 형편에 처해 있는 것으로 보인다. 그들을 주목해 보아도 그럴듯한 변화를 발견하지 못한다. 그들은 동일하게 연약해 보이며, 불행하게도 때로 동일한 죄를 범한다. 새 창조는, 만약 그것이 정말로 새롭다면, 그리 완전해 보이지 않는다. 하나님이 이 새 창조를 보면서 처음 창조에서처럼 보기에 매우 좋았다고 말할 것 같지 않다.

이것은 매우 실제적인 반박이다. 그러나 바울은 앞에서 살펴본바, 새 창조를 그렇게도 과감하게 선언한 구절에서 놀라운 말로 이 반박에 답한다. "이제는 내가 사는 것이 아니요 오직 내 안에 그리스도께서 사시는 것이라." 이것은 새 창조의 교리다. 그러고는 즉시 반발에 답한다. "이제 내가 육체 가운데 사는 것은 나를 사랑하사 나를 위하여 자기 자신을 버리신 하나님의 아들을 믿는 믿음 안에서 사는 것이라." "이제 내가 육체 가운데 사는 것은"이라는 말은 어떤 사실에 대한 인정이다. 바울은 그리스도인의 삶이 육체 가운데 산다는 사실, 곧 이전과 동일한 이 세상의 삶의 상태에 종속되어 지속적으로 죄와 싸운다는 것을 인정한다. "그러나"라고 바울은 말한다(그 반박에 대한 답이 여기에 있다). "이제 내가 육체 가운데 사는 것은 나를 사랑하사 나를 위하여 자기 자신을 버리신 하나님의 아들을 믿는 믿음 안에서 사는 것이라." 그리스도인의 삶은 보는 것에 의해서 사는 것이 아니라 믿음에 의해 사는 것이다. 위대한 변화는 아직 완성되지 않았다. 죄는 아직 완전히 정복되지 않았다. 그리스도인 삶의 시작은 새로운 **출생**이지, 완전히 장성한 사람을 만들어 낸 것이 아니다. 그러나 비록 새생명이 단번에 완전한 열매를 맺지는 못하지만, 그 열매가 반드시 맺히리라는 것을 그리스도인은 안다. 그 안에서 선한 일을 시작하신 하나님이 그리스도의 날에 그것을 완성시키리라는 것을 그리스도인은 안다. 그를 사랑하여 그를 위해 자기 몸을 내어 주신 그리스도께서, 그를 버리지 않고 성령을 통해 세워 완전한 사람으로 만드실 것을 그리스도인은 안다. 바울이 믿음으로 그리스도인의 삶을 산다는 말로 의미하는 것이 바로 이것이다.

이와 같이 그리스도인의 삶은 하나님의 순간적인 행동에 의해 시작되지만, 그 이후에는 하나의 과정으로 계속된다. 다른 말로 하면—신학적 언어를 사용해서 말한다면—칭의와 중생 다음에 성화가 뒤따른다. 원칙적으로 그리스도인은 이미 현재의 악한 세상에서 해방되었지만, 실질적인 자유에 도달하는 것은 미래의 일이다. 그래서 그리스도인의 삶은 게으름이 아니라 전투다.

바로 이것이 바울이 사랑으로 역사하는 믿음이라는 말로 의미하는 것이다(갈 5:6). 그가 구원의 수단으로 삼은 믿음은, 야고보서에서 정죄된 것과 같은 믿음이 아니라 역사하는 믿음이다. 이 믿음이 행하는 일이 사랑이며, 바울은 그 사랑이 어떤 것인지를 갈라디아서의 나머지 부분에서 설명한다. 기독교적인 의미의 사랑은 단순한 감정이 아니라 매우 실천적이고 포괄적인 것이다. 그것은 하나님의 모든 율법을 지키는 것 이하가 아니다. "온 율법은 네 이웃 사랑하기를 네 자신같이 하라 하신 한 말씀에서 이루어졌나니." 그러나 믿음의 실천적인 결과물이라는 말은 믿음 자체가 하나의 일이라는 뜻이 아니다. 갈라디아서의 마지막 "실천적인" 부분에서 믿음이 사랑의 삶을 생산한다고 말하지 않는다는 점이 중요하다. 하나님의 성령이 그 삶을 만들어 낸다고 바울은 말한다. 그러므로 이 부분에서 성령의 역할이 "믿음으로 역사하는 사랑"이라는 말에서 믿음의 역할과 정확하게 똑같다. 모순처럼 보이지만, 실은 여기에 믿음의 참된 개념이 있다. 참된 믿음은 아무것도 하지 않는다. 믿음이 무엇인가를 한다고 말할 때 (예를 들어, 그것이 산을 옮긴다고 말할 때처럼) 이런 말은 표현의 부족 때문에 사용되는 말일 뿐이다. 믿음이란 일의 정반대다. 믿음은 주지 않고 받는다.

그러므로 바울이 우리가 믿음으로 무엇인가를 한다고 말할 때, 이것은 우리 자신이 아무것도 하지 않는다는 것을 달리 표현한 말이다. 믿음이 사랑을 통해서 역사한다고 말할 때, 이것의 참된 의미는 모든 기독교적인 활동에 필요한 근거가 믿음을 통해 죄책의 제거와 새사람의 출생이라는 방식으로 주어진다는 뜻이며, 하나님의 성령을 받았다는 뜻이다. 이 성령이 그리스도인과 함께, 또한 그리스도인을 통해서 거룩한 삶을 이룬다. 그리스도인의 삶 속에 들어와서 사랑을 통해 일하는 힘은 하나님의 성령의 능력이다.

그러나 그리스도인의 삶은 믿음에 의해서만 살아지지 않는다. 그것은 또한 소망으로 사는 삶이다. 그리스도인은 쓰라린 전투 한가운데 있다. 세상의 상태를 보면, 비정함만이 이 세상에 족할 것이다. 온 피조물이 지금까지 고통 속에서 함께 신음하고 진통한다는 것은 분명한 사실이다. 심지어 그리스도인의 삶 속에도 제거되기를 바라는 것들이 있다. 안에는 두려움이 있고, 밖에는 싸움이 있다. 그리스도인의 삶에도 죄의 슬픈 증거들이 있다. 그러나 그리스도께서 우리에게 준 소망에 따르면, 최후 승리가 있을 것이며, 이 세상에서의 고투가 끝나면 하늘의 영광이 임할 것이다. 이 소망이 그리스도인의 삶 전체를 관통한다. 기독교는 이 허망한 세상에 묶여 있지 않고, 영원을 생각하면서 모든 것을 평가한다.

그러나 바로 이 점에 대해 자주 이의가 제기된다. 기독교의 "내세성otherworldliness"이 이기심의 한 형태라는 반박이다. 그리스도인이 천국을 바라고 옳은 일을 한다는 비판이다. 오히려 의무감 때문에 소멸의 어둠 속으로 기꺼이 걸어 들어가는 자들이 더 고귀하지 않은가!

기독교 신앙에서 천국이 단순한 즐거움만을 의미한다면, 이 반박이 어느 정도 무게를 가질 것이다. 그러나 실제로 천국은 하나님과의 교제, 하나님의 그리스도와의 교제다. 그리스도인은 자신만을 위해서가 아니라, 하나님을 인해서도 천국을 소망한다고 조심스럽게 말할 수 있다. 우리의 현재의 사랑은 너무나 차갑고, 우리의 현재의 섬김은 너무 미약하다. 그러나 미래에 우리는 하나님의 사랑에 합당한 정도로 하나님을 사랑하고 섬길 것이다. 그리스도인이 현재 세상에 대해 불만족하는 것은 전적으로 사실이지만, 그것은 거룩한 불만이다. 그것은 우리 구주께서 복되다고 선언한 의를 향한 배고픔과 목마름이다. 우리는 감각의 장막에 의해서, 그리고 죄의 장막에 의해서 구주로부터 분리되어 있으므로, 얼굴과 얼굴을 대하여 주님을 만나려는 열망은 이기심이 아니다. 그런 열망을 버리는 것은 비이기적인 일이 아니라, 아버지나 어머니나 아내나 자녀와 헤어지면서 아무 고통도 느끼지 못하는 무정함이다. 보지 못했지만 사랑하는 그분을 위한 열망은 이기심이 아니다.

그리스도인의 삶이란 이런 것이다. 그것은 갈등의 삶이면서 동시에 소망의 삶이다. 영원의 측면에서 이 세상을 보는 삶이다. 이 세상의 유행은 지나가며, 모든 것은 그리스도의 심판대 앞에 서야 한다.

현대 자유주의 교회의 "프로그램"은 이것과 매우 다르다. 그 프로그램에는 하늘을 위한 자리는 거의 없고, 실제로는 이 세상이 무엇보다 소중하다. 물론 기독교적인 소망을 항상 분명하고 의식적으로 거부하는 것은 아니다. 때로 자유주의 설교자도 영혼의 불멸에 대한 믿음을 견지하려고 노력한다. 그러나 불멸에 대한 믿음의 참된 근거가 그리스도의 부활에 대한 신약성경의 설명을 거부함으로 포기되고 만다. 실제적으로 자유주의 설교자는 내세에 대해 할 말이 거의 없다. 이 세상이 그의 모든 생각의 중심이다. 종교 자체, 심지어 하나님까지도 이 지구의 상태를 향상시키기 위한 수단이 된다.

참된 종교가 공동체 혹은 국가의 여러 기능 중 하나에 불과해졌다. 그것이 오늘날 사람들이 참된 종교를 바라보는 방식이다. 심지어 빈틈없는 사업가나 정치가들조차도 종교가 필요하다는 것을 확신하게 되었으나, 단지 목적을 위한 수단으로만 필요로 한다. 종교 없이 해보려 했지만 실험은 실패했고, 이제 종교에 도움을 구해야 한다고 말한다.

예를 들어 이민자의 문제가 있다. 많은 사람들이 우리나라 안에서 삶의 터전을 찾았다. 그들은 우리의 언어도 모르고 우리의 관습도 모른다. 그런데 우리는 그들을 어떻게 해야 할지를 알지 못한다. 억압적 입법이나 제안으로 그들을 공격해 보았지만, 그런 수단들은 전혀 효과가 없었다. 어떻게 해도 그들은 어머니 무릎에서 배운 언어에 완고하게 집착한다. 사람이 자기 어머니의 무릎에서 배운 언어만을 사랑한다는 것이 별스러운 일일 수 있지만, 이 사람들은 그 언어를 사랑하며, 통일된 미국민을 만들려는 우리의 노력은 좌절된다. 그래서 종교에 도움을 구하게 되었다. 우리는 한 손에는 성경을 들고 다른 한 손에는 친교 모임을 들고 이민자들에게 나아가면서, 그들에게 자유의 복을 받으라고 한다. "미국화된 기독교"라는 말로 우리가 때로 의미하는 것이 이런 것이다.

또 다른 골치 아픈 문제가 노사 관계의 문제다. 그들은 문제 해결을 위해 자기 이익에 호소한다. 고용주와 피고용자 사이의 화해가 상업적으로 이익이라는 제안이 이루어졌다. 그러나 아무 소용이 없다. 여전히 노사 간의 파괴적인 전쟁 속에서 계급과 계급이 충돌하고 있다. 그리고 때로 거짓된 가르침이 거짓된 관행을 낳는다. 볼셰비즘의 위험이 상존한다. 여기서도 억압적 방법이 동원되었지만 소용없었다. 언론 출판의 자유가 심각하게 제한되었다. 그러나 억압적 입법은 사상의 행진을 제어할 수 없는 것처럼 보인다. 그러므로 이런 문제들에서도 종교에 호소해야 하는 것은 아닌지 모르겠다.

현대 세계가 직면하고 있는 또 다른 문제가 있다. 곧 국제 평화의 문제다. 한때 이 문제도 거의 해결된 것처럼 보였다. 자기 이익의 추구로 충분히 문제가 해결된 것처럼 보였다. 은행가들이 유럽의 또 다른 전쟁을 막을 것이라고 믿은 사람들이 많았다. 그러나 1914년에 그 모든 소망은 잔인하게 무너졌고, 오늘날 국제 평화가 과거보다 더 굳건하다는 증거는 아무 데도 없다. 그러므로 여기서도 역시 자기 이익의 원리는 불완전하며, 역시 종교에 도움을 호소해야 한다.

이런 고려 사항들 때문에 사람들이 종교라는 주제에 대해 새로운 관심을 갖게 되었다. 결국 종교가 유용하다는 사실이 재발견된 것이다. 그러나 그렇게 활용되기 시작하면 종교가 저급해지고 결국 파괴된다는 것이 문제다. 종교는 점점 더 높은 목적을 위한 수단으로 간주되고 있다.[8] 선교사들이 자기들의 대의를 천명하는 방식에서 이런 변화가 특히 분명하게 감지된다. 50년 전에는 선교사들이 영원의 빛에 비추어 호소했다. "수많은 사람들이 영원한 멸망으로 떨어지고 있다. 예수만이 모든 사람들에게 충분한 구주이시다. 아직 시간이 있을 때 구원의 메시지와 함께 우리를 보내 달라"고 말하곤 했다. 어떤 선교사들은 아직도 그렇게 말하는 것을 하나님께 감사한다. 그러나 이제 많은 선교사들은 전혀 다르게 호소한다. "우리는 인도 선교사다. 인도는 지금 들끓고 있다. 볼셰비즘이 침투하고 있다. 그 악의가 제어될 수 있도록 우리를 인도로 보내 달라"고 그들은 말한다. 혹은 이렇게 말한다. "우리는 일본 선교사다. 예수의 원리들이 힘을 얻지 못하면 일본은 군국주의의 지배를 받을 것이다. 전쟁의 참화를 막을 수 있도록 우리를 보내 달라."

이와 동일한 큰 변화가 사회생활에서도 나타난다. 예를 들어 한 새로운 사회가 형성되었다고 하자. 그 사회는 자연히 질서가 잘 잡힌 사회에 있어야 하는 많은 것들을 가지고 있다. 거기에는 약국, 골프장, 학교가 있다. 그런데 주민들은 이렇게 말한다. "여전히 부족한 것이 하나 있는데, 바로 교회가 없다는 것이다. 교회는 모든 건강한 사회의 필요한 일부분으로 인식되고 있다. 그러므로 우리에게는 교회가 있어야 한다." 그래서 필요한 단계를 취하도록 공동체에 교회를 건설하는 전문가가 소환되는 것이다. 이런 방식으로 말하는 사람들은 대개 종교 자체에 대해서는 별로 관심이 없다. 이들은 거룩한 하나님과 교통하는 은밀한 곳으로 들어가겠다는 생각을 해본 적이 없다. 그러나 종교가 건강한 사회에 필수적이라는 생각은 가지고 있다. 그래서 공동체를 위해서 교회를 하나 가져야겠다는 것이다.

종교에 대한 이런 태도를 어떻게 평가하든지, 기독교가 이런 방식으로 취급될 수 없다는 것은 너무나 분명하다. 그렇게 취급되는 순간 그것은 더 이상 기독교가 아니다. 한 가지 분명한 것은, 기독교는 더 높은 목적을 위한 수단으로 취급되기를 거절해 왔다는 사실이다. 우리 주님께서 다음과 같은 말로 이것을 너무나 분명하게 밝혔다. "무릇 내게 오는 자가 자기 부모와 처자와 형제와 자매와 더욱이 자기 목숨까지 미워하지 아니하면 능히 내 제자가 되지 못하고"(눅 14:26). 이 엄청난 말의 의미가 무엇이든지, 한 가지 분명한 것은 남편과 아내, 부모와 자녀 사이라는 가장 숭고한 관계까지 포함한 다른 모든 관계보다도 그리스도와의 관계가 더 중요하다는 것이다. 그런 관계들이 기독교를 위해서 존재하는 것이지, 기독교가 그런 관계들을 위해서 존재하는 것이 아니다. 기독교는 실제로 세상에서 많은 유용한 것들을 이루겠지만, 그런 유용한 것들을 이루기 위해서 받아들여진다면 그것은 이미 기독교가 아니다. 기독교는 볼셰비즘과 싸울 것이다. 그러나 볼셰비즘과 싸우기 위해서 기독교를 받아들인다면 그것은 이미 기독교가 아니다. 기독교는 비록 느리지만 만족스러운 방법으로 통일된 나라를 이룰 것이다. 그러나 통일된 나라를 이루기 위해 기독교를 받아들인다면 그것은 더 이상 기독교가 아니다. 기독교는 건강한 공동체를 이룰 것이다. 그러나 건강한 공동체를 위해서 기독교를 받아들인다면 그것은 더 이상 기독교가 아니다. 기독교는 국제 평화를 증진시킬 것이다. 그러나 국제 평화를 증진시키기 위해 기독교를 받아들인다면 그것은 이미 기독교가 아니다. 우리 주님은 "너희는 먼저 그의 나라와 그의 의를 구하라. 그리하면 이 모든 것을 너희에게 더하시리라"고 말씀했다. 그러나 다른 모든 것들을 더하기 위해 먼저 하나님의 나라와 그 의를 구한다면, 당신은 그 모든 것을 잃고 하나님의 나라까지 잃을 것이다.

만약 기독교가 내세를 향한다면, 각 개인들이 이 악한 세대에서 벗어나 더 나은 나라로 가는 수단이 된다면, "사회 복음"은 어떻게 되는가? 바로 이 점에서 기독교와 자유주의 교회 사이의 분열 지점이 가장 명백하게 드러난다. 현대 자유주의 설교자는, 과거의 복음주의는 개인들을 구하려 하지만 새로운 복음주의는 사회라는 유기체 전체를 변화시키려 한다고 말한다. 과거의 복음주의가 개인적이었다면, 새로운 복음주의는 사회적이라는 것이다.

문제를 이런 식으로 정리하는 것이 전적으로 정확하지는 않지만, 그 안에 진리의 요소가 있기는 하다. 역사적 기독교가 오늘날의 집단주의와 여러 면에서 충돌하는 것은 사실이다. 기독교는 사회의 주장에 대항해 개인 영혼의 가치를 강조한다. 기독교는 개인에게 요동치며 유행하는 모든 인간적인 견해에서 피할 피난처를 제공하며, 사람이 홀로 하나님의 면전에 들어갈 수 있는 은밀한 묵상의 장소를 제공한다. 기독교는 필요하다면 세상에 대해서까지 저항할 수 있는 용기를 제공한다. 기독교는 인간을 목적을 위한 수단으로, 사회를 이루는 한 요소로 만드는 것을 결연하게 반대한다. 기독교는 사람들을 하나의 집단으로 취급하는 모든 구원의 수단을 전적으로 거부한다. 기독교는 개인을 하나님과 대면하게 만든다. 그런 의미에서 기독교는 개인주의적이고, 사회적이지 않다.

그러나 기독교가 개인주의적이기는 하지만, 단순히 그러하기만 한 것은 아니다. 기독교는 사람의 사회적 필요를 충분히 채워 준다.

첫째, 개인이 하나님과 맺는 교제조차도 개인적이기만 한 것은 아니다. 사람은 하나님과 교제할 때 혼자가 아니다. 지고의 인격자의 참된 존재를 망각한 사람만이 자신을 혼자라고 간주할 수 있다. 다른 많은 곳에서 그러하듯이, 여기서도 자유주의 신학과 기독교 사이의 구분이 가장 심오한 신의 개념의 차이로 압축된다. 기독교는 진지하게 유신론적이지만, 자유주의 신학은 고작해야 절반 정도 유신론적이다. 사람이 일단 인격적 하나님에 대한 믿음에 도달하면, 그에 대한 경배는 이기적인 고립이 아니라 인간의 중심 목적으로 간주된다. 이 말은 기독교적인 견해에서 하나님에 대한 예배가 동료 인간에 대한 봉사를 무시하고 진행되어야 한다는 뜻이 아니라—"보는 바 그 형제를 사랑하지 아니하는 자는 보지 못하는 바 하나님을 사랑할 수 없느니라"—하나님에 대한 예배가 그 자체로 가치가 있다는 뜻이다. 현대 자유주의 신학의 지배적인 교리는 이것과 매우 다르다. 기독교적 믿음에 의하면, 사람이 하나님을 위해 존재한다. 자유주의 교회에 의하면, 이론은 그렇지 않을지 몰라도 실제로는 하나님이 사람을 위해 존재한다.

그러나 기독교의 사회적 요소는 사람과 하나님 사이의 교제에서만 발견되는 것이 아니라, 사람과 사람 사이의 교제에서도 발견된다. 그런 교제는 특별히 기독교적이지 않은 제도에서도 나타난다.

기독교적 가르침에 따르면, 그런 제도들 중에서 가장 중요한 것이 가족이다. 그런데 이 제도가 점점 뒤로 밀리고 있다. 사회와 국가의 과도한 개입에 의해 가족이 점점 배경으로 밀리고 있는 것이다. 현대의 생활은 부모의 통제와 영향력을 점점 축소시키는 방향으로 나가고 있다. 학교를 선택하는 일이 국가의 통제 아래로 들어갔다. "지역 사회"는 레크리에이션과 사교 활동만을 담당한다. 이런 지역 사회의 활동이 오늘날 가정의 붕괴에 얼마만큼 책임이 있는지를 질문할 수 있다. 그런 활동들과 무관하게 이미 나타난 빈 공간을 지역 사회 활동이 채우려고 노력하는 것에 불과할 가능성이 매우 높다. 어찌 되었든 그 결과는 명백하다. 아이들의 삶이 더 이상 그리스도인 가정의 사랑스러운 분위기 속에 있지 못하고 국가의 공리주의에 포위되리라는 것이다. 기독교의 부흥이 이런 과정을 뒤집으리라는 데는 의심의 여지가 없다. 다른 모든 사회 기구에 대해서 가정이 다시 권리를 찾을 것이다.

그러나 국가는 적절한 한계 안으로 축소된다 해도 인간 삶에서 큰 자리를 차지하며, 그런 자리에 있을 때 기독교의 지원을 받을 것이다. 더욱이 이 지원은 기독교 국가인가 아닌가와 무관하다. 바울이 "모든 권세는 다 하나님께서 정하신 바라"고 말한 사회는 네로 치하의 로마 제국이었다. 그러므로 기독교는 국가에 대해 부정적인 태도를 취하지 않고, 현 상태 아래서 정부의 필요를 인정한다.

개인주의와 연관되는 인간 삶의 넓은 측면들에 관해서도 비슷하게 말할 수 있다. 기독교의 "내세성"은 이 세상의 전투로부터 후퇴하겠다는 뜻이 아니다. 우리 주님 자신이 그 엄청난 사명을 가지고 삶의 혼잡과 압력 속에서 살았다. 그렇다면 그리스도인도 세상의 일로부터 후퇴해서 문제를 단순화시키려 하지 말고, 예수의 원칙들을 현대 산업 사회의 복잡한 문제들에 적용하는 법을 배워야 한다. 이 점에서는 기독교의 가르침이 현대 자유주의 교회의 그것과 완전히 일치한다. 복음적 그리스도인이 월요일 아침에 자신의 기독교를 뒤에 남겨 두고 한 주일을 시작한다면, 그는 자신의 고백에 진실하지 않은 것이다. 사업과 모든 사회적 관계를 포함한 모든 삶이 사랑의 법에 순종하는 것이 되어야 한다. 그리스도인은 "적용된 기독교"에 관한 관심이 부족해서는 안 된다.

다만—바로 이 점에서 엄청난 의견 차이가 드러나는데—그리스도인은 "적용할 기독교"가 없이는 적용된 기독교도 없다고 믿는다.[9] 그리스도인이 현대 자유주의와 다른 것이 이 점이다. 자유주의자는 적용된 기독교가 기독교의 모든 것이라고, 기독교는 단지 생활 방식일 뿐이라고 믿는다. 하지만 그리스도인은 적용된 기독교는 그 이전에 이루어진 하나님의 행동의 결과라고 믿는다. 이와 같이 지역 사회와 국가에 대해, 노사 관계에 황금률을 적용하려는 인간의 노력과 관련해, 현재 자유주의자와 그리스도인 사이에 엄청난 차이가 존재한다. 현대 자유주의자는 이런 제도들에 관해서 낙관적이지만, 그리스도인은 그 기관들에 그리스도인이 배치되어 있지 않다면 비관적이다. 현대 자유주의자들은 현재 상태의 인간의 품성이 예수의 원리들에 따르도록 형성될 수 있다고 믿지만, 그리스도인은 인간의 제도에 의해서는 악이 제어는 되겠지만 파괴는 되지 못한다고 믿으며, 따라서 새로운 건물을 짓기 전에 사람이라는 재료가 변혁되어야 한다고 믿는다. 이 차이는 단순한 이론상의 차이가 아니라, 실제 모든 영역에서 그 차이가 분명하게 느껴진다. 특별히 선교지에서 이 차이가 분명히 드러난다. 자유주의 신학의 선교사는 기독교 문명의 복들을 (그것이 무엇이든) 전파하려고 노력할 뿐, 개인들을 인도해 이방 신앙을 버리도록 하는 데는 별로 관심이 없다. 그에 비해 기독교 선교사는, 단지 기독교 문명의 영향으로 만족하는 것은 도움이 아니라 방해물이라고 생각한다. 그는 자기의 사명이 영혼 구원이라고 믿으며, 영혼은 예수의 도덕적 원칙들에 의해서가 아니라 구속 사역에 의해서 구원받는다고 믿는다. 다른 말로 하면, 기독교 선교사, 그리고 국내외의 그리스도인 일꾼들은 자유주의 신학의 사도와 달리 어디서나 모든 사람에게 이렇게 말한다. "인간의 선은 잃어버린 영혼을 구원하는 데 아무 소용이 없다. 당신은 거듭나야 한다."

— 7 —

교회

우리는 앞에서 자유주의 신학뿐 아니라 기독교도 사회 제도에 관심을 가진다는 것을 살펴보았다. 그런데 가장 중요한 제도를 아직 다루지 않았다. 그것은 교회라는 제도다. 잃어버렸던 영혼이 믿음을 통해 구원을 얻으면, 그들은 기독교 교회에 연합된다. 기독교 선교사들이 교육이나 이 세상 사회생활의 유지에 아무 관심이 없는 것처럼 표현되고 있는 것은 근거 없는 희화화일 뿐이다. 선교사들이 오직 개인 영혼의 구원에만 관심이 있고, 일단 구원을 받으면 그 영혼들이 알아서 살아가도록 버려둔다는 생각은 참이 아니다. 도리어 참 그리스도인들은 어디서나 기독교 교회의 형제애로 연합해야 한다.

이 기독교적 형제애 개념은 자유주의 신학의 "인간의 형제애" 개념과 매우 다르다. 현대의 자유주의 교리에서는 사람들의 종족이나 신조와 무관하게 모든 사람이 형제다. 어떤 의미에서는 그리스도인도 이 교리를 받아들일 수 있다. 모든 사람은 어떤 중요한 측면에서 다른 사람들과 형제 관계와 유사한 관계를 맺고 있다. 모든 사람은 한 창조주로부터 받은 동일한 본성을 지니고 있다. 그리스도인은 현대 자유주의자들이 말하는 인류의 형제애가 뜻하는 모든 것을 받아들일 수 있다. 그러나 그리스도인은 또한 인간 대 인간의 일반적인 관계보다 훨씬 친밀한 관계를 알고 있으며, 더욱 친밀한 이 관계 때문에 "형제"라는 이름으로 불리기에 합당하다. 기독교 가르침에 따르면, 참된 형제애는 구원받은 자들의 형제애다.

이것은 편협한 가르침이 아니다. 왜냐하면 기독교적 형제애가 차별 없이 모든 사람에게 열려 있기 때문이다. 또한 그리스도인은 모든 사람을 그 안으로 이끌어 들이려 한다. 기독교의 예배는 믿음의 가족들로만 제한되지 않는다. 또한 그리스도인이든 아니든, 결핍 가운데 있는 모든 사람이 우리 이웃이다. 그러나 만약 우리가 동료 인간을 정말로 사랑한다면, 우리는 그들의 상처를 싸매 주거나 기름과 포도주를 부어 주는 정도의 봉사로는 만족하지 않을 것이다. 물론 우리는 그들에게 그런 일들을 할 것이다. 그러나 우리가 정말로 할 일은 그들을 영혼의 구주에게 인도하는 일이 될 것이다.

그리스도인들은 거듭난 죄인들 사이의 형제애, 구원받은 자들 사이의 형제애를 사회의 소망의 근거로 삼는다. 그리스도인은 이 세상 상황의 개선이나 황금률의 영향력 아래 형성되는 인간 제도에서는 굳건한 소망을 찾지 못한다. 물론 이런 것들은 환영할 만하다. 그것들이 죄의 증상을 완화시켜 줌으로써 참된 치료를 시행할 시간을 제공하기 때문이다. 그것들은 이 세상에 복음 메시지를 전파하기에 유리한 상황을 만들어 주기도 한다. 그것들은 심지어 그 자체로도 가치가 있다. 그러나 그리스도인에게, 그 자체는 그리 큰 가치가 없다. 모든 재료가 부실하다면 굳건한 건물을 세울 수 없듯이, 여전히 죄의 저주 아래 있는 사람들로부터는 복된 사회가 형성되지 않는다. 인간 사회는 구원받지 못한 사람들이 받아들이는 기독교적 원칙들에 의해서가 아니라, 그리스도인에 의해서 형성되어야 한다. 사회의 진정한 변화는 구속받은 사람들의 영향력에 의해서 이루어질 것이다.

이와 같이 사회 변혁을 생각하는 방식에서 기독교는 자유주의 신학과 다르다. 그러나 자유주의뿐만 아니라 기독교에게도 사회의 변혁은 정말로 필요하다. 기독교 전도자가 인류의 구원에는 관심이 없고 오직 개인의 구원에만 관심을 가진다는 말은 사실이 아니다. 모든 사회의 구원이 성취되기 전에 구원받은 사람들의 사회가 이미 존재하는데, 그 사회가 바로 교회다. 교회는 사람의 사회적 필요에 대한 최고의 기독교적 대답이다.

보이지 않는 교회, 곧 모든 구속받은 자의 참된 무리는 오늘날 보이는 교회를 구성하는 그리스도인들의 무리 속에서 드러난다. 그런데 보이는 교회에서 발생하고 있는 문제는 무엇인가? 연약한 상태가 되는 이유가 무엇인가? 연약하게 된 많은 원인들이 있을 것이다. 그러나 한 가지 이유는 매우 분명하다. 오늘날 교회가 많은 비기독교인 무리를 교회의 회원으로 받아들일 뿐만 아니라 교육 기관에까지 받아들임으로써 주님께 신실하지 못했다는 것이다. 참된 그리스도인이 아닌 사람들이 보이는 교회에 들어오는 것은 불가피한 일이다. 오류를 범할 수 있는 인간은 사람의 마음속을 헤아리지 못하며, 참된 것처럼 보이는 많은 신앙고백이 실제로는 거짓일 수 있다. 그러나 지금 지적하는 것은 이런 종류의 오류가 아니다. 지금 말하고자 하는 것은 신실하지 못한 신앙고백을 할 수 있는 개인들을 받아들이는 문제가 아니라, 한 번도 합당한 신앙고백을 한 적이 없고 복음에 대한 전체적인 태도가 기독교적인 태도에 완전히 역행하는 많은 사람들을 받아들이는 문제다. 나아가서 그런 사람들이 단순히 회원으로만 받아들여진 것이 아니라, 교회의 일꾼으로 받아들여지고, 마침내 교회 회의를 지배하고 교회의 가르침을 결정하는 정도로까지 발전했다. 오늘날 기독교 교회에 대한 가장 큰 위협은, 외부의 적이 아니라 내부의 적으로부터 오고 있다. 철두철미하게 반기독교적인 유형의 믿음과 실천이 교회 내에 존재하면서 교회를 위협하는 것이다.

우리는 여기서 미묘한 개인적 질문들을 다루고 있는 것이 아니다. 이런저런 개인이 그리스도인인가 아닌가를 말할 수는 없는 일이다. 그런 질문은 오직 하나님만이 결정적으로 답할 수 있다. 어떤 "자유주의자들" 각자의 그리스도를 향한 태도가 구원을 얻는 믿음인가 아닌가를 확실하게 말할 수 있는 사람은 어디에도 없다. 그러나 한 가지는 분명하다. 자유주의자들이 그리스도인이든 아니든, 자유주의 신학이 기독교가 아니라는 것은 의심의 여지없이 분명하다. 사태가 그러하므로, 자유주의 신학과 기독교가 동일한 기관의 테두리 내에서 계속 증식하는 것은 매우 바람직하지 못하다. 교회 내에 존재하는 이 두 파의 분리는 현실적으로 절박한 요구다.

많은 사람들이 분리를 피할 방법을 찾고 있다. 그들은 왜 형제들이 연합하여 동거할 수 없느냐고 묻는다. 또한 그들은 교회 내에는 자유주의자와 보수주의자 모두를 위한 공간이 있다고 말한다. 보수주의자들이 사소한 일들은 뒤로 미루고 "율법의 더 중한 바"에 주로 집중한다면 교회 내에 남을 수 있다고도 한다. 그런데 "사소한" 것들이라고 지칭된 그 속에, 죄를 진정으로 대속하는 그리스도의 십자가가 포함되어 있다.

문제를 이렇게도 모호하게 만드는 태도는 자유주의 설교자들의 정말로 놀라운 편협성을 입증한다. 편협성이란 어떤 신념에 분명하게 투신하거나 다른 사람들을 분명하게 거절하는 것이 아니다. 편협한 사람은 다른 사람의 신념을 알아보려는 노력도 없이 거절하는 사람, 다른 사람의 관점에서 사물을 보려는 노력을 전혀 하지 않는 사람이다. 예를 들면, 교회 밖에는 구원이 없다는 로마 가톨릭의 교리를 거부하는 것은 편협한 일이 아니다. 그 교리가 틀렸다는 것을 로마 가톨릭교도에게 설득하는 것도 편협한 일이 아니다. 그러나 로마 가톨릭에게 다음과 같이 말하는 것은 편협한 일이 될 것이다. "당신은 교회에 대한 당신의 입장을 그대로 견지하고, 나는 나의 입장을 견지하면서 기독교적인 활동에서는 연합하자. 그런 사소한 차이들에도 불구하고 우리는 영혼의 안녕에 관한 문제들에서는 의견이 같기 때문이다." 이런 말은 문제를 교묘히 회피하는 것임이 분명하다. 로마 가톨릭은 자신의 교회론을 견지하면서 동시에 거부하지는 못할 것인데, 위의 교회 연합 프로그램은 바로 그것을 제안하고 있는 것이다. 위와 같이 말하는 개신교도는 편협한 사람이다. 왜냐하면 교회에 관해 그가 옳은가 로마 가톨릭이 옳은가의 문제와 별도로, 그가 로마 가톨릭의 관점을 이해하려는 최소한의 노력도 기울이지 않은 사실이 분명히 드러나기 때문이다.

교회 연합을 위한 자유주의의 프로그램도 이와 마찬가지다. 논쟁에서 상대방의 관점을 이해하려는 최소한의 노력을 기울여 본 사람이라면 그들의 프로그램을 결코 옹호할 수 없다. 자유주의 설교자가 교회 내의 보수주의 진영에게 이렇게 말한다. "교리적인 차이는 사소한 것이므로 한 회중으로 연합하자." 그러나 교리적 차이를 사소한 일이 아니라 최고로 중요한 문제로 간주하는 것이 교회 내 "보수주의"의 본질이다. 어떤 사람이 "복음적" 혹은 "보수적"인 그리스도인이 (혹은 그 사람 자신의 말대로는 단순한 그리스도인이) 되면서 그리스도의 십자가를 사소한 일로 간주한다는 것은 불가능하다. 그가 그렇게 할 수 있다고 생각하는 것은 극히 편협한 일이다. 우리 주님의 대속적 희생을 유일한 구원의 수단으로 받아들이지 않는다고 반드시 "편협한" 것은 아니다. 그것은 매우 잘못된 일일 수 있지만(우리는 그렇게 믿는다), 반드시 편협한 일은 아니다. 그러나 어떤 사람이 그리스도의 대속의 희생을 견지하면서 동시에 그 교리를 사소한 것으로 취급할 수 있다고 믿거나, 하나님의 영원한 아들이 십자가에서 정말로 사람의 죄책을 담당했다고 믿으면서 동시에 그 믿음이 사람들의 영혼의 안녕에 별로 영향을 미치지 않는 "사소한" 일로 취급될 수 있다고 믿는 것, 이것은 매우 편협하고 매우 불합리한 일이다. 우리가 다른 사람의 견해를 이해하려는 진정한 노력을 기울이지 않는 한 이 논쟁은 교착 상태에 빠질 것이다.

그러나 또 다른 이유로, 교리적 차이를 덮고 기독교적 봉사 프로그램 위에 교회를 연합하려는 노력은 불만족스럽다. 그 연합이 추진되는 요즘의 형태에서 볼 때, 그것이 부정직한 일이기 때문이다. 기독교 교리에 대해서 어떻게 생각하든, 정직성이 "율법의 더 중한 바"들 중의 하나임은 부인할 수 없다. 그런데도 오늘날 많은 교회 단체들에서, 자유주의파에 의해 일들이 허술한 방식으로 처리되는 가운데 정직성이 점점 포기되고 있다.

이 사실을 인식하기 위해 교리적 혹은 역사적 문제와 관련해 한쪽 편을 들어야만 하는 것은 아니다. 신조에 대한 투신이 편협성 혹은 불관용의 표시임이 사실이라고 가정하고, 교회는 예수의 이상에 대한 투신 혹은 그의 정신을 세상에서 이루기 위한 열망

위에 세워져야 하며, 그의 구속 사역에 관한 신앙고백 위에 세워지지 말아야 한다고 가정하자. 이 모든 것들이 참이라 하고, 신조에 의한 교회가 바람직하지 않다 하더라도, 실제로 많은 (실로 정신에 있어서는 모든) 복음주의 교회들이 신조에 의한 교회라는 것은 여전히 사실이며, 어떤 사람이 그 교회의 신조를 받아들이지 않는다면 그들은 그 교회의 교육 사역에 참여할 아무 권리가 없다. 교회 신조가 여러 복음주의 단체들에서 서로 다른 방법으로 표현되지만, 미국북장로교회의 실례가 여기서 말하려는 바를 위한 예화가 될 수 있을 것이다. 목사를 포함한 장로교회의 모든 직원들에게는 안수식에서 일련의 질문들에 "분명하게" 대답할 것이 요구되는데, 다음의 두 질문이 맨 처음으로 제시되는 질문들이다.

"당신은 신구약성경이 하나님의 말씀이며, 믿음과 생활을 위한 유일하게 무오한 규칙임을 믿습니까?"

"당신은 이 교회의 신앙고백이 성경에서 가르쳐진 교리 체계를 포함하고 있는 것으로 진정으로 받아들이고 채택합니까?"

만약 이 "헌법적 질문들constitutional questions"이 장로교회 신조의 근거를 결정할 수 있을 만큼 분명하지 않다면, 어떤 인간의 언어가 그렇게 할 수 있을지 이해하기 힘들다. 그런데도 그런 엄숙한 선언을 하자마자, 웨스트민스터 신앙고백이 무오한 성경에서 가르쳐진 교리의 체계를 포함한다고 선언하자마자, 장로교의 많은 목사들이 바로 그 고백서와 그들이 방금 엄숙하게 서명한 성경 무오성의 교리를 매도하고 있는 것이다!

우리는 지금 교회의 회원 자격이 아니라 목회에 대해 말하고 있다. 우리는 지금 심각한 회의에 시달리면서, 그런 회의를 가진 채로 교회의 회원 자격을 계속 유지하는 것이 정직한 일인지를 고민하는 사람에 대해 말하고 있는 것이 아니다. 교회는 그런 고민을 하는 많은 사람들에게 관대한 교제와 도움을 제공하고 있다. 그런 사람들을 추방한다면 그것은 범죄가 될 것이다. 이 힘든 시기에 믿음이 적은 사람들이 많이 있다. 우리가 말하는 것은 그런 사람들이 아니다. 그런 사람들이 교회의 사역을 통해 위안과 도움을 얻도록 하나님께서 도우시기를!

우리가 지금 말하는 사람들은, 믿음이 적은 사람들, 곧 회의로 번민하면서 전심으로 진리를 찾는 이 사람들과는 매우 다른 사람들이다. 우리가 말하는 사람들은, 교회 안에서 회원 자격을 얻고자 하는 사람들이 아니라 사역의 자리를 찾는 사람들이며, 배우기를 추구하는 사람들이 아니라 가르치고자 하는 사람들이다. 그들은 "내가 믿나이다, 나의 믿음 없음을 도우소서"라고 말하는 사람들이 아니라, 이 세상 지식 가진 것을 자랑하면서, 자기들이 받겠다고 서명한 신앙고백과 정반대되는 것을 가르치기 위한 사역의 자리를 찾는 사람들이다. 그런 행동의 정당성을 위해 온갖 종류의 변명이 동원된다. 안수식 때의 헌법적 질문들을 죽은 문자로 만들어 버린 것으로 주장되는 관습의 발전, 다양한 정신적 조건들, 선언에 대한 다양한 "해석들"(이것은 물론 의미를 완전히 뒤집는 것을 의미한다) 등. 하지만 어떤 변명도 본질적 사실을 바꿀 수는 없다. 그것이 바람직하든 바람직하지 않든, 안수 선서는 교회 구성의 일부다. 만약 그 강령을 견지한다면 그는 장로교회 직원이 될 수 있으나, 그가 그 강령을 견지하지 못한다면 그에게는 장로교회 내에서 직원이 될 수 있는 아무 권리도 없다. 그리고 이 사례는 다른 복음주의 교회에서와 본질적으로 유사하다. 우리가 좋아하든 싫어하든 이 교회들은 신조 위에 세워지며, 어떤 메시지의 전파를 위해 조직되었다. 만약 어떤 사람이 그 메시지를 전파하는 대신 그것에 대항해 싸우고자 한다면, 그 메시지가 아무리 거짓되더라도, 그는 진실하지 않은 자기의 믿음을—분명한 말로—선언하면서 그 싸움을 위한 좋은 위치를 차지할 권리가 없는 것이다.

이런 길을 취하는 것이 옳지 않다면, "자유주의적 기독교"를 전파하기를 원하는 사람들에게 열려 있는 다른 길이 있다. 현존하는 "복음주의" 교회들이 그가 받아들이지 않는 신조에 묶여 있는 것을 알게 되었다면, 그는 자기에게 맞는 다른 기관으로 가든지, 아니면 자기에게 어울리는 새로운 기관을 조직하면 된다. 물론 이런 길을 취하는 데는 분명 불이익이 있다. 자신이 속해 있던 교회 건물에 대한 포기, 가족 전통으로부터의 단절, 다양한 형태의 감정적 상처 등이 그것이다. 하지만 모든 불이익을 능히 상쇄하고도 남는 최고의 이익이 있다. 그것은 정직성이라는 이익이다. 그런 문제들에 대해 정직한 길이 험하고 가시투성이일 수 있으나, 그럴지라도 그 길을 갈 수 있다. 이미 그 길을 간 경우가 있다. 유니테리언교회가 바로 그 예다. 유니테리언교회야말로 정직하고 솔직하게 자유주의 설교자가 원하는 바로 그런 종류의 교회다. 권위 있는 성경도 없고, 교리적 요구도 없고, 신조도 없다.

온갖 것을 말하고 행할 수 있지만, 정직성은 사소한 문제가 아니라 율법의 중한 바 가운데 하나다. 그것은 자체의 가치, 곧 결과와 무관하게 가지고 있는 가치가 있다. 그러나 현재 우리가 다루는 문제에서도 정직성의 결과는 불만족스럽지 않을 것이다. 다른 곳에서와 마찬가지로 정직성은 최선의 정책으로 입증될 것이다. 그리고 고백적 교회들로부터—성경으로부터 추출된 신조 위에 세워진 교회들—떠나게 되면, 자유주의 설교자는 거의 자기 손아귀에 들어왔던 기회들, 곧 고백적 교회들에 대한 지배권을 확보해 그 교회들의 성격을 바꿀 수 있는 기회를 잃어버릴 것이 분명하다. 그것은 곧 복음주의 교회의 자원으로 자유주의 신학을 증식시킬 희망을 잃는 것을 의미할 것이다. 그러나 결국에 자유주의 신학이 어려움을 당하지는 않을 것이다. 적어도 애매모호한 언어를 사용하거나 기분 상하게 하지 않으려고 애쓸 필요는 더 이상 없을 것이기 때문이다. 자유주의 설교자들은 적들로부터도 완전한 인격적 존경을 얻을 것이며, 모든 토론이 더 높은 수준으로 향상될 것이다. 모든 것이 완전히 곧고 공평해질 것이다. 그리고 만약 자유주의 신학이 참이라면, 단순한 물질적 자원의 손실로 인해 그 신학의 전진이 막히지는 않을 것이다.

이 시점에서 질문이 일어날 수 있다. 교회 내에서 자유주의자와 보수주의자가 나뉘어야 한다면 왜 보수주의자가 떠나면 안 되는가? 물론 그럴 수도 있다. 만약 자유주의 진영이 정말로 교회 회의를 완전히 장악한다면, 어떤 복음적 그리스도인도 교회의 활동을 계속 지원하지 못한다. 예수의 대속적 죽음에 의해서만 구원이 온다는 것을 믿는 사람이라면, 그는 그 정반대의 것을 선전하는데 기부금을 내거나 참여하지 않는 것이 정직한 태도다. 만약 그렇게 한다면, 그것은 상상할 수 있는 가장 무서운 살인죄와 다름없을 것이다. 그러므로 만약 자유주의 진영이 정말로 교회에 대한 지배권을 확보한다면, 복음적 그리스도인은 어떤 대가를 치르더라도 떠날 준비를 해야 한다. 주님이 우리를 위해 죽었으므로, 우리는 사람을 기쁘게 하기 위해 주님을 부인하지 말아야 한다. 현재까지는 그런 상황이 벌어지지 않았다. 교리적 기초가 복음주의 교회들의 헌장에서 견고하게 유지되고 있다. 또한 떠나야 하는 것이 "보수주의자"가 되지 말아야 할 매우 생생한 이유가 있는데, 바로 교회가 보유하고 있는 신탁재산이다. 그 신탁재산에는 분명하게 명시된 종류의 신탁 기금이 포함된다. 현재 지배적인 것으로 보이는 의견에 반대하여, 우리는 신탁재산을 거룩한 것으로 간주한다. 복음적 교회들의 기금은 매우 분명한 신탁으로 유지되고 있다. 그것들은 성경과 신앙고백에 나타난 복음 전파를 위해 다양한 기구들에 맡겨졌다. 그것을 다른 목적에 사용하는 것은 —설령 훨씬 바람직한 목적이라 하더라도— 신탁을 범하는 결과가 될 것이다.

현재 상황이 비정상적이라는 사실이 인정되어야 한다. 이전 세대의 경건한 사람들이 복음 전파를 위해 바친 기금, 오늘날의 철저하게 복음주의적인 회중이 바친 기금의 일부가 복음적 신앙과 정반대의 것을 전파하는 데 사용되고 있다. 이런 상황이 계속되어서는 절대로 안 된다. 이런 일은 그리스도인 여부를 떠나서, 생각이 있는 모든 정직한 사람에게 죄악이다. 그러나 현존하는 교회에 남아 있는 보수주의자들은 자유주의자들과 근본적으로 다른 위치에 있다. 왜냐하면 자유주의파는 자기들이 실제로는 믿지 않는 선언문에 애매하게 서명함으로써만이 자신들을 유지할 수 있는 반면, 보수주의자들은 교회의 명백한 헌장에 동의하기 때문이다.

그렇다면 이런 비정상적인 상황이 어떻게 종료될 수 있을까? 최선의 방법은 자유주의 목사들이 고백적 교회들로부터 자발적으로 떠나는 것이다. 그들은 고백적 교회들의 고백을 명백한 역사적 의미에서 받아들이지 않기 때문이다. 우리는 그런 해결의 희망을 완전히 포기하지 않고 있다. 교회 내 자유주의파와 우리의 차이는 심오하지만, 정직하게 말해야 한다는 의무에서 보자면 어떤 합의에 도달할 수도 있다. 자유주의 목사들이 고백적 교회를 떠난다면 조화와 협력에 큰 도움이 될 것이다. 근본적인 목적이 다른 사람들이 한 조직 내에서 억지로 일치를 이루도록 강요당하는 것만큼 분란의 위험이 큰 상황은 없을 것이다.

그러나 이렇게 분리를 지지하는 것이 뻔뻔스러운 불관용의 예가 되지 않을까? 그런 반론이 있을 수 있다. 그러나 이 반론은 비자발적 단체와 자발적 단체 사이의 차이를 완전히 무시하는 것이다. 비자발적 기관은 차이에 대해서 관용해야 하지만, 자발적 기관은 그 존재의 근본 목적에 관해서는 관용이 없어야 한다. 그렇지 않다면 그 단체는 사라지는 것이다. 국가는 비자발적 기관이다. 개인은 그가 원하든 원하지 않든 국가의 일원이 된다. 그래서 국가 내에서 개개 시민이 특별한 목적에 뜻을 합치기를 원한다면, 그렇게 하도록 허용되어야 한다. 특히 종교의 영역에서 각 개인들이 그렇게 할 수 있도록 허용되어야 한다는 것은 우리의 시민적, 종교적 자유의 근저를 구성하는 권리의 하나다. 그런 자발적 종교 단체들이 추구하는 목적의 옳고 그름을 국가는 조사하지 않는다. 만약 그렇게 했다면 모든 종교의 자유는 사라질 것이다. 도리어 국가는 개인이 선택하는 종교적 목적에 연합할 개인의 권리를 보호할 뿐이다.

복음주의 교회들은 그런 자발적 단체 가운데 하나다. 복음주의 교회를 구성하는 사람들은 그리스도에 대한 어떤 메시지에 동의하고, 그 메시지를 전파하기 위한 목적으로 모였으며, 이것이 성경을 근거로 한 신조에 천명되어 있다. 이렇게 형성된 단체에 어느 누구도 강제로 가입하도록 강요받지 않는다. 그렇기 때문에 단체의 근본 목적인 메시지의 전파 같은 어떤 특정 목적을 유지하기 위한 자유에는 간섭이 있을 수 없다. 다른 사람들이 메시지의 전파가 아닌 다른 목적을 가지고—예를 들면, 예수의 모범이 주는 영감과 자극에 의해 어떤 특정한 삶을 세상에서 진작시키기 위한 목적—어떤 종교 단체를 조직하고자 한다면 그들은 그렇게 할 충분한 자유를 가지고 있다. 그러나 메시지를 전파하기 위한 기본 목적을 가지고 형성된 단체가 그 메시지에 대항해서 싸우는 사람들에게 단체의 자원과 이름을 제공하는 것은 관용이 아니라 부정직일 뿐이다. 그런데도 교리적 교회들의 이름으로—그 현장에서, 또한 거기서 안수를 받고자 하는 신청자들에게 요구하는 선서에서 명백히 교리적인 교회들—비교리적 종교를 가르치도록 허용하는 것이 바로 그런 부정직이다.

일상생활에서 발견되는 예증을 통해서 이 문제를 분명히 할 수 있다. 미국의 선거운동에서 민주당의 대의를 진작시키기 위한 목적으로 민주당 클럽이 만들어졌다고 가정해 보자. 또한 민주당 클럽의 강령에 반대하면서 공화당을 지지하고자 하는 사람들이 있다고 하자. 그들이 자기네 목적을 이루는 정직한 방법이 무엇이겠는가? 당연히 공화당의 원칙을 지지하는 운동을 할 공화당 클럽을 만드는 것이다. 이런 간단한 길을 따르는 대신, 공화당 지지자들이 민주당 원리에 찬동한다고 선서하고 민주당 클럽에 들어간 다음, 민주당의 자원을 반민주당 선전에 사용할 생각을 한다고 가정해 보라. 그 계획이 기발하기는 하다. 하지만 그것이 정직한가? 비교리적 종교의 지지자들이 신조에 서명하고서 교리적 혹은 복음적 교회의 가르치는 사역에 들어오려는 계획이 그와 똑같다. 일상생활에서 실례를 취해 왔다고 해서 불쾌하게 여기는 사람이 없기를 바란다. 우리는 단 한순간도 교회가 정치적 클럽 이상은 아니라고 말하는 것이 아니기 때문이다. 그러나 교회가 정치적 클럽 이상의 단체라고 해서 너무나 당연한 정직성의 원칙이 교회에서는 폐지되는 것이 아니다. 교회는 정치적 클럽보다 더 정직했으면 했지 덜 정직해서는 안 된다.

복음주의 교회들은 본질적으로 신조적 성격을 확고하게 가지고 있다. 예를 들면, 어떤 사람이 웨스트민스터 신앙고백서에 동의하지 않을 수는 있지만, 그 의미를 이해하지 못하는 일은 있을 수 없다. 그것이 가르치는 "교리의 체계"를 이해하지 못할 리는 없다. 그 고백서는 결함은 있을지 모르지만, 불분명하지 않다는 점만은 확실하다. 그 교리 체계를 자신의 것으로 엄숙하게 받아들인 사람이, 고백서의 총합 및 본질이 되는 것들과, 고백서의 기초가 되는 성경의 중심과 핵심이 되는 것들을 사소한 것으로 취급하는 비교리적 종교를 동시에 지지할 수는 없다. 다른 복음주의 교회의 사례도 유사하다. 개신교 감독교회의 경우―그 회원들 중 일부는 "복음주의적"이라는 명칭을 싫어하겠지만―분명히 어떤 신조를 기초로 하고 있으며, 환희로 가득한 신약성경의 초자연성과 그리스도가 제공하는 구속을 포함하는 그 신조는 모든 사제들이 자신의 이름으로 회중을 대표하여 읽어야 하는 공동기도서Book of Common Prayer에 분명히 들어 있다.

자연주의적 자유주의 신학이 복음주의 교회에서 분리되면 교회의 규모는 당연히 크게 줄어들 것이다. 그러나 기드온의 3백 명은 미디안을 향해 행군하기 위해 처음 모였던 3만2천 명보다 더 강력했다.

분명 현재는 치명적인 결점으로 인해 몹시 걱정되는 상황이다. 그리스도인들은 자신의 아무런 공로도 없이 그리스도의 희생에 의해 죄로부터 구속되었다. 죄로부터 진정으로 구속된 모든 사람은 자신을 구원해 준 그 복된 소식을 다른 사람들에게도 전달하기를 원한다. 복음 전파는 그리스도인들에게 의무일 뿐만 아니라 분명히 기쁨이기도 하다. 그런데 복음이 어떻게 전파되는가? 자연스러운 대답은 교회의 기관들, 곧 선교부 등의 기관을 통해서 전파된다는 것이다. 그러므로 교회 기관들에 기부하는 것이 모든 그리스도인의 의무가 된다. 그런데 바로 이 점에서 당황스러운 일이 벌어진다. 교회 기관들이 성경과 역사적 신조들 속에서 발견되는 복음만을 전파하는 것이 아니라, 아무리 생각해 보아도 복음의 정반대가 될 수밖에 없는 형태의 종교적 가르침을 전파하고 있는 것을 그리스도인이 발견하고 경악하는 것이다. 그렇다면 도대체 그런 기관에 기부할 이유가 있느냐 하는 질문이 당연히 생긴다. 기관들에 기부한 돈의 절반은 십자가를 전하는 참된 선교사들에게 가지만, 나머지 절반은 십자가의 메시지가 불필요하거나 틀렸다고 사람들을 설득하는 이들을 지원하는 데에 가는 것이다. 기부금의 일부가 다른 일부를 무효화시키는 데 사용된다면, 선교부에 기부금을 내는 일이 완전히 부조리한 일이 되지 않겠는가? 최소한 이런 질문이 자연스럽게 생겨난다. 그렇다고 해서 선교부에 기부금을 내지 말아야 한다는 식으로 성급하게 대답해서는 안 된다. 복음이 전혀 전파되지 않는 것보다는, 동일한 기관에서 복음을 전파하면서 동시에 공격하는 상황이 더 나을지도 모른다. 어찌 되었든 십자가를 전하는 참된 선교사들은, 그들을 지원하는 선교부가 매우 나쁘다 하더라도, 결핍 가운데 떨어지도록 방치되어서는 안 된다. 그러나 복음적 그리스도인의 관점에서 볼 때 이런 상황은 극히 불만족스럽다. 많은 그리스도인들은 이런 상황을 개선하기 위해서 선교부에게 자금의 분배를 맡기는 대신 자기들이 원하는 사람을 "지정해서" 기부한다. 그런데 그들은 현대 교회에서 진행되고 있는 권력의 집중화라는 현상에 부딪힌다. 그런 집중화 때문에 지정 기부금은 자주 환상이 되고 만다. 만약 기부자들이 복음적인 것으로 알려진 어떤 선교에 기부금을 지정한다 해도 실제로는 그 선교 기금이 증가하지 않는다. 왜냐하면 선교부는 지정되지 않은 기부금 중에서 그 선교에 할당되는 비율을 줄이기 때문에, 결과적으로는 지정 기부금이 없었던 때와 정확하게 똑같은 배분이 이루어진다.

선교부의 존재와 필요성 같은 요소 때문에, 현재의 어려움을 해결할 수 있을 것으로 보이는 한 가지 방법, 즉 지역 회중의 자율성에 의한 문제 해결의 길이 막힌다. 각각의 회중이 자체의 신앙고백 혹은 활동 계획을 확정하자는 제안이 있을 수 있다. 그렇게 되면 각 회중이 자체의 활동에만 책임을 지면 되고, 다른 사람들을 판단해야 하는 불쾌한 일을 피할 수 있을 것이다. 하지만 이 제안은 실행 가능하지 않다. 교회의 정치 체제를 순전히 회중제로

하는 것이 그 자체로 바람직한가 하는 질문은 미루더라도, 선교 기관이 관련된 문제에서는 그것이 불가능하다. 그런 기관들을 지원하는 일에서는 많은 회중들이 연합해야 함이 분명하다. 또한 복음적인 회중이 복음적 믿음을 반대하는 기관들을 지원하는 것이 정직한 일인가 하는 질문이 일어난다.

어쨌든 사실을 무시하는 것이 상황에 도움이 되지 않는다. 자유주의 신학은 그것이 참되든 거짓되든 단순한 "이단"이 아니다. 즉 기독교적 가르침의 몇 가지 요소에서 빗나간 것이 아니라는 말이다. 오히려 자유주의 신학은 전혀 다른 뿌리에서 나왔으며, 본질적으로 자체의 통일된 체계를 형성하고 있다. 그렇다고 해서 모든 자유주의 신학자가 자유주의 신학의 모든 요소를 다 받아들인다는 말은 아니며, 자유주의 신학의 어떤 한 가지 요소에 동의한 그리스도인이 자유주의 신학의 모든 요소에 동의했다는 말도 아니다. 모든 것이 논리대로만 움직이지 않는다는 것은 감사한 일이다. 사람이 믿음의 한 부분을 포기했다고 해서 그의 믿음 전체가 파괴되지는 않는다. 그러나 영적 움직임을 검토할 수 있는 참된 방법은 논리적 관계 속에 있다. 논리는 큰 역동성을 가지고 있으며, 어떤 생각의 논리적 함의는 조만간 일어나게 되어 있다. 전체적으로 보았을 때, 현재 존재하고 있는 자연주의적 자유주의 신학은 상당히 통일된 독립적 체계를 가진 현상이다. 시간이 지날수록 기독교 신앙의 논리적 잔재를 자체의 체계 속에서 점점 제거해 나갈 것이다. 자유주의 신학은 하나님, 인간, 권위의 자리, 그리고 구원의 길에 관해 기독교와 다른 견해를 가지고 있다. 또한 그것은 신학에서만이 아니라, 삶 전체에 있어서도 기독교와 다르다. 때로 생각의 교제가 사라진 곳에도 감정의 교제는 있을 수 있다고, 즉 머리의 교제와 구별되는 심장의 교제가 있을 수 있다고 말하기도 한다. 그러나 현재의 논쟁 상황에는 그런 구분이 적용되지 않는다. 도리어 그렇게도 죄의 문제에 대한 고민이 없고, 죄 있는 인간성에 대한 아무런 동정심이 없으며, 모든 그리스도인에게 소중한 것들을 그렇게도 함부로 다루고 비웃는 최근 자유주의 설교자들의 책을 읽거나 설교를 들어보면, 자유주의 신학이 기독교 교제 속으로 들어오려면 지성의 변화만큼 완전한 마음의 변화가 있어야 한다고 고백하지 않을 수 없다. 그런 변화를 하나님께서 일으키시기를! 그러나 현재의 상황이 무시되어서는 안 되며, 직접 대면하여 처리되어야 한다. 기독교는 뼛속까지 반기독교적인 운동에 의해 내부로부터 공격당하고 있다.

이런 시대에 그리스도인의 의무는 무엇일까? 특히 교회 안에서 책임을 맡은 그리스도인의 의무는 무엇일까?

첫째, 그들은 지적, 영적 전투를 수행하고 있는 사람들을 격려해야 한다. 기독교를 변호하는 일보다는 기독교를 전파하는 일에 더 많은 시간을 보내야 한다고—어떤 평신도들은 이런 의미로 말하는 듯하다—말해서는 안 된다. 당연히 기독교를 전파하는 일이 있어야 한다. 신자라면 당연히 공격을 막는 일로만 만족해서는 안 되고, 질서 있고 적극적인 방법으로 복음의 충만한 부요를 드러내 보여주어야 한다. 그러나 변호는 덜 하고 전파를 더 많이 할 것을 요구하는 사람들은, 그 훨씬 이상의 것을 의미할 때가 많다. 그들이 정말로 의도하는 것은 복음을 지적으로 변호하는 활동 전체를 그만두게 하려는 것이다. 또한 그들의 말은 큰 전투를 수행하고 있는 사람들의 얼굴에 타격을 가하는 것이다. 사실은 복음의 변호에 더 많은 시간이 사용되어야 한다. 진리는 오류에 대비되지 않고서는 선명하게 제시되지 못한다. 실제로 신약성경의 많은 부분이 논쟁으로 되어 있다. 교회 안에서 일어난 오류들 때문에 복음적 진리가 선포되었다. 일은 항상 이렇게 진행될 것이다. 이는 인간 마음의 근본적 법칙이 그러하기 때문이다. 나아가서 현재의 위기를 계산에 넣어야 한다. 기독교를 변호하지 않고도 전파할 수 있었던 때가 있었다. 그러나 그런 날은 지나갔다. 복음의 반대자들이 교회를 거의 장악한 지금, 복음의 변호를 조금이라도 피하는 것은 순전히 주님에 대한 불충성일 뿐이다. 거의 오늘날의 위기에 비교될 만한 큰 위기가 과거 교회사에 있었다. 그중 하나가 2세기에 있었는데, 영지주의자들에 의해 교회의 생명 자체가 위협을 받았다. 또 다른 위기는 하나님의 은혜의 복음이 거의 잊혀지던 중세에 있었다. 그런 위기의 때에 하나님은 항상 교회를 건지셨다. 그러나 신학적 평화주의자를 사용해서 건지신 것이 아니라, 진리를 위해 싸우는 끈질긴 논쟁자들을 사용해 건지셨다.

둘째, 교회 안에서 책임을 맡은 그리스도인들은 사역 신청자들의 자질을 판단해야 한다. "그리스도를 위하는가, 그리스도에 대적하는가?" 하는 질문이 안수 신청자들 심사 과정에서 끊임없이 일어나야 한다. 이 문제를 애매하게 만들려는 시도가 때로 있어 왔다. "신청자들이 진리의 방향으로 움직일 것이 분명하다. 그러니 그를 보내서 선포할 뿐 아니라 배우게도 하자"라고 말하곤 했다. 이렇게 되어 복음의 또 다른 반대자가 교회 회의에 들여보내지고, 또 다른 거짓 선지자가 죄인들에게 자기 의라는 비참한 누더기로 자신을 감싸고 하나님의 심판대 앞으로 나아가라고 용기를 주고 있다. 그런 행동은 실제로는 신청자 자신에게도 "친절한" 것이 아니다. 부정직한 생활로 들어가도록 격려하는 것은 절대로 친절한 일이 아니다. 복음적 교회가 순전히 자발적 단체라는 사실이 자주 망각되는 것 같다. 어떤 사람에게도 그 단체에 들어와 봉사하도록 강요되지 않는다. 만약 어떤 사람이 그런 교회의 신념을 받아들일 수 없다면, 그는 다른 교회 단체에서 자기를 위한 자리를 발견할 수 있다. 예를 들어서 장로교회의 신념은 신앙고백에 명시되어 있으며, 그 교회의 목사들이 온 마음으로 그 신념에 동의할 때까지 교회는 따뜻한 교제도 힘찬 활동도 성취하지 못할 것이다. 사람을 위해 철저히 거짓된 친절을 베풀고자 십자가에 못 박히신 주님을 향한 자기들의 충성을 기꺼이 포기하는 그런 일이 어떻게 있을 수 있는지 신기할 따름이다.

셋째, 교회 안에서 책임을 맡은 그리스도인들은 회중의 일원이라는 위치에서 그리스도에 대한 충성을 보여야 한다. 이 문제는 목사를 선택하는 일과 관련해 자주 일어난다. 이런저런 사람이 놀라운 설교자라고 말한다. 그런데 그의 설교의 내용이 무엇인가? 그의 설교가 그리스도의 복음으로 충만한가? 대답은 종종 애매하다. 그 문제의 설교자가 교회 내에서 좋은 이미지를 유지하고 있으며, 교리 혹은 은혜를 부인한 적이 없다고 말한다. 그렇기 때문에 그가 목사직으로 초청받아야 한다는 주장을 한다. 하지만 과연 그런 소극적 확신으로 만족할 수 있는가? 그리스도의 십자가를 단지 "부정하지 않는" 정도의 설교자로 만족할 수 있는가? 하나님께서 그런 만족감을 허물어 버리시기를! 그리스도의 십자가를 "부정하지 않는" 사람들의 목회 속에서 사람들이 멸망당하고 있다. 그 이상의 무엇인가가 분명히 필요하다. 하나님께서 우리에게 십자가 부인하기를 피하는 것이 아니라 십자가로 불이 붙은 설교자들, 그들의 전 삶이 그들을 사랑하고 그들을 위해서 자신을 내어 주신 복되신 구주에 대한 불타는 감사의 제물이 되는 설교자를 보내 주시기를!

넷째, 가장 중요한 것으로, 기독교 교육의 갱신이 있어야 한다. 기독교를 거부하는 데는 다양한 이유가 있다. 그러나 매우 유력한 이유는 단순한 무지에 있다. 무수히 많은 경우에 사람들이 기독교를 거부하는 단순한 이유는, 그들에게 기독교가 무엇인지에 대한 조금의 인식도 없다는 것이다. 최근 교회사의 현저한 사실은 교회 안에서 무지가 끔찍할 정도로 확대되고 있다는 것이다. 이 개탄스러운 전개에 대해 다양한 이유를 제기할 수 있다. 이런 진전은 부분적으로 교육의 전반적인 쇠퇴에 기인한다. 적어도 문학과 역사에 관한 한 그러하다. 오늘날 학교 교육은 가장 저항이 적은 노선을 따라야 하며, 마음속에 무엇인가를 넣어 주기 전에 마음에서 어떤 것을 "이끌어 낼" 수 있다는 황당한 관념에 의해 무너지고 있다. 또한 내용을 희생시키고 방법론만을 강조하는 경향, 고도로 정신적인 인류의 유산을 희생시키고 물질적으로 유용한 것만을 강조하는 경향에 의해 교육이 무너지고 있다. 나아가서 이런 개탄스러운 경향이 국가의 통제가 음흉하게 확대됨으로써 영속화될 위험이 있다. 그러나 교회 안에서 무지가 특별히 확산되는 현상을 설명하기 위해서는 교육에서의 일반적인 쇠퇴 이상의 무엇인가가 필요하다. 교회 안의 무지의 확산은, 기독교는 삶일 뿐 교리이기까지 한 것은 아니라는 거짓된 관념의 논리적이고 필연적인 결과다. 만약 기독교가 교리가 아니라면 당연히 기독교에 교육은 불필요할 것이다. 어쨌든 교회 안에서 무지가 확산되는 이유가 무엇이든, 이 악은 치료되어야 한다. 이 악은 우선적으로 가정에서의 기독교 교육의 갱신에 의해 치료되어야 하지만, 동시에 교회가 발견할 수 있는 모든 교육적 수단의 사용에 의해서도 치료되어야 한다. 모든 진지한 그리스도인에게, 기독교 교육은 현재의 주된 책무다. 기독교가 무엇인지 사람들이 모른다면 기독교가 존속될 수 없다. 기독교가 무엇인지 배우려면 기독교의 반대자가 아니라 그리스도인인 사람들에게서 배워야 한다는 것은 정당하고 논리적인 일이다. 이 절차가 어떤 운동에서도 유일하게 온당한 방법일 것이다. 특히 이것은 우리가 귀히 여기는 모든 것의 기초가 되는 기독교 같은 운동의 경우에는 더욱 적용된다. 오늘날 사람들은 기독교에 반대하는 말을 풍부하게 들을 수 있다. 그렇다면 그들은 그렇게 공격받는 것이 무엇인지를 배울 수 있어야 공평할 것이다.

오늘날 이런 대책들이 필요하다. 오늘날은 편안하게 즐길 수 있는 시대가 아니라, 진지하게 기도하면서 일해야 하는 시대다. 교회 안에 무서운 위기가 발생했다는 데에는 의심의 여지가 없다. 복음적 교회의 사역 속에서 그리스도의 복음을 거부하는 많은 사람들이 나타나고 있다. 전통적 용어들을 애매하게 사용함으로써, 견해의 차이를 단순한 성경 해석의 차이로 설명함으로써, 신앙의 근거 자체에 대해 적대적인 사람들이 교회에 들어올 수 있는 길이 확보된 것이다. 과거에 맞추는 허상은 벗어 버리고, 현재 발생하고 있는 일의 참된 의미가 드러나도록 하자는 조짐들이 나타나고 있다. 현재 기독교 교육은 성경의 빗장을 공공연히 풀어 내던지고, 그리스도의 십자가 교리를 폐기된 개념으로 강등시켜 애매한 상태로 만들어 버리는 지경에까지 이르렀다.

그러나 그리스도인의 삶에는 절망할 여지란 없다. 다만, 우리의 소망이 모래 위에 세워져서는 안 된다. 그 소망은 위험을 알지 못하는 무지 위에 세워져서도 안 되고, 오직 하나님의 귀한 약속 위에 세워져야 한다. 목사들뿐만 아니라 평신도들도, 이 시련의 때에 새로운 열심으로 하나님의 말씀 연구로 돌아와야 한다.

하나님의 말씀에 주의하면 그리스도인의 전투는 사랑과 신실함으로 수행될 것이다. 파당과 개인적 적대감은 사라질 것이지만, 하늘에서 온 천사라도 십자가의 복된 복음과 다른 복음을 전파하면 거부될 것이다. 각 사람은 어느 편에 설지 결정해야 한다. 하나님께서 우리로 바른 결정을 내리게 하시기를!

가까운 미래에 어떤 일이 발생할지 우리는 섣불리 말할 수 없다. 최후의 결과는 물론 분명하다. 하나님은 자신의 교회를 버리지 않으신다. 하나님은 우리의 용기를 시험하고 있는 지금 이때보다 더 어두운 시기에도 교회를 건져 내셨다. 어두운 시간이 지나면 새벽이 오게 되어 있다. 오늘날 이방 종교가 기독교라는 이름을 가지고 교회 안으로 들어오고 있으나, 2세기에도 비슷한 싸움이 있었고 교회는 이겼다. 또 다른 관점에서 보면, 오늘날 자유주의 신학은 인간의 공로를 의지한다는 점에서 중세 율법주의와 유사하다. 하나님의 기뻐하시는 때에 또 다른 종교개혁이 일어날 것이다.

하지만 그러는 동안 우리의 영혼은 시련을 당한다. 우리는 겸손한 자세로, 자기 피로 우리를 사신 구주만을 의지하면서 우리의 의무를 이행하기 위해 노력할 수 있을 뿐이다. 미래는 하나님의 손안에 있으며, 우리는 하나님께서 자신의 뜻을 이루기 위해 사용하실 수단이 무엇인지를 알지 못한다. 현재의 복음적 교회들이 사실을 직면하고, 아직 시간이 있을 때에 자신의 성실성을 회복하는 것이 그 방법일 수도 있다. 만약 이 방법을 취한다면 한순간도 낭비할 수 없다. 복음에 저항하는 세력이 거의 지배력을 획득했기 때문이다. 현존하는 교회가 완전히 자연주의로 넘어가고, 영혼의 근본적인 필요가 현존하는 교회 내에서가 아니라 밖에서 만족되며, 결국 새로운 기독교 단체들이 형성될 수도 있다.

어떤 해결책이 나오든지 한 가지는 분명하다. 그리스도의 이름으로 겸손히 모여서, 말로 다할 수 없는 은사로 인해 그리스도께 감사하며, 그리스도를 통해 하나님을 경배하는 구원받은 남녀의 무리들이 어딘가에는 있어야 한다는 것이다. 오직 그런 무리들만이 영혼의 필요를 만족시킬 것이다. 오늘날 자주 잊혀지고 있지만, 인간의 마음에는 한 갈망이 있다. 바로 동료 그리스도인들과 교제하기를 원하는 깊고 애처로운 갈망이다. 사람들은 기독교적인 연합, 조화, 협동에 대해 많이 듣는다. 그런데 여기서 의미하는 연합은 주님을 대적하는 세상의 연합, 혹은 고작해야 조작적이고 독재적인 위원회들의 연합이다. 이는 화평 안에서 이루는 성령의 참된 연합과 얼마나 다른가! 기독교적 교제를 향한 갈망이 때로 충족되는 것은 사실이다. 오늘날과 같은 갈등의 시대에도 십자가에 달리신 주님의 상 주위에 진정으로 모이는 회중들이 있다. 정말로 목사인 목사들이 있다. 그러나 많은 도시들에서 그런 회중을 찾기가 쉽지 않다. 세상의 갈등에 지친 사람들이 영혼의 안식을 위해 교회를 찾는다. 그러나 거기서 무엇을 발견하는가? 아, 너무도 자주, 사람들은 세상의 혼란을 그대로 발견하고 만다. 설교자는 은밀한 묵상과 능력의 자리에서 나오지 않고, 그의 메시지에는 하나님 말씀의 권위가 스며 있지 않으며, 인간의 지혜는 십자가의 영광 뒤로 멀리 감춰지지 않았고, 오히려 당시 사회 문제에 대한 인간의 의견 혹은 죄의 거대한 문제에 대한 손쉬운 해답이 있을 뿐이다. 그런 것을 설교라고 하고 있었다. 그러고 나서 그 예배는 1861년의 성난 정서를 내뿜는 찬송가들(1861년 발발한 미국 남북 전쟁 시기에 지어진 찬송가들을 가리킨다—편집자) 중 하나로—찬송가 뒷부분에서 발견되는—끝날 것이다. 이와 같이 세상의 전쟁이 심지어 하나님의 집 안에까지 들어와, 평안을 찾아온 사람의 마음은 슬픔에 젖게 되는 것이다.

분쟁으로부터 피할 피난처는 없는가? 어떤 사람이 와서 인생의 전투를 준비할 수 있는 그런 안식의 장소는 없는가? 두세 사람이 예수의 이름으로 모여서, 잠시나마 나라와 나라, 종족과 종족을 분리시키는 모든 것을 잊고, 인간의 자만심을 잊고, 전쟁의 열정을 잊고, 노사분쟁의 복잡한 문제들을 잊고, 그리스도의 십자가 아래에서 넘치는 감사로 연합할 수 있는 곳은 없는가? 만약 그런 곳이 있다면, 거기가 바로 하나님의 집이며 천국의 입구다. 그리고 그 집의 문지방 아래에서, 지친 세상에 새 힘을 줄 강이 흘러 나갈 것이다.

부록

『기독교와 자유주의』의 유산

웨스트민스터 신학교 교수회 헌정의 글

메이첸과 역사 | 채드 반 딕스호

메이첸, 근본주의 그리고 웨스트민스터 신학교 | 피터 릴백

메이첸과 변증학 | 윌리엄 에드거

메이첸과 철학 | 스코트 올리펀트

『기독교와 자유주의』와 설교 | 존 커리

『기독교와 자유주의』와 교회 | 알프레드 포이리에

『기독교와 자유주의』가 세계 선교에 주는 가치 | 켄트 휴즈

메이첸과 학문 | 샌디 핀레이슨

메이첸과 자유주의 | 칼튼 윈

메이첸과 참된 기독교 신앙 | 레인 팁튼

구원의 중심: 그리스도의 고난과 그 이후의 영광 | 이언 두기드

아담의 역사성: 복음의 한 가지 전제 | 조나단 깁슨

『기독교와 자유주의』와 역사로서의 구약성경 | 엘리자베스 그로브스

『기독교와 자유주의』와 성경의 예언 | 스티븐 콜먼

메이첸과 그리스도의 구약관 | 그레고리 빌

『기독교와 자유주의』와 복음서 | 브랜든 크로

『기독교와 자유주의』와 해석학적 전제들 | 번 포이트레스

메이첸과 역사

채드 반 딕스혼

메이첸의 가장 유명한 책은 최신 사건에 묻혀서 다른 책들처럼 베스트셀러의 수명을 다할 수밖에 없었다. 『기독교와 자유주의』는 당시 역사에 대한 하나의 반응이었다. 구체적으로는 뉴욕 시의 편집자요 속기사인 마거릿 렌튼Margaret Renton이 작성한 역사 기록에 대한 반응이었다. 해리 에머슨 포스딕이 '근본주의자들이 승리할 것인가?'라는 제목으로 전한 선동적인 설교의 원고를 제공해 준 것이 바로 그녀였고, 그 설교에 대해 메이첸이 이 책으로 반응했던 것이다.

그렇게 탄생한 『기독교와 자유주의』가 격변의 한 세기를 거친 이후에도 계속 그리스도인들의 사고에 영향을 미치는, 일종의 기독교 고전으로 떠오른 것은 저자의 예지 덕분이라고 평가되곤 한다. 그는 자유주의의 흐름을 읽었고, 그의 책이 거의 한 세기가 지난 후에도 여전히 의미를 줄 만큼 예리하게 그 운동을 묘사할 수 있었다. 그런 이유로, 복음 전도에 마음이 있는 사람들이 미국의 유서 깊은 개신교 교단에 속한 회원들이 많이 모이는 행사장—칵테일 파티나 결혼식 피로연—등에 참석할 때 자유주의자들을 만날 것에 대비하여 이 얇은 책을 택하는 것이다. 종교에 관한 대화는 피하는 것이 일종의 사회적인 불문율로 되어 있지만, 그런 대화가 자주 오가는 것이 현실이었다. 메이첸의 『기독교와 자유주의』는 그의 시대에는 물론 현 시대에도 제기되는 전형적인 논평과 가정에 대해 갖가지 통찰력 있는 답변을 제공해 주고 있다. 사실 그가 주는 통찰이 너무 많아서, 만일 장로교가 선지자를 허용한다면 메이첸이 그중 한 사람이 될 정도다.

메이첸의 예리한 시각을 최대한 높이 평가하고 싶지만, 그는 투시력을 지닌 사람은 결코 아니었다. 『기독교와 자유주의』가 여전히 우리에게 말하고 있는 진짜 이유는, 바로 자유주의가 근본적으로 창조적이지 못하기 때문이다. 두 세기도 더 지난 지금 자유주의의 신봉자들은 여전히 기독교 신앙을 도덕으로(칸트의 승인을 받아), 인간의 경험으로(슐라이어마허를 신망하여), 철학적 추상화로 혹은 그릇된 종말론으로(헤겔에게 동의하면서) 치부해 버린다. 주창자는 바뀌었으나, 그 전제와 명제는 여전히 동일하다. 기독교와 사이비 기독교의 역사관을 비교해 보면 이를 잘 알 수 있다.

기독교와 역사에 관한 메이첸의 주요 요점은, 내가 신자로서 성경을 읽을 때에 적용하는 몇 가지 주요 범주들을 알려 준다. "성경에 따르면, 구원은 발견되는 것이 아니라 발생한 것이다."[1] 또한 "기독교적 견해에 의하면, 그 사건이 없다면 세계는 암흑이며 인류는 죄책 아래에서 잃어버린 바 된다." 왜냐하면 "영원한 진리를 발견하는 것만으로는 구원을 얻지 못"하기 때문이다.[2] 구원이란 역사 속에서 일어나는 한 사건으로서 그리스도로 말미암아 이루어지는 일인 것이다.

메이첸 시대에 신약학계는 기독교가 다른 종교와 공유하는 사상들을 분리시킨 다음 그것들을 강조했다. 이러한 프로젝트는 오늘날에도 계속되고 있는데, 주로 학계 외부에서 성행하고 있다. 종교를 최소 공통분모에 맞추어 축약시키면 계몽된 세상이 평화를 위한 종교적 근거들을 찾게 될 것이라고 기대한다. 그러나 이 프로젝트의 문제점은 메이첸이 지적하는 대로, "기독교가 관념들의 종합이 아니라 어떤 사건에 대한 서술"에 의존한다는 사실에 있다.[3] "복음" 혹은 "복된 소식"이라는 개념 자체가 공적인 선포를 요하는 의미심장한 일이 발생했음을 전제한다. 성경의 상당 부분이 사실들의 해석과 의미를 다룬다. 그러나 사실들이 반드시 존재해야만 그것들을 해석할 수 있다.

어떤 이는 기독교를 일반적인 종교적 사상들이 모인 집합체로 간주해 버리는가 하면, 또 어떤 이는 기독교를 경험으로 간주해 버린다. 이들은 성경 기사의 역사성에 집착하기를 원치 않는다. 어디든 자유롭게 자기 마음대로, 느낌대로 따라가기를 바란다. 이 점에 대해서도 『기독교와 자유주의』가 도움이 된다. 그리스도인에게 경험은 중요하다. 심지어 일종의 기독교 변증의 일환으로도 중요성을 지닌다. 그리스도의 부활에 이어지는 제자들의 경험이 이런 유의 증거의 한 가지 실례라 하겠다. 승천하신 그리스도와 그분의 복음을 대면하여 변화된 그리스도인의 경험도 경험의 중요성을 보여주는 또 다른 실례이다. 그러나 추상적인 형태의 종교적 경험을 그리스도인의 경험과 혼동해서는 안 된다. 동시에 그리스도인의 경험이라 할지라도 홀로 설 수는 없다. 메이첸의 설명처럼, "그리스도인의 경험은 복음 메시지를 확증해 준다는 점에서 유용하다. 그러나 그 경험이 필요하다는 이유로, 많은 사람들은 오직 그 경험이면 된다는 성급한 결론에 도달한다."[4]

사실 그리스도인의 경험은 그것이 역사적 사건들에 참여하는 경우에만 기독교적인 경험이라 할 수 있다. 우리가 참여를 어떻게 이해하든 간에 그 사건들—곧 우리 구주의 동정녀 탄생과 죽음, 부활, 승천을 비롯해 오래전에 일어난 사건들과, 그리스도의 재림이라는 미래의 역사적 사건도 여기에 덧붙일 수 있을 것이다—의 역사적 본질을 강조해야만 한다. 우리의 경험이 실제 일어난 사건 외의 다른 무엇에 기초한다면, 우리의 경험은 헛것이 된다. 또한 기독교 신앙 전체가 헛것이 되고 만다(고전 15장).

정리해 보면, 메이첸은 기독교가 한 단위의 사건들이기도 하고 또한 사건들에 대한 한 단위의 해석들이기도 하다는 것을 강조한다. 메이첸의 관점은 교회사를 가르치는 사람으로서 나의 임무를 결정하는 데 깊은 영향을 미쳤다. 마르틴 루터는 그리스도인은 누구나 신학자이어야 한다고 선포한 바 있다. 사실상 메이첸은 그리스도인은 누구나 역사가이어야 한다는 점을 강조하는 것이다.

웨스트민스터 신학교 교회사 학과의 과제는 각 학생을 더 나은 역사가로 만드는 데 있다. 우리의 커리큘럼에서 이 점을 강조하는 데는 여러 이유들이 있다. 우리 가족의 역사를 잘 알게 되면 우리의 조상과 우리를 더 잘 이해하도록 도움을 받게 된다. 교회사 최악의 순간과 최선의 순간으로부터, 또한 그런 순간에 교회가 보인 반응으로부터 우리는 지혜를 얻게 될 것이다. 그러나 아마도 역사가의 도구를 연마하는 주요 이유는, 실제로 성경 연구나 설교학 등 다른 분야에서 학생들이 진보하도록 하기 위함일 것이다. 결국 유능한 역사가일수록 유능한 성경 해석자—그리스도인 누구나 사모하며 읽는 천상적이고 역사적인 책의 해석자—가 되기 때문이다.

채드 반 딕스혼(Rev. Dr. Chad Van Dixhoorn: PhD, University of Cambridge)
웨스트민스터 신학교 교회사 교수, 웨스트민스터 표준문서 연구를 위한 크레익 센터(Craig Center) 처장. 영국 놀위치의 이스트 앙글리아 대학교(University of East Anglia)의 명예 연구원, OPC(정통장로교회) 소속 목사. *Minutes and Papers of the Westminster Assembly, 1643-1653*의 편집자이며, 저서로는 *Confessing the Faith: A Reader's Guide to the Westminster Confession of Faith*가 있다.

메이첸, 근본주의 그리고 웨스트민스터 신학교

피터 릴백

메이첸과 1929년 설립된 웨스트민스터 신학교는 미국의 근본주의 운동(Fundamentalist Movement)과 관련되어 있다. 그러나 정확히 어떻게 관련되어 있는지에 대해서는 제대로 알고 있는 사람이 많지 않다.

근본주의에 대한 메이첸과 웨스트민스터 신학교의 신학적 입장을 명확히 정리하기에 앞서 해야 할 일이 있다. 먼저 미국의 보수적인 장로교회들을 폭넓게 형성시켜 온 세 가지 대중적인 원리를 소개하는 것이다.

1. 개신교 원리: 오직 성경(*Sola Scriptura*), 오직 그리스도(*Solus Christus*), 오직 믿음(*Sola Fide*), 오직 은혜(*Sola Gratia*), 오직 하나님께 영광(*Soli Deo Gloria*), 그리고 신자의 제사장 직분

2. TULIP 혹은 칼빈주의의 5대 강요[1]: 전적 부패(Total Depravity), 무조건적 선택(Unconditional Election), 제한 속죄(Limited Atonement), 불가항력적 은혜(Irresistable Grace), 성도의 견인(Perseverance of the Saints)

3. 기독교 근본교리 5개조[2]: 성경의 영감, 그리스도의 동정녀 탄생과 그리스도의 대리적 속죄, 그리스도의 육체적 부활, 그리스도의 가시적 재림을 포함한 이적의 실재성

이러한 대중적인 원리는 메이첸과 웨스트민스터 신학교에 매우 의미 있는 것이기는 했으나, 그들의 유산을 형성시킨 주요한 신학적 관심사는 아니었다. 메이첸과 웨스트민스터가 본질적으로 강조한 성경과 웨스트민스터라는 이름 자체가 지칭하는 문서, 곧 웨스트민스터 표준문서였다. 웨스트민스터 신학의 골자는 메이첸이 사도행전 20:27에서 취한 신학교의 모토인 "하나님의 모든 경륜"에서 드러난다(새번역). 이 모토는 우리의 시선을 성경과, 성경에 포함된 교리 체계를 정리해 주는 신앙고백의 진술로 향하도록 만든다. 그러므로 웨스트민스터의 본질적인 신학은 먼저 1차적 표준(성경의 권위)을 통해서 규정되고, 그 다음 2차적 표준(웨스트민스터 표준, 웨스트민스터 신앙고백서, 대소요리문답)을 통해서 규정된다. 이 표준은 개신교의 원리를 포괄한다. 칼빈주의의 5대 강요를 표현하고, 근본주의 운동의 주요 신학적 관심사를 다룬다.

그러나 메이첸의 신학이나 웨스트민스터의 신학도, 위에서 세 가지로 요약해서 열거한 교리적 표준으로 다 담아낼 수 있는 것이 아니다.

근본주의의 등장은 메이첸이 아직 청년이던 1910-1915년에 출간된 『신앙의 근본교리』(The Fundamental of the Faith)가 전 세계적에 무료로 배포됨으로써 촉진되었다. 이 논문집은 성경의 고등비평과 그것이 영감론에 미치는 영향, 그리스도의 신성, 죄와 구원, 창조와 진화, 전도와 선교의 성경적 본질, 이단종파들의 등장, 미국 기독교에 대한 로마 가톨릭의 영향 등 교회에서 논란이 되고 깊은 염려를 자아내는 신학적 이슈들을 직접 다루는 것이었다. 장로교도들은 **근본교리**에 밀착되었다. 이 책에 기고한 64명 중 3분의 1이 장로교 소속일 정도였다. 프린스턴 신학교의 교수인 찰스 어드만^{Charles R. Erdman}과 B. B. 워필드도 그 책에 논문을 게재했다. 사실 위에 정리한 유명한 5개조 근본교리는 1910년 개최된 장로교회 총회에서 비롯된 것이다.[3]

근본주의 논쟁은 서구의 개신교 교회가 개혁주의 신조들로부터 벗어나는 풍조에서 비롯된 것이다. 기발한 신학적 관점들이 등장하여 교리적이고 신앙고백적인 이슈들에 대한 성경적 접근을 계몽주의에 기초한 해석으로 바꾸어 버렸다. 이는 성경의 고등비평, 창조론을 배격하고 다윈의 진화론을 채택한 사실, 그리고 기독교의 초자연적인 요소들의 부인 등으로 노골화되었다. 이러한 신학 논쟁에서 자유주의 편에 선 주요 지도자들에는 찰스 브릭스

Charles A. Briggs, 헨리 프리저브드 스미스Henry Preserved Smith, 헨리 슬로안 커핀Henry Sloan Coffin, 그리고 해리 에머슨 포스딕 등이 포함되었다. 그리고 구프린스턴 전통에 서 있는 주요 보수주의자 인사들은 워필드, 로버트 딕 윌슨Robert Dick Wilson, J. G. 메이첸, 클라렌스 매카트니Clarence Macartney, 오스월드 앨리스Oswald T. Allis 등이었다.

메이첸은 존스홉킨스, 프린스턴, 그리고 독일의 마르부르크에서 공부한 역동적인 학자였다. 그는 제1차 세계대전 당시 비전투 요원으로 복무하며 YMCA의 구호활동에 동참했다. 프린스턴에서 헬라어와 신약을 가르쳤고 1923년 『기독교와 자유주의』를 완성했다. 이 책은 1924년 어번 선언과 함께 자유주의자들과 보수주의자들 사이의 신학적 논쟁의 불길을 지폈다. 이 책에서 메이첸은 기독교와 자유주의가 본질적으로 두 개의 서로 다른 종교라는 유명한 선언을 한다. 그 둘은 동일한 용어를 사용하지만, 그 의미가 서로 상충된다는 것이다. 메이첸은 자유주의적 기독교를 철저히 거부했다. 그는 기독교를 그저 신화에 불과한 것으로 치부해 버리는 자유주의적 관점에 대항하여 순전한 기독교는 복음이 역사적·영적 진리임을 선언했다. 이와는 대조적으로 어번 선언은, 자유주의 신학을 기독교의 하나의 정당한 표현으로 간주하여 그것을 장로교회 내에서 용인할 것을 변호했다.

메이첸의 책은 자유주의 신학의 기승에 대응하는 역사적 기독교의 관심사를 표명한 주요 저작이 되었다. 『기독교와 자유주의』는 서두에서 기독교 신앙에는 반드시 수호해야 할 근본교리가 있음을 천명한다.

교회 안의 자유주의 신학은, 어떤 식으로 평가를 내리든지, 적어도 더 이상 학문적인 문제만은 아니다. 그것은 더 이상 신학교나 대학만의 문제도 아니다. 기독교 신앙의 근본에 대한 자유주의 신학의 공격은 주일학교의 교사용 교재, 강단, 종교 언론에 의해서 강력하게 이루어지고 있다.[4]

그러나 메이첸은 "기독교 신앙의 근본"에 대해 변호하면서도 자기 자신을 근본주의자로 규정하거나 『신앙의 근본교리』를 자신의 강령으로 포용한다고 표명하지 않았다. 그보다 그는 역사적 웨스트민스터 표준을 견지했고, 자기 자신을 개혁주의 그리스도인이요 장로교 그리스도인으로 규정했다.

칼빈이나 투레틴 혹은 웨스트민스터 신앙고백서를 작성한 신학자들에 대한 공격이 어느 정도는 현대의 교인들에게 크게 위험한 일이 아니다. 그러나 실제로는, 교리에 대한 공격은 교회를 다니는 평범한 사람들이 가정하는 만큼 아무 잘못 없는 그런 일이 아니다. 왜냐하면 교회의 신학에 대해 반대하는 내용은 곧 신약성경의 핵심 그 자체에 대한 반대이기 때문이다. 궁극적으로 그 공격은 17세기 신학에 대한 것만이 아니라 성경, 나아가서 예수 자신에 대한 공격이다.[5]

메이첸은 어번 선언이 성경적 진리를 거부하기 때문에 그것을 반대할 수밖에 없다고 생각했다. 그러나 근본주의자로서 반대한 것이 아니라, 예수님과 성경의 가르침 자체를 변호하는 웨스트민스터의 교리적 표준을 지지하는 칼빈주의자이자 개혁주의 신학자로서 반대한 것이었다.

결국 신학적 자유주의를 바로잡으려는 메이첸의 시도는 장로교회 총회가 프린스턴 신학교 이사회를 재조직하기로 결의할 때 막바지에 이르렀다. 총회는 이사회가 교단 내에 존재하는 다양한 신학적 견해를 대변할 것을 요구했다. 이에 메이첸은 프린스턴이 역사적으로 고전적 개혁주의의 정통 신앙에 대해 변호해 오던 명맥을 이을 수 없음을 인식하고, 1929년 "구프린스턴"으로 알려지게 되는 신학을 보존하기 위해 웨스트민스터 신학교의 설립을 주도했다.

더 나아가, 메이첸은 장로교 교단의 선교회 내에 성경적이고 복음적인 순수성을 유지하기 위해 독립 해외 선교회를 세웠다. 그가 주안점을 둔 것은, 선교사들이 그저 쟁점이 되는 근본교리들을 축약시켜 놓은 목록을 지키는 것이 아니라, 성경적 기독교와 장로교회의 신앙고백적 표준을 준수하도록 하는 것이었다. 독립 해외 선교회가 교단의 선교 프로그램과 정면으로 경합하게 되자, 총회는 메이첸을 면직시켰다. 메이첸으로서는 달리 선택의 여지가 없이, 1936년 미국장로교회Presbyterian Church of America를 세웠다.[6] 그리고 몇 개월 후인 1937년 1월 1일, 55세의 나이에 폐렴으로 생을

메이첸과 변증학

윌리엄 에드거

나는 메이첸의 『기독교와 자유주의』를 몇 번이나 읽었는지 그 숫자를 헤아릴 수가 없다. 매번 읽을 때마다 무언가 새롭고 신선한 것이 책 속에서 튀어나온다. 그의 책은 단순하면서도 심오하고 시간을 초월하는 힘이 있다.

이 책 서두에서 메이첸은 이렇게 묻는다. "기독교와 현대 문화의 관계는 무엇이며, 기독교는 과학 시대에 명맥을 유지할 수 있을까?"[1] 그는 이어서 이 질문에 대해 설득력 있는 답변들을 내놓는다. 그는 이 책 전체와 다른 많은 글들에서, 참된 기독교는 문화를 거스르는 것도 아니요 진정한 과학과 양립할 수 없는 것도 아님을 단언한다.

그러나 자유주의는 기독교 신앙이 문화와 과학과 양립할 수 ㅁ고 주장한다. 이는 기독교가 아니다. 자유주의는 과학을 통해 마감했다.

웨스트민스터 신학교의 초창기 교수회는 구프린스턴의 전통을 따라 학문적이고, 보수주의적이며, 성경적이며, 신앙고백적이었다. 새 신학교는 커넬리우스 반 틸Cornelius Van Til, R. B. 카이퍼Kuiper, 네드 스톤하우스Ned Stonehouse, 존 머레이 등 기라성 같은 인물들의 사역 현장이 되었다. 이들은 모두 웨스트민스터의 교리적 표준에 준하는 장로교회적 성경적 신학 체계를 준수했고, 근본주의자로 규정되는 것을 추구하지 않았다.

메이첸이나 그가 설립한 웨스트민스터의 교수진을 근본주의자로 규정하는 것은 그들을 크게 오해하는 것이다. 그들의 신학을 부당하게 잘라내는 것이요, 그들이 수호한 성경의 신학적 권위를 깎아내리는 처사다. 웨스트민스터의 설립자들은, 『신앙의 근본교리』의 논문들이 그들의 성경관과 또한 장로교회의 전통에 속한 신앙고백적 신학을 지지하는 한에서만 그것을 지지했다.

웨스트민스터 신학교는 메이첸의 설립 비전을 이루고자 수천 명의 목사와 선교사들을 그리스도와 그분의 세계 교회를 위한 하나님의 모든 경륜을 선포하는 성경 전문가들이 되도록 훈련시켜 왔다. 웨스트민스터의 동문들은 정통장로교회(OPC), 복음개혁장로교회(RPCES), 미국장로교회(PCA), 미주한인예수교장로회(KAPC), 연합개혁교회(URC) 등의 교단들을 비롯하여 기타 여러 독립 교단과 주요 교단에서 섬기고 있다. 스프로울R. C. Sproul 박사는 그의 생전에 기회가 있을 때마다 미국에 영향을 미친 거의 모든 주요 개혁주의 사상가들이 웨스트민스터와 직접 연결되어 있다는 사실을 언급했다.

교회와 문화 속의 비성경적 사고에 대한 메이첸의 비판은 여전히 웨스트민스터 신학의 주요 특징으로 남아 있다. 자유주의의 강적인 메이첸의 사후에도 계속 발전되어 왔고, 세속주의와 포스트모더니즘, 성(性) 혁명, 문화적 마르크스주의 등의 갖가지 상이한 세계관 이슈들을 다루어 왔다. 더욱이 웨스트민스터의 윤리학은 결혼, 생명의 존엄성, 성, 공공 환경에서의 믿음, 종교의 자유 등의 문화적 이슈들에 대한 현대의 논쟁에도 성경적인 근거를 공급해 왔다. 앞으로도 이런 이슈들에 대해 성경의 권위와 웨스트민스터 신앙고백의 견지에서 계속 목소리를 낼 것이다. 신학적인 교의들을—개신교 교의든, 개혁주의 교의든 아니면 근본주의 교의든 간에—축약시켜 요약해 놓은 것에 손쉽게 의존하지 않고, 성경적인 석의와 신학적 성찰을 통해 본질적인 입장들을 개진할 것이다.

사실 보수주의자든 자유주의자든 간에 교회나 신학자에 대한 일상적인 이야기들을 듣다 보면, 거기서 메이첸의 『기독교와 자유주의』의 메아리가 들려온다. 처음 출간된 이후 한 세기가 지난 지금에도 이 책이 여전히 의미를 지니고 있는 것이다. 그리고 그렇게 듣는 가운데, 『신앙의 근본교리』의 단순한 해명이 아니라 성경 계시에 대한 깊은 통찰을 대하게 된다. 웨스트민스터를 통해 이어지는 메이첸의 항구적인 유산은, 성경적 기독교를 보존시키시고자 하는 하나님의 모든 경륜을 선포하는 것이다. 따라서 이것은 교회들이 개신교의 원리와 개혁주의의 특징을, 혹은 기독교 신앙의 근본적인 진리를 그저 소중히 여기는 것 이상이 된다.

— ◇ —

피터 릴백(Rev. Dr. Peter A. Lillback: PhD, Westminster Theological Seminary) 웨스트민스터 신학교 총장, 역사신학 교수. The Providence Forum의 회장으로, Unio cum Christo: An Inernational Journal of Reformed Theology and Life의 편집자로 섬기고 있다. PCA의 안수받은 교육장로이며, 저서로는 『칼빈의 언약사상』 (The Binding of God: Calvin's Role in the Development of Covenant Theology), George Washington's Sacred Fire, Saint Peter's Principle: Leadership for Those Who Already Know Their Incompetence 등이 있다.

측정이 불가능하거나 혹은 거스르는 내용을 기독교의 교리로부터 제거함으로써 기독교 신앙의 "구출"을 시도한다. 더 나아가, 전통적인 그리스도인을 마치 평면 지구론과 같은 현대 이전 시대의 관념을 믿는 자로 왜곡시킨다. 그런 다음, 도덕론적인 성경을 비롯해 역사 바깥에서 이루어진 구속, 하나님이 아닌 그리스도(물론 하나님이 그 안에 특별히 임재하시지만), 그리고 지적인 검토가 필요 없는 신앙 등 좀 더 쉽게 받아들일 수 있는 기독교를 제시한다.

메이첸의 과제는 20세기 초 점점 더 자유주의화되어 가는 기독교를 향해 말하는 것이었다. 이런 형태의 기독교가 오늘날 분명 순화되긴 했으나 여전히 우리와 함께 존재하고 있다. 자유주의는, 죄에 대해 진노하거나 혹은 피의 희생 제사를 피난처로 삼는 하나님과 대면시킴으로써 회개를 촉구하는 것을 원치 않는 사람들의 구미에 맞도록 기독교 신앙의 모든 특징적인 요소를 다시 정의한다. 나는 하나님과 성경, 그리스도 등의 교리를 다시 정의하는 자유주의의 방식에 대해 메이첸이 제시한 답변들이 여전히 설득력이 있다고 믿는다. 변함없이 중요한 사실은, 우리가 근본적으로 서로 다른 두 개의 종교를 다루고 있음을 인식하는 것이다. 그래서 책 제목을 그렇게 잡은 것이다. 불신앙도 이교도적인 견해를 고수하는 것으로, 종교적 신념 중의 하나다. 그리고 참된 기독교 신앙은 세상의 창조주이시며 자신의 아들의 속죄 사역을 통해 그분의 백성을 구속하시는 하나님이 실재하신다는 사실에 기초한 하나의 종교인 것이다.

내가 깨닫는 한 가지 사실은 사람들이 절대로 중립적이지 않다는 것이다. 어거스틴의 말처럼 그들은 자기가 좋아하는 것으로부터 지도를 받기 마련이다. 영국의 악명 높은 무신론 작가 킹슬리 에이미스Kingsley Amis는 죽음을 앞두고 에프게니 옙투솅고Yevgeni Yevtoshenko에게 자기는 그저 하나님을 믿지 않은 것이 아니라 사실 그를 미워했다고 말했다.² 이것이 감정에 북받쳐서 한 발언일 수도 있으나, 그럼에도 하나의 종교적인 진술의 요건을 갖춘 것이다. 어거스틴은 우리가 사랑하는 것이 바로 우리의 모습이라고 말했다. 이를 바꾸어 말하면, 우리가 미워하는 것이 바로 우리의 모습이다.

메이첸의 천재성은 사실을 사실과 대조한 것―물론 그 일도 매우 훌륭하게 했지만―에 있는 것이 아니라, 사실들이 하나의 체계 속에서 일관성을 유지하는 모습을 통찰한 데 있었다. 나부터가 기독교 신앙에 대해 확신하지 못하는 사람들을 대면할 때에 이 책의 통찰을 사용하는 경우가 많았다. 그들은 스스로 종교성이 없다고 주장하기도 한다. 그러나 나는 그들이 좋아하는 것과 미워하는 것이 있으니 그것들 때문에라도 그들에게 종교성이 있다는 사실을 부드럽게 입증해 준다. 아니면 예수를 정말 존경하지만 그분의 신성은 인정할 수 없다고 주장하기도 한다. 우리 가운데 많은 이들이 비슷한 논지를 접할 것이다. 그리스도는 위대한 도덕가이거나 일급의 윤리 교사였다는 것이다. 그러나 C. S. 루이스Lewis가 라디오 대담에서 한 아주 유명한 말을 떠올려 보자.

제가 이런 말을 하는 것은 "나는 예수를 위대한 도덕적 스승으로는 기꺼이 받아들이지만, 자신이 하나님이라는 주장만큼은 받아들일 수 없다"는 어리석기 짝이 없는 말을 그 누구도 못 하게 하기 위해서입니다. 우리는 이런 말을 할 수 없습니다. 인간에 불과한 사람이 예수와 같은 주장을 했다면, 그는 결코 위대한 도덕적 스승이 될 수 없습니다. 그는 정신병자―자신을 삶은 계란이라고 말하는 사람과 수준이 똑같은 정신병자―이거나, 아니면 지옥의 악마일 것입니다. 이제 여러분은 선택을 해야 합니다. 이 사람은 하나님의 아들이었고, 지금도 하나님의 아들입니다. 그게 아니라면 미치광이거나 그보다 못한 인간입니다.[3]

메이첸도 이 발언에 완전히 동의했을 것이다.

내가 메이첸에게서 배운 다른 한 가지는 그의 어조다. 그는 언제나 부드러웠고 절대로 격한 법이 없었다. 논쟁을 수없이 했지만, 그는 그의 상대들을 얕본 적이 한 번도 없다. 어쩌면 20세기의 가장 악명높은 회의론자 중 한 사람인 멘켄H. L. Mencken이 메이첸을 존경하는 친구로 여기는 이유 중 하나가 바로 이 점이었는지도 모른다. 메이첸은 지금 우리가 다루는 이 책에서 이 점을 다음과 같이 말하고 있다. "혈연, 시민이라는 같은 신분, 윤리적 목적, 인도주의적 노력 등의 많은 끈들이 우리를 복음을 포기한 사람들과 묶고 있다. 우리는 이 끈들이 결코 약화되지 않을 것을 믿으며, 궁극적으로는 그들이 기독교 신앙의 전파에 있어서 어떤 부분에 기여할 수도 있다."[4] 그러나 그로 인해 기독교 신앙을 선포하지 못하도록 막는 일이 있어서는 안 될 것이다. 오늘날 우리 역시 북아메리카에서 이러한 자세를 활용할 수 있다. 이견은 혐오와는 다른 법이다. 메이첸에게서 배울 것이 많은데, 특히 이 점을 배울 수 있다.

— ◇ —

윌리엄 에드거(Rev. Dr. William Edgar: D. Theol, Universite de Geneve)
웨스트민스터 신학교 변증학 교수, Faculte Jean Calvin 조교수. PCA의 안수받은 교육장로. 저서로는 『쉐퍼가 말하는 그리스도인의 삶』(*Francis Schaeffer on the Christian Life: Countercultural Spirituality*), 『지금 우리는 어떻게 증거해야 하는가?』 (*Reasons of the Heart*), *Created & Creating: A Biblical Theology of Culture* 등이 있다.

메이첸과 철학

스코트 올리핀트

예수는 유신론자였으며, 합리적 유신론이 기독교의 기초다. 물론 예수는 논증을 통해 자신의 유신론을 뒷받침하지 않았다. 그는 하나님의 존재 증명에 대한 칸트의 공격에 미리 대답하지도 않았다. 그렇다고 해서 그 증명의 논리적 결론에 대한 신념에 그가 무관심했다는 뜻은 아니다. 도리어 그와 그의 청중에게 하나님의 존재는 언제나 전제되어 있었다. 마찬가지로 오늘날에도 모든 신자가 하나님에 대한 그들 믿음의 논리적 근거를 분석할 필요는 없다. 인간의 마음은 완전히 정당한 논증을 압축해서 보관하는 놀라운 기능을 가지고 있으며, 본능적인 믿음처럼 보이는 것이 많은 논리적 단계를 거쳐 도달한 결론으로 드러날 수 있다. 아니면 이렇게 생각할 수도 있다. 인격적 하나님에 대한 믿음은 원시적 계시의 결과이며, 유신론적 증명은 처음에 다른 방식을 통해 도달한 것을 논리적으로 확증한 것에 불과하다고 말이다. 어쨌든 하나님에 대한 믿음을 논리적으로 확증하는 것은 그리스도인에게 필수적인 관심사다. 이 점을 포함한 다른 많은 점에서 종교와 철학은 가능한 한 가장 밀접한 형식으로 연결되어 있다. 참 종교는 사이비 과학에 대해서와 마찬가지로, 거짓된 철학과 화평을 이룰 수 없다. 종교에서 참된 것이 철학이나 과학에서 거짓이 될 수는 없다. 진리에 도달하는 모든 방법은, 만약 그것들이 타당하다면 조화로운 결론에 도달할 것이다.[1]

메이첸에게 있어서 "종교와 철학은 가능한 한 가장 밀접한 형식으로 연결되어 있다." 그리고 "참 종교는 거짓된 철학과 화평을 이룰 수 없"기 때문에, 참된 철학은 그것이 무엇이든 필연적으로 기독교와 공존하게 된다. 따라서 철학은 기독교와 마찬가지로 하나님의 존재와 또한 그분의 말씀 속에 계신 하나님이 참되시다는 것을 전제로 할 수밖에 없다.

예를 들어, 다음과 같은 논증이 하나님의 존재에 대한 전형적인 철학적 논증 가운데 하나다.

존재하게 되는 모든 것에는 원인이 있다.
그 원인들의 무한한 회귀란 있을 수 없다.
그러므로 원인이 없는 무언가가 반드시 있을 수밖에 없다.
"하나님"이라는 단어는 원인이 없는 원인을 가리킨다.
그러므로 하나님은 존재한다.

마감했다.

웨스트민스터 신학교의 초창기 교수회는 구프린스턴의 전통을 따라 학문적이고, 보수주의적이며, 성경적이며, 신앙고백적이었다. 새 신학교는 커넬리우스 반 틸Cornelius Van Til, R. B. 카이퍼Kuiper, 네드 스톤하우스Ned Stonehouse, 존 머레이 등 기라성 같은 인물들의 사역 현장이 되었다. 이들은 모두 웨스트민스터의 교리적 표준에 준하는 장로교회적 성경적 신학 체계를 준수했고, 근본주의자로 규정되는 것을 추구하지 않았다.

메이첸이나 그가 설립한 웨스트민스터의 교수진을 근본주의자로 규정하는 것은 그들을 크게 오해하는 것이다. 그들의 신학을 부당하게 잘라내는 것이요, 그들이 수호한 성경의 신학적 권위를 깎아내리는 처사다. 웨스트민스터의 설립자들은, 『신앙의 근본교리』의 논문들이 그들의 성경관과 또한 장로교회의 전통에 속한 신앙고백적 신학을 지지하는 한에서만 그것을 지지했다.

웨스트민스터 신학교는 메이첸의 설립 비전을 이루고자 수천 명의 목사와 선교사들을 그리스도와 그분의 세계 교회를 위한 하나님의 모든 경륜을 선포하는 성경 전문가들이 되도록 훈련시켜 왔다. 웨스트민스터의 동문들은 정통장로교회(OPC), 복음개혁장로교회(RPCES), 미국장로교회(PCA), 미주한인예수교장로회(KAPC), 연합개혁교회(URC) 등의 교단들을 비롯하여 기타 여러 독립 교단과 주요 교단에서 섬기고 있다. 스프로울R. C. Sproul 박사는 그의 생전에 기회가 있을 때마다 미국에 영향을 미친 거의 모든 주요 개혁주의 사상가들이 웨스트민스터와 직접 연결되어 있다는 사실을 언급했다.

교회와 문화 속의 비성경적 사고에 대한 메이첸의 비판은 여전히 웨스트민스터 신학의 주요 특징으로 남아 있다. 자유주의의 강적인 메이첸의 사후에도 계속 발전되어 왔고, 세속주의와 포스트모더니즘, 성(性) 혁명, 문화적 마르크스주의 등의 갖가지 상이한 세계관 이슈들을 다루어 왔다. 더욱이 웨스트민스터의 윤리학은 결혼, 생명의 존엄성, 성, 공공 환경에서의 믿음, 종교의 자유 등의 문화적 이슈들에 대한 현대의 논쟁에도 성경적인 근거를 공급해 왔다. 앞으로도 이런 이슈들에 대해 성경의 권위와 웨스트민스터 신앙고백의 견지에서 계속 목소리를 낼 것이다. 신학적인 교의들을—개신교 교의든, 개혁주의 교의든 아니면 근본주의 교의든 간에—축약시켜 요약해 놓은 것에 손쉽게 의존하지 않고, 성경적인 석의와 신학적 성찰을 통해 본질적인 입장들을 개진할 것이다.

사실 보수주의자든 자유주의자든 간에 교회나 신학자에 대한 일상적인 이야기들을 듣다 보면, 거기서 메이첸의 『기독교와 자유주의』의 메아리가 들려온다. 처음 출간된 이후 한 세기가 지난 지금에도 이 책이 여전히 의미를 지니고 있는 것이다. 그리고 그렇게 듣는 가운데, 『신앙의 근본교리』의 단순한 해명이 아니라 성경 계시에 대한 깊은 통찰을 대하게 된다. 웨스트민스터를 통해 이어지는 메이첸의 항구적인 유산은, 성경적 기독교를 보존시키시고자 하는 하나님의 모든 경륜을 선포하는 것이다. 따라서 이것은 교회들이 개신교의 원리와 개혁주의의 특징을, 혹은 기독교 신앙의 근본적인 진리를 그저 소중히 여기는 것 이상이 된다.

— ◇ —

피터 릴백(Rev. Dr. Peter A. Lillback: PhD, Westminster Theological Seminary)
웨스트민스터 신학교 총장, 역사신학 교수. The Providence Forum의 회장으로, *Unio cum Christo: An Inernational Journal of Reformed Theology and Life*의 편집자로 섬기고 있다. PCA의 안수받은 교육장로이며, 저서로는 『칼빈의 언약사상』 (*The Binding of God: Calvin's Role in the Development of Covenant Theology*), *George Washington's Sacred Fire*, *Saint Peter's Principle: Leadership for Those Who Already Know Their Incompetence* 등이 있다.

메이첸과 변증학

윌리엄 에드거

나는 메이첸의 『기독교와 자유주의』를 몇 번이나 읽었는지 그 숫자를 헤아릴 수가 없다. 매번 읽을 때마다 무언가 새롭고 신선한 것이 책 속에서 튀어나온다. 그의 책은 단순하면서도 심오하고 시간을 초월하는 힘이 있다.

이 책 서두에서 메이첸은 이렇게 묻는다. "기독교와 현대 문화의 관계는 무엇이며, 기독교는 과학 시대에 명맥을 유지할 수 있을까?"[1] 그는 이어서 이 질문에 대해 설득력 있는 답변들을 내놓는다. 그는 이 책 전체와 다른 많은 글들에서, 참된 기독교는 문화를 거스르는 것도 아니요 진정한 과학과 양립할 수 없는 것도 아님을 단언한다.

그러나 자유주의는 기독교 신앙이 문화와 과학과 양립할 수 없다고 주장한다. 이는 기독교가 아니다. 자유주의는 과학을 통해

측정이 불가능하거나 혹은 거스르는 내용을 기독교의 교리로부터 제거함으로써 기독교 신앙의 "구출"을 시도한다. 더 나아가, 전통적인 그리스도인을 마치 평면 지구론과 같은 현대 이전 시대의 관념을 믿는 자로 왜곡시킨다. 그런 다음, 도덕론적인 성경을 비롯해 역사 바깥에서 이루어진 구속, 하나님이 아닌 그리스도(물론 하나님이 그 안에 특별히 임재하시지만), 그리고 지적인 검토가 필요 없는 신앙 등 좀 더 쉽게 받아들일 수 있는 기독교를 제시한다.

메이첸의 과제는 20세기 초 점점 더 자유주의화되어 가는 기독교를 향해 말하는 것이었다. 이런 형태의 기독교가 오늘날 분명 순화되긴 했으나 여전히 우리와 함께 존재하고 있다. 자유주의는, 죄에 대해 진노하거나 혹은 피의 희생 제사를 피난처로 삼는 하나님과 대면시킴으로써 회개를 촉구하는 것을 원치 않는 사람들의 구미에 맞도록 기독교 신앙의 모든 특징적인 요소를 다시 정의한다. 나는 하나님과 성경, 그리스도 등의 교리를 다시 정의하는 자유주의의 방식에 대해 메이첸이 제시한 답변들이 여전히 설득력이 있다고 믿는다. 변함없이 중요한 사실은, 우리가 근본적으로 서로 다른 두 개의 종교를 다루고 있음을 인식하는 것이다. 그래서 책 제목을 그렇게 잡은 것이다. 불신앙도 이교도적인 견해를 고수하는 것으로, 종교적 신념 중의 하나다. 그리고 참된 기독교 신앙은 세상의 창조주이시며 자신의 아들의 속죄 사역을 통해 그분의 백성을 구속하시는 하나님이 실재하신다는 사실에 기초한 하나의 종교인 것이다.

내가 깨닫는 한 가지 사실은 사람들이 절대로 중립적이지 않다는 것이다. 어거스틴의 말처럼 그들은 자기가 좋아하는 것으로부터 지도를 받기 마련이다. 영국의 악명 높은 무신론 작가 킹슬리 에이미스Kingsley Amis는 죽음을 앞두고 에프게니 옙투셍고Yevgeni Yevtoshenko에게 자기는 그저 하나님을 믿지 않은 것이 아니라 사실 그를 미워했다고 말했다.[2] 이것이 감정에 북받쳐서 한 발언일 수도 있으나, 그럼에도 하나의 종교적인 진술의 요건을 갖춘 것이다. 어거스틴은 우리가 사랑하는 것이 바로 우리의 모습이라고 말했다. 이를 바꾸어 말하면, 우리가 미워하는 것이 바로 우리의 모습이다.

메이첸의 천재성은 사실을 사실과 대조한 것—물론 그 일도 매우 훌륭하게 했지만—에 있는 것이 아니라, 사실들이 하나의 체계 속에서 일관성을 유지하는 모습을 통찰한 데 있었다. 나부터가 기독교 신앙에 대해 확신하지 못하는 사람들을 대면할 때에 이 책의 통찰을 사용하는 경우가 많았다. 그들은 스스로 종교성이 없다고 주장하기도 한다. 그러나 나는 그들이 좋아하는 것과 미워하는 것이 있으니 그것들 때문에라도 그들에게 종교성이 있다는 사실을 부드럽게 입증해 준다. 아니면 예수를 정말 존경하지만 그분의 신성은 인정할 수 없다고 주장하기도 한다. 우리 가운데 많은 이들이 비슷한 논지를 접할 것이다. 그리스도는 위대한 도덕가이거나 일급의 윤리 교사였다는 것이다. 그러나 C. S. 루이스Lewis가 라디오 대담에서 한 아주 유명한 말을 떠올려 보자.

제가 이런 말을 하는 것은 "나는 예수를 위대한 도덕적 스승으로는 기꺼이 받아들이지만, 자신이 하나님이라는 주장만큼은 받아들일 수 없다"는 어리석기 짝이 없는 말을 그 누구도 못 하게 하기 위해서입니다. 우리는 이런 말을 할 수 없습니다. 인간에 불과한 사람이 예수와 같은 주장을 했다면, 그는 결코 위대한 도덕적 스승이 될 수 없습니다. 그는 정신병자—자신을 삶은 계란이라고 말하는 사람과 수준이 똑같은 정신병자—이거나, 아니면 지옥의 악마일 것입니다. 이제 여러분은 선택을 해야 합니다. 이 사람은 하나님의 아들이었고, 지금도 하나님의 아들입니다. 그게 아니라면 미치광이거나 그보다 못한 인간입니다.[3]

메이첸도 이 발언에 완전히 동의했을 것이다.

내가 메이첸에게서 배운 다른 한 가지는 그의 어조다. 그는 언제나 부드러웠고 절대로 격한 법이 없었다. 논쟁을 수없이 했지만, 그는 그의 상대들을 얕본 적이 한 번도 없다. 어쩌면 20세기의 가장 악명높은 회의론자 중 한 사람인 멩켄(H. L. Mencken)이 메이첸을 존경하는 친구로 여기는 이유 중 하나가 바로 이 점이었는지도 모른다. 메이첸은 지금 우리가 다루는 이 책에서 이 점을 다음과 같이 말하고 있다. "혈연, 시민이라는 같은 신분, 윤리적 목적, 인도주의적 노력 등의 많은 끈들이 우리를 복음을 포기한 사람들과 묶고 있다. 우리는 이 끈들이 결코 약화되지 않을 것을 믿으며, 궁극적으로는 그들이 기독교 신앙의 전파에 있어서 어떤 부분에 기여할 수도 있다."⁴ 그러나 그로 인해 기독교 신앙을 선포하지 못하도록 막는 일이 있어서는 안 될 것이다. 오늘날 우리 역시 북아메리카에서 이러한 자세를 활용할 수 있다. 이견은 혐오와는 다른 법이다. 메이첸에게서 배울 것이 많은데, 특히 이 점을 배울 수 있다.

— ◇ —

윌리엄 에드거(Rev. Dr. William Edgar: D. Theol, Universite de Geneve)
웨스트민스터 신학교 변증학 교수, Faculte Jean Calvin 조교수. PCA의 안수받은 교육장로. 저서로는 『쉐퍼가 말하는 그리스도인의 삶』(*Francis Schaeffer on the Christian Life: Countercultural Spirituality*), 『지금 우리는 어떻게 증거해야 하는가?』(*Reasons of the Heart*), *Created & Creating: A Biblical Theology of Culture* 등이 있다.

메이첸과 철학

스코트 올리핀트

예수는 유신론자였으며, 합리적 유신론이 기독교의 기초다. 물론 예수는 논증을 통해 자신의 유신론을 뒷받침하지 않았다. 그는 하나님의 존재 증명에 대한 칸트의 공격에 미리 대답하지도 않았다. 그렇다고 해서 그 증명의 논리적 결론에 대한 신념에 그가 무관심했다는 뜻은 아니다. 도리어 그와 그의 청중에게 하나님의 존재는 언제나 전제되어 있었다. 마찬가지로 오늘날에도 모든 신자가 하나님에 대한 그들 믿음의 논리적 근거를 분석할 필요는 없다. 인간의 마음은 완전히 정당한 논증을 압축해서 보관하는 놀라운 기능을 가지고 있으며, 본능적인 믿음처럼 보이는 것이 많은 논리적 단계를 거쳐 도달한 결론으로 드러날 수 있다. 아니면 이렇게 생각할 수도 있다. 인격적 하나님에 대한 믿음은 원시적 계시의 결과이며, 유신론적 증명은 처음에 다른 방식을 통해 도달한 것을 논리적으로 확증한 것에 불과하다고 말이다. 어쨌든 하나님에 대한 믿음을 논리적으로 확증하는 것은 그리스도인에게 필수적인 관심사다. 이 점을 포함한 다른 많은 점에서 종교와 철학은 가능한 한 가장 밀접한 형식으로 연결되어 있다. 참 종교는 사이비 과학에 대해서와 마찬가지로, 거짓된 철학과 화평을 이룰 수 없다. 종교에서 참된 것이 철학이나 과학에서 거짓이 될 수는 없다. 진리에 도달하는 모든 방법은, 만약 그것들이 타당하다면 조화로운 결론에 도달할 것이다.[1]

메이첸에게 있어서 "종교와 철학은 가능한 한 가장 밀접한 형식으로 연결되어 있다." 그리고 "참 종교는 거짓된 철학과 화평을 이룰 수 없"기 때문에, 참된 철학은 그것이 무엇이든 필연적으로 기독교와 공존하게 된다. 따라서 철학은 기독교와 마찬가지로 하나님의 존재와 또한 그분의 말씀 속에 계신 하나님이 참되시다는 것을 전제로 할 수밖에 없다.

예를 들어, 다음과 같은 논증이 하나님의 존재에 대한 전형적인 철학적 논증 가운데 하나다.

존재하게 되는 모든 것에는 원인이 있다.
그 원인들의 무한한 회귀란 있을 수 없다.
그러므로 원인이 없는 무언가가 반드시 있을 수밖에 없다.
"하나님"이라는 단어는 원인이 없는 원인을 가리킨다.
그러므로 하나님은 존재한다.

이런 유의 논증을 읽는 대부분의 그리스도인은 그 기본적인 결론에 대해 마음으로 동의할 것이다. 분명 하나님은 그분을 존재하게 한 원인이 없으시며, 또한 그분은 존재하는 다른 모든 것을 존재하게 하셨다. 그러나 여기서 그러한 동의가 그리스도인의 신앙적 헌신과 진실성**으로부터** 흘러나오는 것이며, 따라서 그런 신앙적 헌신을 **향하여** 자동적으로 움직여 가는 것이 아니라는 점을 이해해야 한다.

예를 들어, 원인들의 무한한 회귀가 있을 수 없다는 점을 우리가 어떻게 알 수 있느냐는 질문을 제기할 수 있다. 그리스도인인 우리는 그것을 안다. 하나님이 누구신지를 알고, 그분은 전혀 원인이 없으시며 홀로 자존하시다는 것을 우리가 알기 때문이다. 그러나 비그리스도인의 경우는 어떠한가? 비그리스도인이 그런 것을 인정하려면 무엇이 필요할까? 원인들의 무한한 회귀를 부인하기 위해서 그가 취할 수 있는 유일한 반응은 합리적인 법칙이나 경험적인 원리에 호소하는 것일 것이다. 그러나 비그리스도인이 사용할 수 있는 합리적인 법칙 중에서, 무한자無限者를 해명하거나 혹은 한계를 부여해 줄 수 있는 것이 무엇인가? 비그리스도인의 근거 위에서 합리성은, 과연 무한이 무엇이며 그것이 어떻게 기능하는지에 대해 무엇을 말해 주는가? 혹은 순전히 경험에 근거할 때에 무한한 회귀의 개념을 과연 이해할 수 있는가? 분명히 말하지만, 그런 것은 어떤 식으로도 경험하거나 지각할 수 없는 것이다. 우리의 경험은 무한에 관해 무엇을 가늠할 수 있고 없는지에 대해 아무것도 말해 주지 않는다.

기독교의 전제는 (메이첸의 말처럼) "합리적 유신론"으로 자연스럽게 귀결한다. 합리적 유신론이란, 기독교적 전제들에 근거하여 하나님의 존재에 대해서와 그분의 말씀의 진리성에 대해 논증할 수 있는 유신론을 뜻한다. 그와 같은 전제들이 없다면, 그런 논증도 있을 수 없다. 진정 합리적인 어떠한 것도 있을 수가 없다. 하나님만 홀로 절대적인 합리성이시므로, 그 이름에 걸맞는 합리성은 하나님을 좇아 하나님의 생각대로 생각하는 것이어야만 한다.

이처럼 기독교를 합리성의 유일한 기초로 인정하는 근본적인 진리야말로 기독교가 느낌의 종교인 자유주의로부터 배척을 받는 한 가지 이유다. "그들은 하나님에 대한 '개념'을 가지는 것이 불필요하다고 말한다. 신학 곧 하나님에 대한 지식은 종교의 죽음이라고 말한다. 우리는 하나님을 알려고 노력해서는 안 되고, 하나님의 임재를 느끼려고만 해야 한다는 것이다."[2] 홀로 합리성의 기반을 제시하는 진리를 포기하고 나면, 느낌의 종교는 자연적인 선택이 된다. 지성을 부인하게 되면 감성이 우위를 점하게 되는 것이다.

메이첸은 기독교는 합리적인 종교요, 따라서 말 그대로 느낌에 기초한 종교가 아님을 주장했다. 그뿐 아니라 그는 오직 기독교만이 유일한 참된 합리적 종교임을 주장했다. 진리란 하나님이 (일반계시와 특별계시로) 말씀하신 바에 근거하는 것이므로, 오직 하나님과 그분의 말씀을 출처와 기초로 삼는 종교―그리고 철학―만이 진리일 수 있는 것이다.

　자유주의는 하나님의 말씀을 거부하고, 따라서 그 말씀을 하신 하나님을 거부하므로 거짓 종교의 경내에 속하는 것이다. 그런 거짓 종교를 따르거나 그것과 결합하는 철학은 무엇이든 그 자체가 거짓이다. 오직 기독교의 진리가 근거가 되고 자료가 되며 영향을 미칠 때 비로소 참된 철학이 세워질 수 있다.

— ◇ —

스코트 올리핀트(Rev. Dr. K. Scott Oliphint: PhD, Westminster Theological Seminary) 웨스트민스터 신학교 변증학 및 조직신학 교수이자 교수회 총무, OPC 소속 목사. 저서로는 『그리스도의 칭의론』(*Justified in Christ: God's Plan for us in Justification*), *Know Why You Believe*, *Covenantal Apologetics* 등이 있다.

『기독교와 자유주의』와 설교

존 커리

내가 부목사로 처음 청빙받은 교회는, 그 도시에서 가장 큰 회중이 모이고 가장 활발하게 사역하는 교회가 되고자 하는 열망을 가진 교회였다. 학부의 신학 과정 중에 한 사려 깊은 교수 덕분에 『기독교와 자유주의』를 읽는 과제가 주어졌는데, 당시 나는 개혁신학이 무엇인지도 몰랐다. 더욱이 메이첸이 어떤 사람인지에 대해서도 전혀 몰랐다. 그런데 그로부터 불과 몇 년 만에 나의 햇병아리 시절의 목회 사역이 이 책으로 인해 신비주의적이고 심리 치료 위주의 실용주의에 빠지지 않게 된 것이다. 당시는 교리에 대한 선명한 확신이 불편하고 성가신 것으로 인식되곤 했다. 나는 그와 정반대되는 메이첸의 확고한 가르침을—"세상의 어떤 것도 진리의 자리를 대신하지는 못"한다는 진술을[1]—읽고 있었다. 메이첸의 확신이 승리를 거두었음은 두말할 필요도 없다.

기독교는 자유주의와 달리 성경에 명확히 계시된 교리에 기초하는 것이요, 따라서 그리스도인 사역자들이 확신을 갖고 주장하고 선포하는 것임을 『기독교와 자유주의』는 거듭거듭 주장한다. 기독교는 "형제애라는, 선량하지만 모호한 개념"이 아니다.[2] 기독교 신앙과 거기에 수반되는 삶은 다음과 같은 한 가지 메시지에 근거한 것이다. "기독교는 단순한 감정이나 활동 프로그램에 근거한 것이 아니라, 어떤 사실에 대한 설명에 근거했다. 다른 말로 하면 그것은 교리에 근거했던 것이다."[3] 그러므로 하나님의 말씀에 계시된 교리에 대한 선명한 확신은 비단 기독교만이 아니라 기독교 신앙을 전파하는 사역에도 필수적인 것이다.

설교만큼 이러한 선명한 확신이 필요한 사역 분야는 없다. 메이첸의 말처럼, "설교의 방법에 대한 모든 질문보다 비할 수 없이 큰 질문은, 설교되어야 할 것이 무엇인가 하는 근본 질문이다."[4] 기독교의 사실적인 본질에 관한 이와 같은 근본적인 확신이야말로 설교와 관련해서 중대한 의미를 지닌다. 여기서 필자는 네 가지만 언급하고자 한다. 기독교가 교리에 기반을 둔다는 것은, 곧 설교가 **강해적이고**, **그리스도 중심적이며**, **선명하며**, **대담해야 함**을 의미한다.

메이첸은 설교자의 임무가 "진리를, 전체 진리를, 오직 진리를 말하는 것"임을 믿었다.[5] 강해 설교는, 설교와 설교자를 하나님이 주권적으로 성경 본문 속에 모아 두신 사실들의 테두리 내에 있도록 해주는 데에 가장 적합한 설교법이다. 강해 설교의 패턴은 본문의 말씀에 따라, 또한 그 본문에 대한 성령의 계시에 따라 본문의 메시지를 설명하는 것이다. 강해 설교자는 하나님이 이미 계시해 놓으신 것을 그분이 계시하신 방식으로 해명하고 제시하는 것을 임무로 삼는다. 성경 강해야말로 기독교를 규정하는 교리를 제시하고 보호하기에 가장 적합한 것이다. 강해 설교자는 하나님이 전해 주신 바를 정확히 선포하도록 자신을 훈련시키기 때문이다.

기독교의 기반이 되는 사실은 하나님이 예수 그리스도 자신과 그분의 사역 속에서 약속하시고 이루신 일에 관한 사실이다. 예수님은 이제 곧 세상으로 나아가 증인이 될 자들에게, 그리스도가 누구시며 또한 하나님께서 우리를 구원하시기 위해 그분을 통해 무엇을 이루셨는지를 드러내는 것이야말로 성경의 범위와 골자임을 가르치셨다(눅 24:25-27, 44-48). 바울은 사도적 복음을 성경에 근거해서 그리스도와 그분의 사역에 대해 선포하는 내용으로 요약하고 정리했다(롬 1:1-4, 고전 15:1-4). 메이첸 역시 예수님 자신의 가르침이 그리스도 중심이었음을 지적함으로써 기독교와 자유주의의 도덕론을 서로 구별 지으면서 동일한 점을 강조했다. "예수 자신의 존재를 중심으로 하는 엄청난 신학이 모든 가르침에 전제되어 있는 것이다."[6]

기독교의 설교는 그리스도를 우리에게 전달된 교리의 전제와 요점으로—그분이 누구시며, 그분이 무슨 일을 행하셨고, 또한 그분과 그분의 사역이 어떻게 해서 우리의 것이 되는지—취한다. 그러므로 기독교의 설교는 각 설교마다 본문에 근거하여 그리스도와 그분의 복음을 선포하는 것이다. 기독교의 설교는 모든 성경에 근거하여 그리스도를 선포하는 것으로, 죄인으로 하여금 기독교 신앙의 객관적인 실체들을 인격적으로 누리게 해서 하나님 구원의 목적을 이루는 것이다. 메이첸은 "그 메시지로 인해 우리가 그분을 받아들일 수 있"다고 쓰고 있다.[7] "그가 다른 사람들을 구원했음을 아는 것만으로는 충분치 않다. 그가 또한 우리를 구원했음을 알아야 한다. 십자가 이야기에서 그 지식을 얻을 수 있다."[8]

메이첸이 대항했던 자유주의는 영화된spiritualized 감상적인 예수로 만족했고, 그리스도와 그분 사역에 대해 정의를 내리고 구별하는 일에 저항했다. 메이첸은 자유주의의 반론들을 다음과 같이 특징적으로 정리한다. "예수가 **어떻게** 구원하는지를 더 이상 묻지 않을 수 있지 않은가? 그것을 단순히 그에게 맡길 수 있지 않은가? 그렇다면 '유효한 부르심'을 정의하는 것이 왜 필요한가? '칭의, 양자됨, 성화, 그리고 여기에서 흘러나오는 혹은 여기에 동반되는 이생의 유익들'을 열거할 필요가 어디 있는가?"[9] 그러나 이와는 대조적으로 기독교의 그리스도, 곧 성경의 그리스도를 진정으로 붙잡는 설교라면, 하나님과 그분의 뜻과 또한 우리가 그분과 어떻게 관계하며 어떻게 응답해야 할지에 대해 성경이 말씀하는 바(그리고 말씀하지 않는 바)를 명확히 제시해 주는 법이다. 기독교 설교자는, 하나님의 영광을 위하여 하나님이 그분의 계시 속에 저장해 두신 모든 풍성한 것을 펼쳐 보이는 일에 헌신하는 것이다. 청중의 영원한 유익을 위해 설교자는 하나님 메시지의 참됨과 아름다움과 복스러움을, 이 시대의 갖가지 목소리들이 전하는 산만하고도 희석된 메시지 및 불신앙, 죽음과 대조시켜 줄 것이다.

메이첸이 처했던 문화적인 상황은 역사 속에서 고유한 것은 아니었다. 사도들이 믿음을 전했던 시기 역시 타협과 갈등으로 점철되어 있었다(딤후 4:2-4). 그러나 계속해서 "말씀을 전파하라"는 당부와 심지어 "그리스도 예수의 좋은 병사로" 고난을 견뎌 내라는 당부는 여전히 남아 있다(딤후 2:3, 8-9). 이러한 당부는 오랜 세월 동안 세계 교회의 몫이었고, 또한 날이 갈수록 우리나라의 교회에서도 더욱 절실해지고 있다. 우리의 문화적 상황 속에서 권위적인 위치에서 무언가를 설득하려는 시도는 무조건 강압으로 치부된다. 또한 주류 문화의 "정통성"에 대해 원칙에 근거한 이견을 제시해도 무조건 혐오스러운 것으로 판단된다. 그러므로 우리 외부의 높은 권위에 의해 계시된 교리와 진리에 근거하는 신앙은, 사회 구성원들의 정서와 신념에 좀 더 부합되는 예수를 추구하는 자들에게서 격렬한 반대를 받기 마련이다.

과거 어느 때보다 지금이야말로, 성경의 확신에 근거하는 설교에 사랑 가득한 전투적 자세가 필요하다(딤후 2:24-26). 한 주 한 주 강단에 올라가서 하나님이 하신 모든 말씀을, 그리고 오직 하나님이 하신 **말씀만을** 선포하려면 성령이 주시는 용기가 있어야만 한다. 혼동과 갈등이 반드시 올 것이므로, 우리는 또한 메이첸의 다른 한 가지 명구를 기억하는 것이 좋을 것이다. "때로는 지키기 가장 어려워 보이는 것들이 가장 지킬 만한 가치가 있는 것으로 드러난다."[10]

— ◇ —

존 커리(Rev. Dr. John Currie: DMin, Westminster Theological Seminary)
웨스트민스터 신학교 목회신학 교수, OPC 소속 목사. *Resurrection and Eschatology: Essays in Honor of Richard B. Gaffin, Jr.*에 기고했다.

『기독교와 자유주의』와 교회

알프레드 포이리에

『기독교와 자유주의』는 마지막 장에서 교회—사도 바울은 이를 "진리의 기둥과 터"라 불렀다(딤전 3:15)—를 다루는 것으로 결론을 맺는다. 많은 이들이 웨스트민스터 신학교의 설립자인 메이첸을 위대한 신약학자요 신앙의 수호자요 복음의 설교자요 교사로 알고 있지만, 그가 훌륭한 교회인ᵃ ᶜʰᵘʳᶜʰᵐᵃⁿ이었음을 절대로 잊어서는 안 된다.

교회인이란 무엇인가? 교회인이란 한마디로 그리스도의 교회를 높이 기리고, 또한 교회가 그리스도의 장성한 분량에까지 자라도록(엡 4:15-16) 힘쓰며 그 내부에서 수고하는 사람을 가리킨다. 그러나 오늘날 "교회인"이란 칭찬이 담긴 단어가 아니고 오히려 수치스러운 단어, 비난으로 가득 찬 단어가 되어 버렸다. 문화를 완전히 바꾸려 한다면, 진정 인간의 삶을 바꾸어 놓는 기관을 찾아야 한다면, 애플이나 구글, 페이스북 혹은 마이크로소프트 등 기술 세계의 거대 기업들이 거기에 해당할 것이라고 말하기 때문이다. 교회를 보라는 이야기는 하지 않는다. 더구나 이른바 교회인은 더더욱 거론되지 않는다. 그러나 모든 논쟁을 초월하여 다음과 같은 메이첸의 목소리를 다시 한번 들어야 할 필요가 있다. "교회는 사람의 사회적 필요에 대한 최고의 기독교적 대답이다."[1]

그리스도의 교회에 대한 메이첸의 담대한 신뢰가 놀랍지 않은가? 그러나 그리스도가 그분의 교회에 대해 하신 위대한 말씀들을 다시 살펴보면 놀라움이 깨달음으로 바뀌게 된다. 땅끝까지 이르러 모든 백성과 민족, 언어, 나라를 제자 삼으시기 위한 유일한 수단으로 그분의 교회를 택하신 분이 바로 그리스도가 아닌가? (마 16:19) 겸손하고 마음이 온유한 그리스도가 우리 신자들과 같이 비천하고 유약하고 죄악된 사람들을 택하시고 또한 똑같이 비천한 수단을 통해 모으사 그분의 말씀과 성례와 권징을 통해 그분의 나라를 세워 가도록 하신다는 사실이 놀랍지 않은가?(마 18:15-20, 28:18-20) 또한 그분이 그 일을 위해 택하시는 여러분과 나 같은 비천한 사람들을 생각해 보라. 그분은 세상의 힘 있는 자나 지혜로운 자나 부한 자를 택하지 않으셨다. 그분이 그분의 교회를 세우시기 위해 과연 어떤 사람을 부르셨는가? 수고하고 무거운 짐 진 자요, 이 세상의 힘없고 멸시받는 자가 아닌가! (마 11:28-30, 고전 1:25-31)

우리 주님은 그 나라의 열쇠를 오직 교회에 맡기신 것이다!

하늘과 지옥을 여는 열쇠를 오직 교회에만 맡기신 것이다. 민족들 중에서 그리스도를 유일한 구주요 주主로 믿고 회개하고 그분께 돌아오는 모든 사람에게 하늘이 베풀어지며, 그 부름을 거절하는 모든 사람에게는 지옥이 정해져 있는 것이다. 이러한 궁극적인 갈림길이 원리상 불가시적 교회에게-참된 신자들의 무리에게-해당되는 것이라는 데에 많은 이들이 동감할 것이다. 하지만 그리스도의 보편적인 몸의 구체적인 표현인 가시적인 지역 교회에 대해서도 같은 말을 할 수 있지 않을까? 메이첸이 말한 대로 우리도 말할 수 있고 또한 말해야 할 것이다. 그는 신약의 본문을 속속들이 연구했고, 고린도, 로마, 빌립보, 데살로니가, 에베소, 골로새 등의 지역 교회들에게 보내는 바울의 서신들을 읽으면서 형형색색의 진짜 사람들과 진짜 교회들을 대면했다. 죄가 이 세상을 뒤덮고 있는 캄캄한 어둠 속에서 주님은 눈에 보이는 교회들이라는 군도群島를 빛의 섬들로 지정하셔서 하나님의 영원한 복음의 소망을 견지하게 하신 것이다. 이 빛을 공개적으로, 눈에 밝히 보이도록 신실하게 비추는 것이야말로 하나님의 영광스러운 계획인 것이다.

메이첸은 이 모든 것을 알고 있었고, 바로 그 점 때문에 그는 지역 교회에 관한 한 전혀 이상주의자가 아니었다. 메이첸이 복음의 진리를 위해 싸웠다면, 그는 그리스도의 가시적인 교회 내의 복음 진리를 위해 싸운 것이다. 그러나 안타깝게도 그는 그의 시대에 그의 소속 교회-미국북장로교회Presbyterian Church of the United : PCUSA — 에서 이미 영적 쇠퇴를 보았다. 몇몇 사례에서는 복음 진리를 정면으로 부인하기까지 하는 심히 우려되는 징후를 보았다. 그러나 메이첸이 가장 염려했던 것은 교회의 회원들이 아니라, 안수로 임직받았으나 비정통적인 신앙을 가진 목사들이었다. 메이첸은 다음과 같이 탄식했다.

> 보이지 않는 교회, 곧 모든 구속받은 자의 참된 무리는 오늘날 보이는 교회를 구성하는 그리스도인들의 무리 속에서 드러난다. 그런데 보이는 교회에서 발생하고 있는 문제는 무엇인가? 연약한 상태가 되는 이유가 무엇인가? 연약하게 된 많은 원인들이 있을 것이다. 그러나 한 가지 이유는 매우 분명하다. 오늘날 교회가 많은 비기독교인 무리를 교회의 회원으로 받아들일 뿐만 아니라 교육 기관에까지 받아들임으로써 주님께 신실하지 못했다는 것이다.[2]

메이첸은 "한 번도 합당한 신앙고백을 한 적이 없고" 오히려 그 태도와 행실이 예수 그리스도의 복음에 역행하는 사람들을 복음 사역에 받아들이는 노회의 처사에 대해 고뇌한 것이다.[3] 성경의 언어로 하면, 메이첸은 그리스도가 사랑하는 교회가 양의 옷을 입은 이리들과 다를 바 없는 목사들을 받아들이는 모습을 보면서 괴로워한 것이다(행 20:29-31). 『기독교와 자유주의』는 정통적인 기독교와 (무슨 이름으로 부르든 이교도주의인 이른바) 자유주의가 근본적으로 다른 종교임을 분명히 하는 선언이었다.

나의 지난 목회지인 로키 마운틴 지역에서도 PCUSA 소속 목사가 사도신경, 그리스도의 신성과 그분의 속죄의 죽으심과 부활, 그리고 성경의 무오성을 완전히 부인하는 것을 목격한 바 있다. 그 동일한 교단에서 그들은 영지주의적인 복음을 전하고, 성소수자의 주장을 인정하기도 한다. 그러나 이런 행동들에 대해 교단으로부터 아무런 책벌이나 징계도 받지 않는다(딤전 5:20-21, 마 18:15-17). 그 목사는 회원 자격을 그대로 유지하고 있다. 이 교단이 바로 70년 전 메이첸을 출교시킨 교단이다.

메이첸의 이 책이 출간된 지 거의 백 년이 지났지만, 그중 "교회"라는 제목이 붙어 있는 장은 반드시 읽어야 한다. 이는 냉정한 역사의 증언이요, 마치 여로보암 치세의 혼합주의적인 이스라엘의 역사처럼 읽힌다. 자유주의의 대의에서 우리는 가짜 성직자의 형태로 나타나는 우상숭배를 목도해 왔다. 스스로 그리스도인이라 부르면서도 참된 그리스도의 빛을 제시하는 것이 아니라, 고대의 벧엘과 단에 있었던 금송아지들의 어두컴컴한 불빛을 제시하는 사람들을 봐 온 것이다. 그리스도의 신실한 교회인인 메이첸에게서 우리 모두 도전을 받아야 한다. 어두워만 가는 이 시대에 진리의 말씀을 굳게 붙잡고, 우리의 지역 교회와 노회와 총회에서 그리스도와 그분의 나라, 그분의 교회를 위한 수고를 새롭게 해야 할 것이다.

— ◇ —

알프레드 포이리에(Rev. Dr. Alfred Poirier: DMin, Westminster Theological Seminary)

웨스트민스터 신학교 목회신학 방문교수, 전도학과 문화론 담당 존 보이어 석좌교수(John Boyer Chair of Evangelism and Culture), PCA 소속 목사. 저서로는 『교회갈등의 성경적 해결방법』(The Peacemaking Pastor: A Biblical Guide to Resolving Church Conflict)이 있다.

『기독교와 자유주의』가 세계 선교에 주는 가치

켄트 휴즈

1811년 프린스턴 신학교가 세워질 당시, 당국자들은 신학교의 계획서에 그 학교의 비전이 담긴 목적을 제시하는 다음과 같은 한 가지 문구를 덧붙였다. "……이교도들을 위한 선교사를 양성하는 기관을 세운다."[1]

아치볼드 알렉산더Archibald Alexander와 새뮤얼 밀러Samuel Miller 등 유명한 프린스턴의 설립자들은 열정적으로 그 비전을 공유했다. 신학교의 초창기에는 매월 첫째 월요일에 합심 기도회가 열렸고 선교사의 강연으로 끝마쳤다. 알렉산더 박사는 그분답게 해외 선교에 대한 "풍부한 정보를 쏟아냈다"고 한다.[2] 1821년 새롭게 지명된 찰스 하지Charles Hodge 교수는 그의 형제에게 보낸 편지에서, 유명한 선교사 윌리엄 케리William Carey의 동료인 윌리엄 와드William Ward가 전하는 설교의 효과에 대해 "어제 저녁만큼 선교사의 노고의 중요성과 위대함을 절실하게 느껴 본 적이 없었다"고 진술하고 있다.[3] 훗날 하지 박사의 『조직신학』은 구원과 세계 선교의 근거인 구속언약(pactum salutis)을 형태를 갖춘 정확한 모습으로 표현한다.[4]

프린스턴 신학교는 19세기에 세계 선교를 위해 큰 힘을 발휘하게 된다. 이곳으로부터 선교사들이 그야말로 홍수처럼 배출된 것이다. 이 선교사들 중에, 특히 아프리카로 향하던 선교사들 중에 많은 이들이 첫 선교지로 향하는 도중에 혹은 도착한 직후에 사망했다. 이 기간 동안 두 선교사의 아내를 포함하여 아홉 명의 프린스턴 출신 선교사들이 중국과 인도에서 격렬하게 죽임을 당했다.[5]

프린스턴 출신 저명인사 중 윌리엄 톰슨William Thompson은 1832년 베이루트로 가서 베이루트의 아메리카 대학교American University of Beirut의 전신인 시리아 개신교 대학Syrian Protestant College을 세우는 일을 도왔다. 1859년 톰슨은 『땅과 책』(The Land and the Book)이라는 극히 대중적인 책을 저술했는데, 1900년 그 책은 해리엇 비처 스토Harriet Beecher Stowe의 『톰 아저씨의 오두막』(Uncle Tom's Cabin) 다음으로 베스트셀러가 되었다. 1854년 존 네비우스John Nevius는 중국으로 가서 40년 이상을 섬기며 학교들을 세웠고, 수많은 지역을 여행하면서 갖가지 주제들에 대해 책을 썼다. 그는 1890년 한국을 두 달간 방문해서 한국교회의 놀라운 성장에 기여한 자립형 교회를 세우는 전략인 자신의 "네비우스 계획"Nevius

Plan을 신참 선교사들에게 가르친 것으로 가장 유명하다.[6] 에쉬벨 그린 시몬튼Ashbel Green Simonton은 찰스 하지의 한 설교에 도전을 받아 해외 선교에 뛰어들어 1859년 브라질로 향했다. 그의 짧은 생애 중 마지막 8년 동안 브라질 장로교회Presbyterian Church of Brazil를 세웠을 뿐 아니라 브라질 최초의 노회와 신학교를 세웠다.[7]

이는 19세기 프린스턴 신학교의 세계를 향한 활동과 선교 역사에서 밝게 빛나는 프린스턴의 영향력의 면면을 드러내 주는 극히 일부의 이야기들에 불과하다.

메이첸이 출생한 1881년에 북장로교회에서는 이미 현대주의의 세력이 활발히 움직이고 있었다. 청년 메이첸이 존스홉킨스 대학교와 프린스턴 신학교를 졸업한 20세기 초엽, 이들의 세력과 영향력이 증가하고 있었다. 그가 독일에서 유학하던 시절에는 더욱더 증가했다. 독일에서 메이첸은 현대주의 신학자인 빌헬름 헤르만의 영향 아래 잠시 있게 된다. 그러나 메이첸은 헤르만과 기타 현대주의자들과 관계함으로써 결국 개혁주의 신학을 한층 더 확고하게 붙잡게 되었다. 1906년 프린스턴 신학교에 돌아와 신약학 강사로 교수회에 합류하면서 보수적인 개혁주의 신학에 더욱 헌신하게 되었다.

프린스턴에서 메이첸은 현대주의로 결집된 세력에 대항하여 성경적이고 지성적으로 정통 신앙을 변호했다. 그는 그 능력을 인정받아 유명해졌다. 1921년에 출간된 그의 책 『바울 종교의 기원』을 통해 그는 최상급 학자로서의 명성을 얻게 되었고, 1923년 출간된 그의 유명한 책 『기독교와 자유주의』를 위한 발판을 마련해 주었다. 이 책은 기독교와 자유주의는 서로 별개인 두 개의 종교라는—이는 복음과 세계 선교를 위해 엄중한 의미를 갖는 명제다—충격적인 논지를 확고히 제시하는 것이었다.

『기독교와 자유주의』에서 메이첸은 이렇게 쓰고 있다. "현대 자유주의 신학이 주 예수에 대해 취하는 태도와 기독교가 취하는 태도 사이에는 심오한 차이가 있다. 자유주의 신학은 그분을 [믿음의] 모범이요 안내자로 간주하지만, 기독교는……신앙의 대상으로 만든다."[8] 그러므로 자유주의자는 신앙을 그저 더 높은 목적에 이르는 하나의 수단으로 간주할 뿐이다. 메이첸이 간파했듯이, 자유주의의 선교학적 변화는 선교사들이 그들의 대의를 제시하는 방식에서부터 선명하게 드러났다. 메이첸은 다음과 같이 진술한다. "50년 전에는 선교사들이 영원의 빛에 비추어 호소했다. '수많은 사람들이 영원한 멸망으로 떨어지고 있다. 예수만이 모든 사람에게 충분한 구주이시다. 아직 시간이 있을 때 구원의 메시지와 함께 우리를 보내 달라'고 말하곤 했다."[9] 그래서 메이첸은 기독교 선교사와 자유주의 선교사 사이의 첨예한 차이점을 이렇게 진술했다.

> 자유주의 신학의 선교사는 기독교 문명의 복들을……전파하려고 노력……한다. 그에 비해 기독교 선교사는, 단지 기독교 문명의 영향……을 도움이 아니라 방해물이라고 생각한다. 그는 자기의 사명이 영혼 구원이라고 믿으며, 영혼은 예수의 도덕적 원칙들에

의해서가 아니라 구속 사역에 의해서 구원받는다고 믿는다.[10]

메이첸은 이렇게 분석한 다음 말미에 가서 장로교회 선교부가 두 종류의 선교사들을 다 재정적으로 지원하여 선교 기부금을 둘이 함께 나누게 하는 일―결국 선교 헌금을 모조리 상쇄시켜 버리는 것―이 얼마나 어리석은 처사인지를 지적한다.[11] 그는 "복음적인 회중이 복음적 믿음을 반대하는 기관들을 지원하는 것이 정직한 일인가"라고 묻는다.[12]

두 가지 기념비적인 사건들을 위한 무대가 세워졌다. 첫째, PCUSA 총회가 자유주의적인 어번 선언에 서명한 두 인사를 프린스턴 신학교 재단 이사로 지명하던 1929년, 웨스트민스터 신학교가 설립된 사건이다. 둘째, 장로교 선교부가 1932년 록펠러의 자금 지원을 받아 출간된 자유주의적인 색채를 띤 윌리엄 어니스트 호킹William Ernest Hoking의 『선교의 재고』(Re-thinking Missions)라는 책을 탄핵하는 데 실패함으로써, 장로교 독립 해외 선교회가 창립된 사건이다.[13]

메이첸의 획기적이며 탁월한 저작인 『기독교와 자유주의』는, 버려진 세계를 향해 복음을 들고 나아가는 신적인 사명을 계속하는 데에 필요한 신학적 기반과 기준을 제시했다. 다시 말해, 개혁주의의 정통성을 해방시키고 활성화하기 위해 필요한 신학적 기반과 기준이었다. 그러므로 이 책은, 웨스트민스터가 남종과 여종들을 훈련시키고 준비시켜 그리스도의 이름을 들고 모든 언어와 민족과 나라로 나아가게 하는 데 지속적으로 헌신할 수 있는 근거를 제시해 주는 것이다.

— ◇ —

켄트 휴즈(Rev. Dr. R. Kent Hughes: DMin, Trinity Evangelical Divinity School)
웨스트민스터 신학교 목회신학 교수. 40년 이상 목회를 한 후 현재 일리노이 주 휘튼에 있는 칼리지 교회 은퇴목사로 섬기고 있다. 탁월한 *Preaching the Word* 주석시리즈의 편집장이며, 저서로는 『성공 신드롬에서 자유로운 목회』(*Liberating Ministry from the Success Syndrome*), *Discipline of a Godly Man* 등이 있다.

메이첸과 학문

샌디 핀레이슨

메이첸의 삶은 유독 바빴다. 그는 웨스트민스터 신학교와 교회에서 섬기는 정기적인 사역 외에도 설교와 강연 초청을 많이 받았다. 대영성경연맹Bible League of Great Britain으로부터 여러 번 초청을 받아 강연했다. 우선 1927년에 예수님에 대한 성경의 가르침에 초점을 맞추어 세 차례 강연을 했다. 1932년 6월에는 같은 기관에서 다시 강연했는데, 이 후 그 내용이 『기독교 학문의 중요성』(The Importance of Christian Scholarship)이라는 제목의 소책자로 출간되었다.[1] 그 강연들에서 메이첸은 청중에게 기독교 학문이 복음의 성장에 미치는 역할을 살펴보라고 주문했다. 그의 메시지는 그때나 지금이나 똑같이 당위성을 지닌다고 할 수 있다.

1933년 메이첸은 주로 성경의 권위, 그리스도의 동정녀 탄생, 바울 신학의 주장 등 논쟁적인 주제를 다루는 주요 신약학자로서의 명성을 이미 확보했다. 그는 자신과 의견을 달리하는 사람들에게 분명하게 말하기를 두려워하지 않았다. 이는 『기독교와 자유주의』에서 매우 확실하게 입증되는 사실이다. 그러나 이런 자세를 취하려면 학자로서의 신뢰성이 있어야만 했다. 그렇다면 학문에 대한 메이첸의 접근법은 어떤 것이었을까? 그가 성경연맹에서 행한 강연들이 여러 가지 통찰을 제공해 준다.

이 강연들에서 메이첸은 시대정신이 사람들을 부추겨 회의론자가 되게 하고 무엇이든 전부 다 의심하게 만든다고 주장했다. 사실과 증거와 진리에 높은 가치를 두는 기독교에는 이 현상이 무거운 압박으로 작용하는 것이었다. 보수적인 그리스도인 중에 진리를 수호하지 말아야 한다고 주장할 사람은 아무도 없을 것이었다. 그러나 '과연 그 일을 어떻게 해야 하는가?' 하는 것이 문제였다.

메이첸의 접근에서 가장 먼저 선명히 드러나는 것은 겸손이었다. 그는 먼저 이렇게 말한다. "이 주제에 대해 논하는 사람이 자기가 논하고자 하는 그 주제에 대해 실질적인 경험이 너무 부족하다는 것은 분명 불행한 일이다."[2] 물론, 여기서 메이첸이 거짓으로 겸손한 척했다는 비난을 받을 수도 있다. 그러나 주목해야 할 사실은 기독교 신앙을 변호하는 메이첸의 어조가―그의 글들이나 다른 사람과의 대화에서―거칠 수도 있지만, 평화를 추구하는 순전한 마음이 이 강연들 전체에 서려 있다는 사실이다. 정통 기독교 신앙의 강력한 수호자라는 메이첸의 명성으로 볼 때, 학문에 대한 그의 강연 시리즈는 기독교를 변호하는 열쇠로서 학문의 중요성을 개관하는 것에서부터 시작되지 않을까 기대할 수도 있었을 것이다. 그러나 그는 그렇게 하지 않았다. 학문이 전도에 필수적인 요인이라는 논지를 제시하며 강연을 시작한다. 개혁주의적 정통 신앙의 변증가로 유명한 사람의 첫 논지가 전도라는 것은 상당히 주목할 가치가 있다. 분명히 말하지만, 그가 강조하는 학문이란 믿음의 아름다운 것을 세우고 지키는 것이요, 이는 다시 전도의 목적을 위한 것이다.

메이첸은 종교적 경험이 기독교 신앙의 중심 요소라 주장하는 자들과는 대조적인 입장을 보였다. 그는 전도의 성경적 모델이 그리스도인으로 하여금 복음의 사실을 가르쳐서 그것을 알고 믿도록 할 것을 촉구한다고 주장했다. 예수 그리스도 자신과 그분의 행하신 일을 믿는 믿음이 복음 메시지의 핵심이지만, 이 믿음이 지식과 동떨어진 것은 아니다. 메이첸의 말처럼, "신약성경은 믿음을 지식과 분리시키는 자들, 곧 어떤 사람을 전혀 알지 못하면서도 그 사람을 신뢰할 수 있다는 식의 터무니없는 사고를 주장하는 자들에게 터럭만큼의 위로도 주지 않는다."[3] 그러므로 메이첸에 의하면, 성경을 올바로 이해하여 복음의 진리를 포용할 수 있으려면 학문이 필수적인 것이다. 학문 자체를 목적으로 바라보는 현실 속에서 이것은 아주 유용한 지적이라 할 것이다.

메이첸은 대외적인 전도를 위한 학문의 중요성을 강조한 후에야 비로소 학문의 변증적 중요성에 주의를 기울인다. 이때까지 그는 믿음을 변호하는 일에 이미 상당한 시간을 보낸 터였다. 이 강연들에서 메이첸은 청중에게 기독교 진리를 받아들이지 않는 자를 상대할 의지를 가지라고, 그 일을 위해 훈련을 받고 준비를 갖추라고 당부했다. 이를 위해서 가장 최우선적으로 기독교를 깨달아야 한다고 말했다. 그는 바로 이 목적을 위해—믿음의 교리들을 가르치기 위해—웨스트민스터 신학교가 세워졌음을 명확히 진술했다. 메이첸에 의하면, 기독교 신앙의 학문적 변호는 그저 방어적 자세만 취하고 있는 것이 아니라, "세상을 불태울" 수 있는 것이다.[4] 메이첸은, 참된 학문은 "공개적이며 공명정대하며……언제나 황금율을 준수하는" 특징을 지닌다고 말한다.[5] 바꾸어 말하면, 우리가 대우를 받고자 하는 대로 우리의 상대자를 대우하는 것이라는 뜻이다.

마지막으로, 메이첸은 청중에게 기독교의 학문은 건강한 교회를 세우고 자라게 하는 데 필수적이라고 말했다. 그는 설교가 강연이 되어서는 안 되고 성도를 진리의 지식에서 세우는 것이 되어야 한다는 점을 먼저 강조했다. 그러면 어떤 진리가 가장 강조되어야 하는가? 메이첸에 따르면, "초월하신 하나님의 위엄……죄 가운데 있는 사람의 죄책과 비참함, 그리고 구원의 신비"가 그것이다.[6]

메이첸이 남긴 유산—동정녀 탄생과 바울의 가르침에 대한 변호와, 『기독교와 자유주의』에서 나타나는바 믿음을 지키라는 특별한 요청—은 과연 학문에 대해 그가 한 권고를 그 자신이 진지하게 취했다는 증거다. 그러한 수고가 늘 인정받은 것은 아니었지만, 성경적 진리를 지키고자 하는 그의 열정은 언제나 뜨거웠다.

기독교 학문에 대한 메이첸의 강연들은 85년 이상 오래전에 쓰여졌으나, 오늘날에도 여전히 참된 울림을 발하고 있다. 웨스트민스터 신학교가 성경 전문가를 훈련시켜 나가는 동안 우리는 반드시 메이첸의 권고를 깊이 새겨야 한다. 학문은 잃어버린 자들을 그리스도를 위해 얻고, 교회를 세우며, 하나님의 영광을 나타내기 위해 행하는 것이라는—그리고 이 모든 일을 순전함과 겸손한 심령으로 행해야 한다는—권고 말이다.

알렉산더 (샌디) 핀레이슨(Alexander [Sandy] Finlayson, MLS, University of Toronto, MTS, Tyndale Seminary)

웨스트민스터 신학교 도서관장, 신학 서지학(theological bibliography) 교수, OPC 소속 장로. 저서로는 *The Founders of the Free Church of Scotland*, *Thomas Chalmers* 등이 있다.

메이첸과 자유주의

칼튼 윈

메이첸의 고전적인 작품인 『기독교와 자유주의』의 서두에서 그는 자신의 목적을 선언한다. 그 목적이란, 곧 독자들에게 성경적 기독교와 "자유주의" 혹은 "현대주의"로 알려진 종교적 신념과의 현격한 차이를 "가능한 한 예리하고 분명하게" 제시하고자 하는 것이다.[1] 그는 지적하기를, 기독교는 성경의 하나님과 역사 속에서의 그분의 활동, 특히 지금 부활하신 영광의 주로서 우주를 통치하시는 예수 그리스도의 이적적인 성육신과 구원 사역의 초자연주의를 누리는 것이다. 반면에 신학적 자유주의 혹은 메이첸의 표현대로 "자연주의적 자유주의 신학"은,[2] 전통적인 기독교 신앙을 현대적 사고의 지성적·문화적 가설들에 준하여 재정의하는 것이다. 구체적으로 말하면, 인간의 이성에 대해 무한한 신뢰를 가지고 성경 같은 전통적인 권위를 멸시하며 재정의하는 것이다. 결국 자유주의는 기독교 신앙의 초자연적인 핵심을 철저히 거부하나, 그러면서도 기독교적인 용어를 거짓으로 채용하는 것이다. 기독교적인 언어를 전용하면서도 그 의미를 왜곡시키는 자유주의의 특질은, 경건의 모양은 있으나 그 능력을 부인하는 것이다(딤후 3:5). 이런 점 때문에 교회에서는 특별히 더 교활하다. 19세기 들어설 즈음에 등장한 자유주의 목사들은, 그 이후로도 "단어를 가지고 묘기를 부리는 저글링"[3]에 탐닉해 오면서, 신학적인 훈련을 받지 못한 교인들에게 겉모습과는 전혀 달리 "철두철미하게 반기독교적인"[4] 가짜 신앙을 심어 주고 있다.

그러나 모든 것을 아시는 하나님이 계시니(출 2:23), 그분은 거의 한 세기 전 메이첸에게 은사를 베푸셔서 자유주의의 신앙 체계를 병들게 해온 내적인 불합리성을 아주 선명한 언어로 논증하게 하셨다. 이는 오늘날까지도 웨스트민스터에서 계속 가르치고 발전시키는 하나의 변증적 접근법을 예고하는 것이었다. 메이첸은 자유주의의 경건한 겉모양을 꿰뚫어서 그 근본적인 틀이 갖는 깊은 결함과 그에 따른 영적인 함정들을 밝혀 냈다. 이를 가능하게 하신 분은 바로 승천하신 그리스도의 성령이었다.

한 가지만 예로 들면, 메이첸은 가장 기본적인 수준에서 자유주의는 절대적이고 인격적인 삼위일체 하나님이 유한한 사람에게 자기 자신을 **그 모습 그대로** 계시하셨다는 것을 부인한다. 자유주의의 견해에 따르면, 하나님은 범할 수 없는 자연법과 구별되지 않는 방식으로—현대인이 문화적으로 유행하는 그 어떠한 윤리적 개념도 투사시킬 수 있는 방식으로—사람의 유한한 경험 속에 거주하기를 자유로이 의도하신다. 즉 자유주의는 하나님이 그들의 창조자와 주로서 인간과 관계하시는 것이 아니라, 시대마다 당시의 종교적 제도와 가치관에 자신의 존재 자체를 적응시키신다고 주장한다. 이것은 이른바 "현대 신학의 아버지"라 불리는 프리드리히 슐라이어마허의 견해였다. 그는 하나님이 모든 것을—하나님을 포함하여 현대의 지식과 경험의 범주들 속에 분류시키신 뒤에야 비로소 모든 것 안에 계신다고 말할 정도였다.

메이첸은 이러한 자연 종교의 근본적인 오류를 간파했다. 그는 "하나님의 두려운 초월성"을 희생시킴으로써 "자유주의 신학이 기독교적 가르침의 중심과 핵심 자체를 놓치고 있는 것이다"라고 쓰고 있다.[5] 분명히 말해서, "하나님은 이 세상에 내재하신다. 하나님 없이는 참새 한 마리도 땅에 떨어지지 않는다. 그러나 하나님이 세상에 내재하시는 것은 그가 세상과 동일시되기 때문이 아니라, 그가 세상에 대해 자유로운 창조주요 유지하는 분이기 때문이다. 창조주와 피조물 사이에는 큰 간극이 존재한다."[6]

다른 말로 하면, 메이첸은 자유주의를 반대하여 창조주와 피조물 사이의 본질적인 차이가 창조자와 구속자 하나님의 내재하심의 한가운데에 보존되고 있다고 주장했다. 심령이 가난한 자들과 함께 애통하며 계시는 하나님은 언제나 높고 거룩한 곳에 계시는 것이다(사 57:15). 메이첸은 하나님과 사람 사이의 "거대한 간격"이 사라지면, 하나님이 **하나님으로서** 이 세상에서 행하시는 모든 활동―죄에 대한 심판, 그리스도의 성육신, 예수님의 역사적 죽음과 부활, 성경을 감동하시는 성령의 역사, 그리고 피로 사신 이 땅의 교회 속에서의 성령의 내주하심 등―이 더불어 사라지고 만다고 이해했다. 더 나쁜 점은, 자유주의가 하나님과 사람 사이의 구별을 제거하고서 구속의 역사를 "인간이 최고의 상태에서 하나님과 하나"[7]―메이첸이 간파했듯이, 궁극적으로 자유주의에 있어서는 하나님이 **그의** 최고의 상태에서 사람과 하나가 되었기 때문이다―라는 허망한 개념의 상징에 불과한 것으로 재정의하는 것이다.

『기독교와 자유주의』는 자유주의자의 인간화된 신에 대항하여, 성경에 계시된 절대적인 하나님과 특히 성경이 제시하는 대로 신적인 성자의 성육신과 그분의 분명한 역사적 구속 사역, 그리고 거기서 비롯되는 참된 복음의 메시지를 강조한다(고전 15:1-4, 롬 1:1-6, 갈 1:9 참조). 그분은 과연 죄인이 그분의 말씀으로 말미암아 그리스도를 믿는 믿음을 통해 알 수 있는 하나님이자, 죄인이 누릴 수 있고 또한 반드시 누려야만 하는 초월적이고 초자연적인 하나님이신 것이다.

기독교와 자유주의를 서로 강제로 분리시키는 메이첸의 작업은 단순히 지성적인 시도 이상이었다. 그것은 주 예수 그리스도를 향한 영적이고 희생적인 헌신의 행동이었다. 또한 그분의 나라 안에서 행한 사랑의 봉사요, 심지어 메이첸 자신의 크나큰 개인적인 희생을 담보로 하는 행동이었다. 세속적인 지성인들은 미국의 이상주의를 허무는 그의 공적에 놀라움을 표시하면서도 그의 종교성은 무시해 버렸다. 근본주의자들은 정통 신앙에 대한 그의 변호에 박수를 보냈으나 그의 교회론은 인정하지 않았다. 자유주의적 개신교도들은 그를 무관용주의자로, 심지어 비방하는 자로 공격했다. 그러나 아무도 그들의 사상에 대한 그의 논평을 논박하지는 못했다. 그것이야말로 언제나 메이첸에 대한 비평의 초점이었고, 그러면서도 그는 그러한 비평을 수용한 목사들을 개인적으로 공격하는 일은 피하고자 했는데도 말이다.

그의 사역에 대한 어떠한 인간적인 반응보다 훨씬 더 의미 있는 점은, 영적인 타락과 교리적 왜곡으로부터 기독교 신앙을 지킴으로써 참되고 살아 계신 하나님을 영화롭게 하고자 하는 메이첸의 열망이었다. 그는 "한 시내가 있어 나뉘어 흘러 하나님의 성 곧 지존하신 이의 성소를 기쁘게 하"며(시 46:4) 또한 그것을 맛보는 자들이 진정 자유함을 얻는다는 사실을 잘 알고 있었기 때문이다. 지극히 높으신 하나님, 우리의 구주께서 웨스트민스터 신학교에 영적 지성과 은혜로운 의지를 베푸셔서, 메마르고 핍절한 세계를 향해 오직 이 축복의 잔만을 전해 줄 목사들을 훈련시키게 해주시기를 바란다.

칼튼 윈(Rev. Dr. R. Carlton Wynne: PhD, Westminster Theological Seminary)
웨스트민스터 신학교 조직신학과 변증학 담당 부교수. PCA 소속 목사. *Zeal for Godliness: Cevotional Meditations from Calvin's Institutes*의 공동 편집자 겸 기고자.

메이첸과 참된 기독교 신앙

레인 팁튼

메이첸의 『기독교와 자유주의』는 신앙고백적인 장로회 논쟁의 기념비로서, 웨스트민스터 신학교 교회를 섬기는 나의 사역에 지속적으로 영향을 미치고 있다. 메이첸의 주장은 두 가지다. 첫째, 슐라이어마허, 리츨, 폰 하르낙, 헤르만 등의 저작들에 포함되어 있는 신학적 자유주의가 하나님과 성경, 인간, 죄, 그리스도, 구원, 종말에 관해 신구약 성경의 가르침과 반대되는 입장을 취하는 이론들을 제기한다는 것이다. 그러므로 신학적 자유주의는 보편교회의 신조와 개혁주의 신앙고백들을 진심을 다해 고백할 수가 없다는 것이다. 둘째, 이러한 교리적 이탈의 결과로 신학적 자유주의는 기독교 신앙이 아니라는 것이다. 사실 그것은 전혀 다른 종교인 것이다.

기독교와 자유주의가 서로 다른 종교라는 메이첸의 절대적인 주장을 전제로, 메이첸과 동시대 인물인 찰스 어드만은 메이첸이 신학적 진리에 대한 병적인 집착 증세를 나타내는 인격 장애가 있다고 비방했다. 당대의 복음주의자들 역시 어드만과 비슷하게 메이첸의 정통 장로교회의 후예들이 그들의 영적 아버지의 병을 그대로 닮고 있다며 멸시했다. 그러나 메이첸에 대해 이런 식으로 생각하는 이들은, 그가 성경의 가르침에 이끌려서 기독교 신앙-삼위 하나님과의 하나된 교제-에 대한 깊고 깊은 종교적 관심으로 나아가게 되었다는 사실을 완전히 놓치는 것이다.

메이첸은 종말론적인 하나님 나라에 관한 성경의 분명한 교리적 가르침에 근거하여, 기독교 신앙이 그리스도가 하늘의 하나님의 우편에 앉아 계시는 "내세를 향하는 것"[1]이라고 보았다. 이는 하나의 종교로서의 기독교가 "하나님의 보편적 부성fatherhood과 인간의 보편적 형제애"[2]의 사회적 유토피아에 속하는 하나의 "건강한 공동체"[3]를 이루고자 하는 보다 높은 목적을 지향하는 수단이 될 수 없음을 의미한다. 그것은 바로 자유주의라는 종교다. 기독교 신앙은 이와는 명확히 대조적으로 "이 악한 세대에서"(갈 1:4) "더 나은 나라"[4] 곧 하늘의 본향으로 구원하는 것이다(히 11:16).

자유주의의 "사회 복음"과는 대조적으로, 메이첸은 다음과 같이 지적한다. "기독교는 건강한 공동체를 이룰 것이다. 그러나 건강한 공동체를 위해서 기독교를 받아들인다면 그것은 더 이상 기독교가 아니다. 기독교는 국제 평화를 증진시킬 것이다. 그러나 국제 평화를 증진시키기 위해 기독교를 받아들인다면 그것은 이미 기독교가 아니다."⁵ 기독교를 사회 정의와 문화적 변혁 혹은 정치적 영향력 등 "보다 높은 목적"에 종속시키는 자유주의의 자세는, "종교 자체에 대해서는 별로 관심이 없는"⁶ "복음"에 불과한 것이다. 이 "복음"을 따르는 자는 "거룩한 하나님과 교통하는 은밀한 곳으로 들어가겠다는 생각을 해본 적이 없"는 것이다.⁷

메이첸은 두 종교를 아주 예리하게 구별했다. 그는 이렇게 주장한다. "기독교적 믿음에 의하면, 사람이 하나님을 위해 존재한다. 자유주의 교회에 의하면, 이론은 그렇지 않을지 몰라도 실제로는 하나님이 사람을 위해 존재한다."⁸ 그러한 기독교적 관점으로부터 흘러나오는 신앙적 사고는 다음과 같은 것이다. "실제로 천국은 하나님과의 교제, 하나님의 그리스도와의 교제다. 그리스도인은 자신만을 위해서가 아니라, 하나님을 인해서도 천국을 소망한다고 경건하게 말할 수 있다."⁹ 기독교가 지향하는 더 높은 목적은 "은혜와 영광 중에" 승천하신 그리스도와 "하나된 교제"(웨스트민스터 대요리문답 제65문답) 속에서 삼위일체 하나님을 예배하는 것이다. 바로 이처럼 보배로운 진리를 자유주의가 교리와 사회적 행동에 대한 특유의 자연주의적 이론들로 대체시켜 버린 것이다.

메이첸은 자유주의가 기독교 신앙과 전혀 다른 종교이므로 PCUSA나 프린스턴 신학교에서 절대로 용인되어서는 안 된다고 주장했다. 자유주의는 그리스도 안에 있는 하나님 나라보다 하나의 사회적 유토피아를 추구하는 것이었다. 자유주의자들은 전혀 다른 종교를 지향하므로, 그들의 생명은 승천하신 그리스도와 하나된 상태로 하늘에 감추어져 있지 못하며(엡 2:6), 따라서 삼위일체 하나님을 예배하는 것이 가장 중심이 되는 핵심적인 신앙적 관심사일 수가 없다고 주장했다. 메이첸이 이런 점들을 거침없이 담대하게 표명하자, 이 다른 종교를 따르는 자들이 반발하고 일어나 조직적인 움직임을 취했다. 메이첸은 게할더스 보스Geerhardus Vos가 말하는 "보다 깊은 개신교적 사고"[10]의 증인이었다. 그는 참된 신앙을 부인하는 불경한 자들에게서 모욕을 당했고, 그렇게 해서 그의 주요 구주이신 예수 그리스도의 발자취를 따라간 것이다(벧전 2:21-25).

메이첸이 자유주의를 상대로 그토록 용맹스럽게 싸운 것은 그가 승천하신 성경의 그리스도와 하나가 되어 행했기 때문이다. 예수 그리스도는 그분의 구속사적인 낮아짐과 하나님 우편으로 높아짐 속에서(롬 1:4, 히 8:1), 이 땅에서 하늘로(고전 15:47), 정죄로부터 영광으로(딤전 3:16), 죽음에서 생명으로(롬 6:10) 옮겨지셨다. 바로 이분 그리스도를 메이첸이 선포하고 변호한 것이다. 그리스도의 역사적 고난 뒤에 역사적 부활과 승천이 이어졌다. 이제 그분은 하나님의 우편에 오르사 성령을 부어 주셨고(행 2:33, 고전 15:45), 그분의 말씀과 성령으로 말미암아 영광에 이르는 고난의 하나된 교제 속에서 그분의 교회에 내주하신다(고전 1:9, 롬 8:17-18). 초자연적으로 나타나시고 성령이 이루시는바 영화로우신 그리스도와의 하나된 결속으로 말미암아 교회가 그리스도의 고난과 죽음과 화합하며(고후 4:7-11), 그리하여 바로 그러한 고난 속에서 교회가 그 "생명"이 "그리스도와 함께 하나님 안에 감추어졌음"을 아는 것이다(골 3:3). 이 세대의 교회 속에서 역사하는바 그리스도의 부활의 능력은 그분의 고난에 동참하는 것과 그분의 죽음을 본받는 데 있는 것이다(빌 3:10).

그러한 고난의 교제를 잘 아는 메이첸은, 1937년 1월 1일 고난으로부터 자유를 얻어 영광으로 옮겨졌다. 그는 남북 다코타의 황량한 시골의 작은 교단에서 섬기던 중 폐렴을 얻어 결국 사망했다. 임종이 가까워 오자, 그는 하늘의 영광과 개혁 신앙의 아름다움에 대해 이야기했고 그리스도의 능동적인 순종에 대해 감사를 표했다. 오직 그것만이 하늘 낙원의 문들을 열어 주는 것이요, "그것이 없으면 소망도 없"는 것이었다.

메이첸의 『기독교와 자유주의』의 신앙적 중요성을 떠올릴 때마다 바로 이 메시지를 떠올려야 한다. 그리스도 예수 안에서 그가 보인 모범이야말로, 내가 정통 장로교회의 복음을 맡은 목사로서 웨스트민스터 신학교에서 봉사하는 가운데 배우고자 힘쓰는 것이다.

레인 팁튼(Rev. Dr. Lane G. Tipton: PhD, Westminster Theological Seminary)
웨스트민스터 신학교 찰스 크라히(Charles Krahe) 조직신학 석좌교수, 조직신학 담당 부교수, OPC 소속 목사. *Revelation and Reason: New Essays in Reformed Apologetics*, *Resurrection and Eschatology: Essays in Honor of Richard B. Gaffin, Jr.* 공동 편집자.

구원의 중심: 그리스도의 고난과 그 이후의 영광

이언 두기드

"구원"을 다루는 장에서 메이첸은 속죄에 대한 기독교와 자유주의의 접근을 서로 대조한다. 그가 지적하기를, 현대 자유주의 설교자들도 때로 속죄에 대해 언급하지만 "그들은 가능한 한 그것을 드물게 말한다. 그들의 마음이 십자가 그늘 밑이 아닌 다른 곳에 가 있다는 것을 쉽게 알 수 있다"고 한다.[1] 그는 계속 지적한다. 그런 설교자들이 그리스도의 죽음에 대해 논할 때면, 우리의 죄값을 치르사 우리를 하나님과 화목하게 하는 속죄의 희생으로서가 아니라 자기희생 모델로서의 모범적 가치를 우선적으로 다룬다는 것이다. 그런데 안타깝게도, 오늘날의 일부 복음주의 설교자들에 대해서도 같은 말을 할 수 있다. 그들은 그리스도의 속죄의 죽음과 부활을 선포하기보다는 "도덕적으로 성공적인" 삶을 살도록 사람들을 독려하는 데에 더 치중하고 있다. 오늘날 우리의 시대에도 메이첸의 시대처럼 성경에 근거하여 선한 행실과 건강한 관계를 가르치고, 심지어 예수님을 최고의 도덕적 모범으로 언급하며 설교하고 가르치는 일이 허다한 실정이다. 그 어디에도 복음을 찾아볼 수 없는 경우가 너무 많다.[2]

이런 현상은 특히 현대의 구약성경 읽기와 설교에서 현저하게 드러난다. 구약성경이 인물 연구와 도덕적인 교훈을 위해 무단으로 사용되고 있다. 몇몇 메시아 예언들을 제외하고는 복음을 설교할 만한 풍성한 토양으로 인정하지도 않고 있다. 그러나 이것은 신약성경이 구약성경을 읽는 법을 어떻게 가르치는지의 문제가 아니다. 신약성경은 거듭거듭 구약성경 전체의 메시지를 "그리스도의 고난과 그 뒤에 오는 영광"으로 정리해 준다. 예수님에게서도(눅 24:25-27, 44-47), 베드로에게서도(벧전 1:10-11), 또한 바울에게서도(행 26:22-23) 이런 이야기를 들을 수 있다. 그들에 따르면, 구약성경을 올바로 해석하면, 주된 초점이 도덕적인 개선이라든지, 사회적인 행동의 촉구라든지, 마지막 때의 사건들에 관한 비전에 있는 것이 아님을 알게 된다. 구약성경의 중심 메시지는 예수님이요, 더 구체적으로 말해 그리스도의 속죄의 고난과 그 뒤에 이어지는 영광이다.

분명히 말하지만, 이 복음을 깨닫게 되면 반드시 신자의 삶에서 새로운 도덕성이 생겨나게 된다. 예수님은 과연 우리가 어떻게 살아야 할지를 보여주는 우리의 모범이신 것이다. 그러나 기독교의 복음은 일차적으로 우리가 행하는 일에 관한 것이 아니다. 메이첸이 분명히 제시한 바 있듯이, 복음이란 역사의 구체적인 순간에 우리 죄를 속하는 그리스도의 십자가를 통해 하나님께서 우리를 위해 행하신 일에 관한 내용인 것이다. 신약의 "새로운" 내용은 복음이 아니다. 신약성경이 말씀하는 대로, 복음은 태초부터 선포되어 온 것이다. 새로운 내용은 하나님 약속들의 완전한 성취다. 그 약속들은 구약에서 부분적으로 성취되었고, 이제 그리스도 안에서 궁극적으로 "예"와 "아멘"이 된 것이다(고후 1:20). 그리스도의 속죄 사역이라는 역사적 실재로부터 그 나라의 약속된 영광이 흘러나오는 것이다.

사실이 이와 같다면, 그 실재가 구약성경과 신약성경에 근거하는 우리의 설교에 반영되어야 한다. 우리 메시지의 중심이 끊임없이 그리스도 십자가상의 속죄의 고난과 그분의 부활을 선포하는 데 있어야 한다. 또한 우리가 영광스러운 새 창조의 첫 열매가 되는 것이 바로 이 죽음과 부활에 대한 우리의 믿음으로 말미암는다는 사실을 강조하는 데 있어야 한다. 좀 더 나은 인간이 되도록 감동을 주고자 하는 데에만 관심을 두는 메시지는 본질적으로 기독교적 설교가 아니다. 그러한 메시지는 유대교 회당이나 로터리 클럽에서도 똑같이 전할 수 있는 것이다.

이러한 실재는 우리의 찬송에도 반영되어야 한다. 『기독교와 자유주의』에서 메이첸은 "내 주를 가까이 하려 함은"이라는 찬송을, 기독교를 대적하지는 않지만 결점이 있는 찬송의 예로 제시한 바 있다. 그는 그 찬송이 언급하는 유일한 십자가는 그리스도의 십자가가 아니라 우리 자신의 십자가임을 지적했다.[3] 현대의 찬송가와 찬양 음악에 대해서 과연 메이첸은 뭐라 말할 것인가? 키이트 게티Keith Getty와 스튜어트 타운센드Stuart Townsend의 "오직 그리스도 안에서만"(In Christ Alone)[4] 등의 몇몇 찬송에 대해서는 그도 마음을 다해 인정할 것이다. 그러나 다른 찬양들은 복음 중심이어야 한다는 필수적인 요건이 결여된 것으로 곧바로 보류될 것이다. 설교의 내용은 물론 찬양의 내용에서도 분별이 필요하다.

사실 과거의 구약성경 저자들과 마찬가지로, 사도 바울은 그의 사역 전체가 예수 그리스도와 그분의 십자가에 못 박힘을 선포하는 것으로 요약되는 것에 만족했다(고전 2:2). 메이첸은 그 동일한 메시지야말로 참된 기독교의 본질적인 핵심이며, 자유주의의 가짜 메시지들과 근본적으로 구별된다고 판단한 것이다. 우리 모두의 설교와 사역에서도 이 복음이 중심이 되기를 간절히 바란다!

이언 두기드(Rev. Dr. Iain Duguid: PhD, University of Cambridge)
웨스트민스터 신학교 구약학 교수, 펜실베이니아 주 글랜사이드의 그리스도장로교회(ARP) 담임목사. 저서로는 NIV적용주석시리즈 『에스겔』, 개혁주의성경강해주석시리즈 『다니엘』, PTW시리즈 『민수기』 등 다수의 성경주석과 *Is Jesus in the Old Testament?*, *Living in the Gap Between Promise and Reality: The Gospel According to Abraham* 등이 있다.

아담의 역사성: 복음의 한 가지 전제

조나단 깁슨

『기독교와 자유주의』의 제3장에서 메이첸은 다음과 같이 진술하고 있다. "신론과 인간론은 복음의 두 가지 큰 전제다. 이 두 전제에 대해서 현대 자유주의 신학은 복음 그 자체에 대해서와 마찬가지로 기독교와 정반대의 입장을 취한다."[1] 계속해서 그는 "현대 자유주의 신학 운동은 뿌리에서부터 죄에 관한 의식을 상실했다"[2]라고 말한다. 이를 좀 더 확대시켜서 우리는 현대 자유주의의 뿌리에 역사적 아담에 대한 신뢰의 상실이 자리하고 있다고 말할 수 있을 것이다. 아담이 없이는 죄에 대한 근거나 죄에 관한 의식에 대한 근거가 없기 때문이다. 사실 아담이 없으면 복음의 근거도, 복음 선포의 근거도 없다.

이 짧은 글은 두 가지를 목표로 삼는다. 첫째, 메이첸의 단정적인 진술들에 비추어 성경에 나타난 아담의 역사성을 재확인하는 것이다. 둘째는, 복음의—곧 인간론의—큰 전제들 중의 하나로서 아담이 갖는 의의를 재확인하는 것이다.

19세기 후반 다윈의 진화론이 등장해서 인기를 얻기까지는, 인류가 아담이라는 첫 사람에게서 기원되었다는 성경의 주장에 대해 거의 의문을 갖지 않았다. 그런데 그 후부터 역사적 아담에 대한 교회의 확신이 서서히 쇠퇴해 오고 있다. 아담의 역사성을 부인하거나 재해석하라는 압력이 교회의 외부와 내부 모두에서 가해지고 있다. 교회 외부에서는 과학적인 연구 결과들이 인류가 공통적으로 자연적으로 아담에게서 유래했다는 성경의 기사에 대해 의문을 제기하는 것 같다. 교회 내부의 경우는 일부 목회자들과 학자들이, 창세기 1-2장의 문자적인 이해가 오도된 것이요 또한 세속 시대의 회의론자들에게 불필요하게 믿음을 방해하는 요인만 될 뿐이라고 주장하고 있다. 우리는 하나님께서 두 권의 책을—자연의 책(일반계시)과 성경의 책(특별계시)을—우리에게 주셨으며, 따라서 둘 다 함께 읽어야 한다는 이야기를 들어 알고 있다. 개혁주의 전통은 물론 언제나 이것을 사실로 믿어 왔다. 그러나 후자가 전자보다 우월하다는 중요한 단서를 붙여서 믿어 온 것이다. 그러므로 **오직 성경으로**sola scriptura라는 종교개혁의 원리에 준하여—현대 과학이 무슨 주장을 하든지 간에—우리는 성경으로 돌아가서 그것을 아담의 역사성에 대한 최종적 권위로 삼아야만 한다.

이와 관련하여 성경은 또렷하기도conspicuous 하고 명료하기도

perspicuous 하다. 창세기 초두의 몇 장들―장르상 역사적 기술이다―은 아담을 땅의 흙으로 지음받은 첫 사람으로(2:7), 하나님이 더불어 행위 언약을 맺으신 사람으로(2:16-17), 또한 그에게서 하나님이 첫 여자를 지으신 사람으로(2:18-25) 제시하고 있다. 이 첫 남자와 여자를 아담과 하와라 이름 지었으니, 이들이 함께 인류의 조상이 된 것이다. 성경의 세 족보가 아담을 기원으로 제시한다(창 5장, 대상 1-8장, 눅 3:23-38). 유다서는 아담을 성경 역사의 시발점으로, 에녹을 "아담의 칠대손"으로 제시한다(14절). 예수님은 아담과 하와를 역사의 시초에 처음 혼인한 부부로 언급하신다(마 19:4). 사도 바울은 아담을 하나님이 "인류의 모든 족속"(행 17:26)의 시조인 "한 사람"으로 언급하며, 또한 그들의 창조 순서를 제시하여(먼저 아담을, 그 다음 하와를 창조하셨다) 혼인과 교회에서 남자와 여자의 역할 관계를 세우는 것이다(엡 5:31-32, 고전 11:8-9, 딤전 2:11-14).

역사적 아담은 또한 죄와 구원에 관한 성경의 가르침에도 활용된다. 호세아는 이스라엘이 언약을 범한 사실을 아담의 범죄와 비교하며(6:7), 바울은 타락 이전과 이후의 아담이라는 인물과 그의 일을 그리스도와 비교하고 서로 대조시킨다(롬 5:12-21, 고전 15:20-22, 45-49). 여기 거론한 신구약 성경의 몇몇 구절들로 볼 때에, 복음주의자는 하나님이 아담을 신화적 인물 혹은 은유적 인물로 읽도록 의도하셨다는 가설을 받아들이기가 힘들다. 오히려 아담은 또렷하고도 명료하게 땅의 흙으로 만들어 그에게 하나님의 생기를 불어넣음으로써 창조된 역사적인 실존 인물이자 인류 최초의 살아 있는 인물로 제시된다.

『기독교와 자유주의』에서 메이첸은 시종일관 기독교가 한 가지 역사적 사건의 객관적 사실(인간의 경험과 대조적으로)을 토대로 세워진 것임을 주장한다. 그러나 그는 또한 기독교가 그저 역사만이 아님을 지적한다. 기독교는 하나의 메시지라는 것이다. 그저 일어난 일에 관한 것만이 아니라, 그 일어난 일의 **의미**에 관한 것이기도 하다는 것이다. 그는 이렇게 예증한다. "'그리스도께서 죽으셨다.' 이것은 역사다. '그리스도께서 우리 죄를 위해 죽으셨다.' 이것은 교리다."[3] 우리의 목적을 위해서는 아담과 관련해서도 동일한 말을 할 수 있을 것이다. "'아담은 죽었다.' 이것은 역사다. 아담이 죄를 범했고, '그로부터 출생한 모든 인류'[4]도 죄를 범했다. 이것은 교리다."

다른 말로 하면, 아담을 인류의 뿌리로 제시하는 성경의 묘사는 역사적인 관심사이기만 한 사실이 아니다. 오히려 역사적 아담은 기독교의 초석이 되는 **교리들** 중에 속하는 것이다. 이는 성경이 아담을 모든 인류의 영생 혹은 영원한 죽음의 가능성을 두 어깨에 짊어진 하나의 "공적인 인물"[5]로 제시하기 때문이다. 바울은 행위 언약에서 아담의 행동으로 인한 심각한 결과들에 대해 절대로 불명확하게 말하지 않는다. 아주 선명하게 말하고 있다.

그러므로 한 사람으로 말미암아 죄가 세상에 들어오고 죄로 말미암아 사망이 들어왔나니 이와 같이 모든 사람이 죄를 지었으므로 사망이 모든 사람에게 이르렀느니라.……한 사람의 범죄를 인하여 많은 사람이 죽었은즉……심판은 한 사람으로 말미암아 정죄에 이르렀으나……한 사람의 범죄로 말미암아 사망이 그 한 사람을 통하여 왕 노릇 하였은즉……한 범죄로 많은 사람이 정죄에 이른 것 같이 한 의로운 행위로 말미암아 많은 사람이 의롭다 하심을 받아 생명에 이르렀느니라(롬 5:12,15-18).

또한 다른 곳에서는 "사망이 한 사람으로 말미암았으니……아담 안에서 모든 사람이 죽은 것 같이"라고 말한다(고전 15:21-22).

이 진술들은 아담을 부인하거나 재해석하는 일은 복음의 신학적 기초에 대대적인 지진이 일어나는 것과 같음을 드러내 준다. 아담이 없다면? 죄도 없고, 죄책도 없고, 죽음도 없는 것이다. 죄도, 죄책도, 죽음도 없다면? 그리스도도 없는 것이다. 그리스도가 없다면? 복음도 없는 것이다. 복음이 없다면? 구원도 없다. 구원이 없다면? 소망도 없다. 소망이 없다면? 그렇다면 그리스도인이야말로 모든 사람 중에 가장 불쌍한 자가 된다(고전 15:19).[6] 그러나 아담은 역사 속에 분명히 존재했고, 동산에서 타락했으며, 그 결과로 죄와 죄책과 사망을 인류에게 가져다주었다.

이러한 어두컴컴하고 암울한 인류 역사를 배경으로 예수 그리스도 복음의 빛이 찬란하게 비치는 것이다. 아담은 첫 사람이었으나, 예수 그리스도는 둘째 사람이요 마지막 사람이시며 아담보다 훨씬 더 효과적인 일을 행하신 분이다.

> 한 사람의 범죄를 인하여 많은 사람이 죽었은즉 더욱 하나님의 은혜와 또한 한 사람 예수 그리스도의 은혜로 말미암은 선물은 많은 사람에게 넘쳤느니라.……한 사람의 범죄로 말미암아 사망이 그 한 사람을 통하여 왕 노릇 하였은즉 더욱 은혜와 의의 선물을 넘치게 받는 자들은 한 분 예수 그리스도를 통하여 생명 안에서 왕 노릇 하리로다. 그런즉 한 범죄로 많은 사람이 정죄에 이른 것 같이 한 의로운 행위로 말미암아 많은 사람이 의롭다 하심을 받아 생명에 이르렀느니라. 한 사람이 순종하지 아니함으로 많은 사람이 죄인 된 것 같이 한 사람이 순종하심으로 많은 사람이 의인이 되리라. 이는 죄가 사망 안에서 왕 노릇 한 것 같이 은혜도 또한 의로 말미암아 왕 노릇 하여 우리 주 예수 그리스도로 말미암아 영생에 이르게 하려 함이라(롬 5:15, 17-19, 21).

또한 다른 곳에서는 이렇게 말한다. "사망이 한 사람으로 말미암았으니 죽은 자의 부활도 한 사람으로 말미암는도다. 아담 안에서 모든 사람이 죽은 것 같이 그리스도 안에서 모든 사람이 삶을 얻으리라"(고전 15:21-22).

요컨대 아담은 죄와 죄책과 죽음을 초래했으나, 예수 그리스도는 은혜와 의롭다 하심과 부활 생명을 베풀어 주셨다.

구속사의 위대한 두 아담적인 인물인 아담과 예수 그리스도

사이의 대조는(이 두 인물은 각각 구속사의 알파와 오메가이다)[7] 복음의 위대한 전제들 가운데 하나가 인간론이라는 메이첸의 주장에 빛을 밝혀 준다. 앞서 지적한 대로, 인간론은 반드시 아담론을 수반하게 되어 있다. 바꾸어 말하면, 지난 세기에 메이첸이 했던 것처럼 우리도 21세기에 복음을 변호하고 선포하는데, 그 복음은 역사적 아담이 없이는 성립하지 않는 것이다. 메이첸의 시대에 중요시되던 이슈들은 신론과 인간론, 성경, 그리스도, 구원, 그리고 교회에 대한 자유주의적인 관점들이었으나, 우리 시대에는 아담의 역사성이 정통 신앙을 가늠하는 또 하나의 시금석이 된 것이다.

『기독교와 자유주의』의 서론에서 메이첸은 기독교를 현대 과학과 조화시키고자 하는 자유주의의 시도가 "실제로는 기독교의 모든 특성을 포기하는 것"이 되고 말았다고 주장한다. 그는 다음과 같이 말을 이어 간다.

> 과학의 이름으로 반대할 수 있는 모든 것을 기독교로부터 제거하려는 노력 속에서, 또한 적이 그렇게도 원하는 양보를 제공하여 적을 달래려는 노력 속에서, 변증자는 그가 처음에 지키려 했던 그것까지 포기하고 말았다. 삶의 다른 모든 영역에서와 마찬가지로, 여기서도 때로 지키기 가장 어려워 보이는 것들이 가장 지킬 만한 가치가 있는 것으로 드러난다.[8]

아담의 역사성을 기독교 복음의 특징적인 요소 중의 하나로 변호하는 문제에서 이 점이 여실히 드러난다. 기독교는 "죄에 대한 의식과 함께 시작한다"—곧 그것이 "모든 설교의 출발점"[9]이다—라는 메이첸의 주장이 옳은 것이었다면, 기독교 목사들은 반드시 아담을 강단으로 돌아오게 해야 할 것이다. 아담이 없이는 죄도 없기 때문이다. 그리고 죄가 없다면 구주도 없다. 첫 사람 아담이 둘째 사람이요 마지막 사람인 예수 그리스도와 비교와 대조를 이루는 포인트—은유적으로가 아니라 형이상학적인 의미로—이기 때문이다. 아담이야말로 복음의 큰 전제 가운데 하나다. 과연 아담이야말로 그리스도를 복음의 큰 명제—선포할 만한 가치 있는 구주—가 되게 만들어 주는 존재인 것이다.

조나단 깁슨(Rev. Dr. Jonathan Gibson: PhD, University of Cambridge)
웨스트민스터 신학교 구약학 조교수, 영국국제장로교회(International Presbyterian Church) 소속의 안수받은 교육장로. 저서로는 *Covenant Continuity and Fidelity: A study of Inner-Biblical A llusion and Exegesis in Malachi*가 있으며, *Reformation Worship: Liturgies from the Past for the Present*, *From Heaven He Came and Sought Her: Definite Atonement in Historical, Biblical, Theological, and Pastoral Perspective*를 공동 편집했다.

『기독교와 자유주의』와 역사로서의 구약성경

엘리자베스 그로브스

『기독교와 자유주의』에서 메이첸은 기독교가 무시간적인 원리들의 애매하고도 형체가 없는 바다를 둥둥 떠다닐 수는 없음을 거듭거듭 강조한다. 기독교는 그것을 세워 주는 역사적 사건들―곧 예수님의 생애와 죽음, 부활―에 얽매어 있는 것이요, 또한 언제나 그럴 수밖에 없다는 것이다.

그리스도인들이 구약성경이라 부르는 히브리어 성경도 마찬가지로 역사성이 중요하다. 구약성경은, 수많은 다른 일들도 행하셨지만 세상을 창조하셨고 아브라함을 택하셨으며 그분의 백성을 애굽의 종 노릇 하는 데서 구원하신 하나님에 관해 말한다. 이 사건들이 실제로 일어나지 않았다면, 혹은 그것들이 그저 전설이나 꾸며낸 이야기에 불과하다면, 구약성경은 고대인들이 자기들이 바라던 신에 대한 꿈같은 이야기에 지나지 않을 것이다. 전설과 그 속에 나타나는 신은, 다른 시대와 다른 장소의 사람들에게는 그저 일시적인 호기심이나 학문적 연구의 주제에 지나지 않을 것이다.

그러나 만일 구약성경이 서술하는 사건들이 실제로 시공간 속에서 일어난 것이라면, 우리는 사람의 상상과 별개로 존재하시고 자신의 계획에 따라 스스로 주도하여 행동하시며 사실상 **진짜** 살아 계시는 하나님을 보게 되는 것이다. 이것이야말로 모든 시대의 모든 사람에게 관계되는 것이다.

자비롭고 영화롭게도, 이 성경의 하나님은 알려지기를 바라시며 또한 자기를 나타내는 일에 너그러우시다. 하나님은 인간 역사 속에서 활동하실 때마다 그것을 보거나 들은 사람들에게 자기 자신에 관해 무언가를 계시하셨다. 라합에게 한번 물어보라(수 2:9-11). 그러나 만일 하나님이 후대 사람들을 위해 기록을 남겨 두지 않으셨다면, 모든 계시 하나하나가 그 시대의 사람들에게만 유익을 주었을 것이다. 그러나 하나님은 그분의 활동을 그냥 기록하기만 하신 것이 아니었다. 메이첸이 신약성경의 역사에 대해 말하는 것처럼,[1] 성경의 문서들은 그저 일어난 사실을 제시하는 것만으로 그치지 않는다. 신약성경은 물론 구약성경에서도 하나님은 자신의 행위들의 의미를 친히 설명해 주심으로써 그분의 백성이 그 사건들을 잘못 해석하여 그분을 오해하지 않도록 하셨다. 예를 들면, 하나님은 그분이 애굽에 재앙을 내리시고 홍해를 가르신 것이 그분이 언짢으시거나 지루하시거나 화가 나셨기 때문이 아니고, 그들에게—그리고 애굽은 물론 바라보는 온 세상에—그분이 상상을 초월하는 권능을 지니셨고, 절대적인 권위를 지니셨으며, 그분의 백성과 그분의 약속들에 대해 신실하신 분임을 보여주기 위함이라는 사실을 이스라엘에게 알려 주신다. 구약의 역사 전체를 통틀어 보여주시고 말씀하시는 일이 계속되는데, 그 속에서 하나님은 그분이 어떤 분이신지, 그리고 그분의 마음에 무엇이 있는지를 눈으로 보게 하시고 또한 설명해 주신 것이다.

메이첸이 지적하듯이, 예수님은 구약성경을 하나님의 말씀으로 인정하셨고 그 진리성과 진정성을 높이 바라보셨다. 예수님이 하나님이신지에 대한 질문이 제기되었을 때, "하나님"이라는 용어는 애매모호하거나 범신론적인 것이 아니었다. 1세기의 이스라엘 사람들이 보기에는, 그 용어 속에 구약성경 전체를 통틀어 하나님이 자기 자신에 대해 계시하신 풍성한 내용이 가득 들어 있었다. 하나님이 그분의 행위들과 또한 그 행위들에 대한 해석을 모두 기록해 놓으셨기 때문에, 오늘날 우리도 그 풍성한 내용을 알 수 있고 또한 예수님이 하나님이시라는 사실이 어떤 의미인지를 더 잘 이해할 수 있다.

메이첸은 예수님이 "이전에 일어난 적이 없는 일이 이제 발생하려는 역사의 전환기에 서 있"음을 의식하고 계셨다고 말한다.[2] 구약성경 전체를 통틀어, 하나님은 사람의 일들과 역사의 전개를 주관하시는 분으로 제시된다. 하나님은 어디론가 역사를 이끌어 가고 계셨고, 그 궁극점은 바로 그분 아들의 성육신과 생애와 죽음과 부활이었다. 하나님은 그분이 펼쳐 가실 구원의 계획을 사전에 속속들이 다 알고 계셨기 때문에, 그분은 구약성경의 모든 면면에 일일이—예언 속에만이 아니라 역사의 사건과 이스라엘 사회의 구조 속에까지—예수님의 상징물, 모형, 그리고 그림자들을 심어 놓으실 수 있었던 것이다. 하나님이 아담과 하와에게 뱀을 패퇴시킬 한 자손을 약속하시는 데에서도, 이삭을 대신하여 한 어린양을 주셔서 죽게 하시는 데에도, 희생제사 제도에도, 사사와 왕과 선지자와 제사장들에도, 여호와의 원수인 거인을 죽이는 베들레헴 출신의 소년에도, 그리고 구약 역사의 모든 다른 사건 하나하나에도 그 표지판들이 제시되어 있다. 예수님이 엠마오로 **향하는 길에서** 제자들에게 친히 설명해 주신 대로, 그 모든 것은 예수님을 미리 가리켜 준 것이다.

메이첸이 강조하는 것처럼, 예수님이 참으로 죽은 자 가운데서 살아나셨다는 사실은 중대한 문제다. 그리고 그 사건에 이르기까지 하나님이 인간 역사 속에서 행하셨고 그분의 말씀 속에 자신의 행위들을 기록해 놓으시고 해석하셨다는 사실 역시 중대한 문제다. 감사하게도, 오늘날처럼 상한 세상에서 우리가 그리스도의 재림을 바라고 기다리고 있는 동안에도 하나님은 인간사에 계속 개입하고 계신다. 그 마지막이 오기까지 웨스트민스터는, 선남선녀들이 하나님과 그분의 말씀을—신구약 성경을—사랑하도록 그들을 훈련시키고, 절대로 비교할 수 없는 그분의 복된 소식을 나눔으로써 그들이 인간 역사에 지속적으로 개입하시는 하나님의 도구로 쓰임받을 수 있도록 노력할 것이다.

— ◇ —

엘리자베스 그로브스(Elizabeth [Libbie] W. D. Groves: MAR, Westminster Theological Seminary)
웨스트민스터 신학교 성경 히브리어 강사, PCA의 교회원. *ESV Women's Devotional Bible*에 기고했고, 저서로는 *Grief Undone: A Journey with God and Cancer*가 있다.

『기독교와 자유주의』와 성경의 예언

스티븐 콜먼

아마도 메이첸과 동시대의 신학적 자유주의자들은 구약성경의 어떤 부분보다도 선지서를 단골 메뉴로 삼았을 것이다. 그 이유는 간단하다. 자유주의자들은 선지자들에게서 그들 자신을 보았을 것이다. 그들은 선지자들이 마음에 품고 있던 거대한 짐은, 정통 교리를 전파하거나 예배에서 정확성을 유지하는 것이 아니라 하나님을 향한 깊은 종교적 정서와 이웃을 향한 사회적 정의의 실천을 배양하는 것이었다고 믿었다. 그들은 호세아 6:6과 같은 본문을 선지자의 활동 전체에 대한 패러다임을 보여주는 것으로 바라보았다. "나는 인애를 원하고 제사를 원하지 아니하며 번제보다 하나님을 아는 것을 원하노라."

구약성경의 선지자에 대한 이러한 견해는 거의 수정되지 않은 채로 오늘날도 여전히 건재하고 있다. 오늘날의 마르크스주의 신학과 해방신학은 선지자를 소외되고 압제받는 자를 대변하는, 본질적으로 반문화적인(혁명적은 아니라 할지라도) 인물로 해석한다. 이 견해에 따르면, 선지자는 그들 시대의 종교적·정치적·경제적 폐해를 폭로하고 탄핵했기 때문에 우리 시대의 정치 운동을 위한 모델을 제시해 주는 것이다. 이처럼 선지자를 사회적 개혁자로 해석하는 기류가 상아탑으로부터 교회의 강단에까지 이르게 되었다는 사실은 전혀 놀랄 일이 아니다. 메이첸의 시대와 같이 오늘날도 설교자들은 계속해서 선지자들을 끌어들여 갖가지 사회적·정치적 의제들―대부분 인간의 노력을 통해 지금 여기서 하나님 나라를 세우기를 추구하는―의 근거로 삼는다.

현대 학계에서는 성경의 선지자를 종교적 정서와 사회 정의를 선포하는 자로 보는 구자유주의의 견해와 더불어 새로운 관심이 생겨났다. 이스라엘의 선지자들과 그들의 메시지의 문화적 맥락에 대한 관심이 그것이다. 이 연구에 사용되는 주된 도구는 성경의 자료와 폭넓은 유사점들을 보여주는 고대 근동의 문헌이다. 학자들은 고대 마리Mari, 앗시리아, 우가릿Ugarit, 이집트, 페르시아 등의 문헌 속에서 그들이 볼 때 선지자 현상이라 할 만한 것들을 확인하고, 이스라엘의 선지자 전통을 고대 근동 지방이라는 더 큰 사회-종교적 배경에 준하여 해석해 왔다. 그 결과 많은 이들이 여러 문화에 걸쳐 공통으로 나타나는 영매와 점쟁이 현상이 성경에 한 번 더 반복되었을 뿐이라고 여기게 되었다.

『기독교와 자유주의』를 읽어 온 사람이면 누구나 메이첸이 그 상대자들의 논지에서 서로 견해가 일치하는 분야는 물론 진리인 부분도 곧바로 인정했다는 사실을 다 알 것이다. 여기서도 똑같이 그래야 할 것이다. 성경의 선지자들이 공적인 영역에서 정의와 의의 이슈에 큰 관심을 보인 것은 분명 사실이다. 그들의 설교는 이스라엘의 정치 지도자와 종교 지도자들의 불의와 폭력을 표적으로 삼았다. 따라서 오늘날의 그리스도인도 선지자들에게서 사회의 모든 영역에서 정의를 촉진시키고 추구해야 할 필요에 대해 배울 수 있고, 또 배워야 마땅할 것이다. 선지자들이 이스라엘 사회에서 보여준 역할이, 다른 문화권의 유사한 인물들의 역할과 폭넓은 유사점을 보여주는 것도 사실이다. 선지자주의라는 초문화적 현상이 어떤 식으로든 일반적으로 고대 이스라엘의 선지자에 대한 이해에 기여한 것은 틀림없다. 그처럼 병행되는 점을 고려하는 것이 해석하는 데 큰 도움이 될 수 있다.

그러나 성경의 선지자들에 대한 구자유주의의 이해도, 신자유주의(더 나은 용어가 달리 없다)의 이해도 성경에 제시되는 선지자의 직분과 메시지의 핵심을 올바로 간파한 것은 아니다. 둘 다, 선지자라는 직분의 기원과 선지자가 전한 메시지의 내용을 순전히 인간적인 것으로 간주하는 것이다. 메이첸의 『기독교와 자유주의』가 시대를 넘어 계속 당위성을 갖는 이유는, 이 책이 하나님의 말씀을 사람의 말로, 신적인 것을 그저 인간적인 것으로 축소시키는 모든 노력을 지속적으로 비판하기 때문이다. 메이첸이 주장하듯이, 그런 식의 모든 시도는 근본적으로 비기독교적이다. 또한 많은 경우 초자연적인 것을 **원천적으로** 배제시키려는 동기에서 비롯된 것이다. 가장 초기 그리스도인들의 확신은 사도 베드로의 다음 진술에서 잘 드러난다. "예언은 언제든지 사람의 뜻으로 낸 것이 아니요 오직 성령의 감동하심을 받은 사람들이 하나님께 받아 말한 것임이라"(벧후 1:21). 기독교는 초자연적인 종교다. 메이첸이 보기에 이것은 부끄러워하며 피해야 하는 것이 아니라 기뻐해야 할 필수적인 진리인 것이다. 그는 이렇게 쓰고 있다. "진정으로 회개한 사람은 초자연적인 것을 자랑하게 된다. 자연적인 어떤 것도 그의 필요를 채울 수 없음을 아는 까닭이다. 그가 추락하면서 세상이 한 번 요동치고, 그가 구원을 받으려면 다시 한번 요동쳐야 한다."[1]

남 왕국이 패망할 즈음에 선지자 예레미야는 다음과 같이 선포했다.

> 만군의 여호와께서 이와 같이 말씀하시되 너희에게 예언하는 선지자들의 말을 듣지 말라. 그들은 너희에게 헛된 것을 가르치나니 그들이 말한 묵시는 자기 마음으로 말미암은 것이요 여호와의 입에서 나온 것이 아니니라. 항상 그들이 나를 멸시하는 자에게 이르기를 너희가 평안하리라. 여호와의 말씀이니라 하며 또 자기 마음이 완악한 대로 행하는 모든 사람에게 이르기를 재앙이 너희에게 임하지 아니하리라 하였느니"(렘 23:16-17).

사람의 상상에서 나와 사람의 바람을 채워 주는 메시지를 듣고자(혹은 전하고자) 하는 욕망은 예레미야 시대에 하나의 유혹이었고, 메이첸의 시대에도 유혹이었으며, 오늘날 우리 시대에도 유혹이다(딤후 4:3-4). 그러나 과거 성경의 선지자들이 그랬던 것처럼, 메이첸은 죄악된 사람들이 거룩하신 하나님과 화목하게 되는 것에 대한 소망은 내부에서 비롯되는 하나의 감정적인 경험에서 찾을 수 없고, 오직 외부에서 베풀어지는 복음 메시지에서만 찾을 수 있는 것임을 깨달았다. 메이첸은 다음과 같은 진술에서 기독교와 자유주의 사이의 도저히 조화될 수 없는 차이를 잘 정리해 주고 있다. "자유주의 신학에서 진짜 권위는 오직 '기독교적 의식' 혹은 '기독교적 경험'일 수밖에 없다.……반면에, 그리스도인은 성경 속에서 하나님의 말씀을 발견한다."[2] 성경의 선지자들이 바로 이것을 위탁받은 것이다. 사람의 상상이 아니라 하나님의 생각과 뜻에서 기원되는 말씀 말이다.

기독교 신앙은—메이첸이 강력하게 상기시켜 주듯이—인간적인 정서나 견해에 기초하는 것이 아니다. 신적 계시로 말미암아 해석되는 역사의 사실들에 기초하는 것이다. 구속사 속에 나타나는 하나님의 계시를 떠나서는 이스라엘의 선지자들을 올바로 이해할 수 없다. 더욱이 그들의 직분을 확고히 세워 주고 그들의 사역의 본질을 정의해 준 언약을 떠나서는(신 17:15-18) 그들을 제대로 이해할 수 없다. 그러므로 성경의 선지자들을 이해하는 궁극적인 기초는, 마리의 점술이나 인도의 샤머니즘이 아니라 하나님이 시내산에서 이스라엘과 세우신 고유한 언약 관계에 있다. 신적인 심판과 자비에 대한 선지자들의 메시지는 이 언약의 조건에, 특히 순종에 대한 축복과 불순종에 대한 저주의 약속에 뿌리박고 있다(신 28장). 그러나 궁극적으로 선지자들의 말씀은 둘째 아담과 신실한 이스라엘로 오실 그리스도에 대한 말씀이었다. 그분은 언약의 조건에 완전히 순종하셨음에도 불구하고, 십자가 위에서 그분 백성의 죄를 위해 죽으사 그들을 대신하여 언약의 저주를 친히 당하실 것이었다(눅 24:27).

『기독교와 자유주의』는 선지자들의 말씀이 하나님과 사람과 그리스도와 구원에 관한 완전히 유일무이한 메시지임을 계속해서 확실히 일깨워 준다. 이스라엘의 소망은 그들의 종교적 감정에나 모든 의를 이루는 그들 자신의 능력에 있는 것이 아니다(바벨론 포로기가 이를 분명히 입증해 준다). 언젠가는 하나님이 역사 속에서 행동을 취하셔서 죄와 사망의 저주로부터 그분의 백성을 구속하시는 일을 최종적이고 확정적으로 이루시리라는 신적인 약속의 말씀에 있는 것이다. 오늘날 그리스도인들은 "그리스도의……고난과 후에 받으실 영광"(벧전 1:11)을 예언한 선지자들의 말씀의 성취이신 예수님을 아는 더 큰 특권을 누리고 있는 것이다.

스티븐 콜먼(Rev. Dr. Stephen M. Coleman, PhD, The Catholic University of America) 웨스트민스터 신학교 구약학 조교수, 고급성경연구를 위한 앨런 그로브스 센터 (J. Alan Groves Center for Advanced Biblical Research) 선임 연구원. 2008년부터 2017년까지 메릴랜드 주 칼리지 파크의 월레스 장로교회(Wallace Presbyterian Church)의 부목사로 섬겼고, PCA의 안수받은 교육장로다. 저서로는 *Haggai, Zechriah, and Malachi: A 12-Week Study*가 있다.

메이첸과 그리스도의 구약관

그레고리 빌

오늘날 우리 시대에도 그렇지만, 메이첸은 당대 자유주의로부터 성경의 저작권이 공격받고 있음을 인지했다. 자유주의 신학자들은 성경의 일반적인 권위를 비판할 뿐 아니라 성경의 메시지를 해체하고 성경의 저자들을 의심하고 있었다. 성경 저작권의 세부적인 사항이 과연 우리의 구속에 중요한가? 메이첸의 말을 빌리면, "그렇게 오래전에 기록된 것을 의존해야 하는가? 구원을 위해서 곰팡내 나는 기록을 조사해야 하는가?"[1] 그런 질문들에 대해 메이첸은 기꺼이 "그렇다!"고 대답한다. 하지만 무엇 때문에 그런가? 한 가지 이유가 있다. 바로 예수님과 신약성경 저자들이 저작권에 대해 가정하고 주장했기 때문이다. 예수님과 그분을 증언한 신약성경 저자들을 신실하게 따르려면, 심지어 구약성경 저자를 인용하며 그를 언급하는 경우에도 그분의 말씀을 그대로 따라야 한다.

메이첸은 이 점을 깨닫고 있었다. 『기독교와 자유주의』 중에 "성경"을 다루는 장에서 그는 "우리 주님 자신이 가지신 것으로 보이는 성경에 대한 높은 견해……를 현대 자유주의자……가 거부하"고 있다고 말한다.[2] 본 논고는 이러한 주장에 준하여 구약성경에 대해 그리스도가 취한 견해의 한 가지 측면을 다시 조명할 것이다. 이는 메이첸의 견해—"자유주의자들"은 물론 일부 복음주의 학자들도 거부한—를 지지할 것이다. 예수님과 신약성경 저자들은 이사야서를 선지자 이사야—진짜 역사적인 **인물**인—의 저작으로 무수히 인용하고 있다. 어떤 이는 예수님과 신약성경 기자들이 "이사야"라고 알려진 저작물의 문집을 지칭하는 것뿐이라고 믿는다. 그러므로 이사야를 지칭한다고 해서 반드시 실제 생존했던 한 선지자의 흔적이 그 저작 전체에 배어 있는 것으로 이해할 필요가 없다고 주장하는 것이다. 또 다른 이는 예수님의 의도가 예언의 의미만을 전달하는 데 초점을 맞추는 것이었다고 믿는다. 어느 쪽이든 간에 일부 복음주의 학자들은, 만약 인간 저자가 누구인지를 전하는 것이 예수님과 복음서 기자들의 의도가 아니었다면, 혹 "이사야"로 알려진 진짜 인물이 실제로 그 책 전체를 기록하지 않았다 하더라도 그들을 부정확하다고 탓할 수 없다고 주장한다. 또 어떤 이는 초기 유대교와 기독교가(예수님을 포함하여) 이사야서 전체를 이사야의 저작이라고 믿었다는 것은 역사적으로 정확하지 않으며, 그런 확신은 당시 사회적으로 형성된 유대교 전통이었을 뿐이라고 주장한다. 이것이 사실이라면, 예수님은 이사야가 그 책 전체를 기록한 것이 아니라는 진실에 대해 잘못 알고 계셨던 것이거나, 아니면 알고 계셨지만 그릇된 유대교 전통을 묵인하셨던 것이거나 둘 중의 하나가 되어 버린다.

이사야라는 선지자가 과연 신약성경에서 이사야의 것으로 인용된 부분의 저자냐 아니냐 하는 문제에 답변하는 한 가지 방법은, 그 인용문들을 점검해 보는 것이다. 다음은 예수님이나 공관복음서 기자들(마태, 마가, 누가)이 이사야를 언급한 부분들이다. 이 목록을 보면, 공관복음 전체를 통틀어 이사야서의 모든 인용 부분을 이사야의 것으로 언급하고 있음을 알 수 있다.[3]

마 3:3   그는 **선지자 이사야**를 통하여 말씀하신 자라 일렀으되……

마 4:14   이는 **선지자 이사야**를 통하여 하신 말씀을 이루려 하심이라 일렀으되……

마 8:17   이는 **선지자 이사야**를 통하여 하신 말씀에……

마 12:17   이는 **선지자 이사야**를 통하여 말씀하신바……

마 13:14   **이사야의 예언**이 그들에게 이루어졌으니 일렀으되……

마 15:7   외식하는 자들아, **이사야가 너희에 관하여 잘 예언하였도다** 일렀으되……

막 1:2   **선지자 이사야의 글**에……

막 7:6   이르시되 **이사야가** 너희 외식하는 자에 대하여 **잘 예언하였도다** 기록하였으되……

눅 3:4 **선지자 이사야의 책**에 쓴바……

눅 4:17 **선지자 이사야의 글**을 드리거늘 책을 펴서 이렇게 기록된 데를 찾으시니……

위의 목록에는 이사야의 내용을 중대하게 언급하고 있는 본문(막 10:45, 사 53:10-12)은 포함하지 않는다. 여기에는 이사야의 전형적인 "예언"이나 "예언들"이 아니라 "선지자"인 "이사야" **개인**이 언급되어 있다. 이 목록은 이사야서 전체를 기록하고 예언한 이사야 개인의 능동적인 역할을 지적해 준다. 더 나아가서 이사야를 지칭하는 이 인용문들은, 그것들이 이사야서가 의도한 진짜 메시지 주변에 있는 별 의미 없는 껍데기들이라고 결론지을 만큼 충족한 증거를 제시해 주지 않는다. 오히려 그것들은 그 메시지의 **일부**인 것이다. 메이첸의 말로 하면, 그것들은 우리의 구원이 의존하는바 "곰팡내 나는 기록들"의 일부인 것이다. 하나님이 "이사야"라는 한 선지자 개인을 감동하셔서 예언들을—그것들이 실제로 성취되기 전에—기록하게 하셨기 때문에, 그 선지자가 그의 것으로 알려진 예언들을 실제로 기록했다는 사실이 예수님과 신약 저자들에게는 매우 중요하다.

그런데 어떤 이는, 위의 구절들은 얼마든지 이해할 만한 문체상 관용어법의 일부로 사회적으로 형성된 전통에서 취한 것이라는 논지를 수용한다. 그래서 그들은 말하기를, 예수님 자신이 이런 믿음을 표현한 것은 지극히 자연스런 일이라고 한다. 그는 인간이었기 때문에 자신의 유대교 문화의 갖가지 관습들을—그것들이 비성경적이거나 혹은 역사적으로 사실이 아니더라도—받아들였다는 것이다. 때로는 이것을 그리스도의 성육신에 대한 케노시스 이론—곧 그분이 자신을 비우셨거나 혹은 그분의 신적 속성들의 사용을 포기하셨다는—의 한 부분으로 이해한다. 그러므로 예수님은 부분적으로 그분의 시대와 문화를 대변하는 전형적인 사람으로, 그 문화에 속한 참되지 않은 전통들의 일부를 자연적으로 무의식적으로 수용한 것이 되어 버린다. 이것을 예수님이 그분의 문화에 무의식적으로 순응하신 것으로 간주할 수도 있을 것이다.

그러나 과거와 현재와 미래의 현실에 대해 그리스도가 하시는 그 어떠한 주장도 결코 무뎌지지 않는 진리의 힘을 지닌다.[4] 마태복음 24:35은 아무리 많은 문화들이 오고 가더라도 그리스도의 말씀은 언제나 동일하다는 사실을 말씀한다. 그리스도가 최종적으로 오시기까지 온갖 문화들이 그 나름의 특이한 신념들을 지닌 채로 일어나고 사라질 것이다. 그러나 "천지는 없어질지언정 내 말은 없어지지 아니"할 것이다. 그리스도의 말씀과 가르침의 진리는 문화에 예속되지 않고, 모든 문화를 초월하며, 온갖 문화적인 신념들로도 변화되지 않는 법이다. 이것이야말로 신학적 자유주의의 길을 가로막는 명확한 진리요, 또한 메이첸의 시대에나 오늘날 우리 시대에나 그것을 피하여 우회할 길이 없는 것이다.[4]

어떤 이는, 예수님은 하나님이요 사람이시니 이사야의 이름이 붙여진 책의 저자가 이사야가 아님을 분명 알고 계셨을 것이지만,

그 책의 신학적 메시지를 전하고자 하는 목적을 이루고자 의식적으로 그릇된 유대교의 견해에 순응하셨다고 주장하기도 한다.

그리스도가 순응하셨음을 주장하는 두 시각에는 공통적인 문제점이 있다. 1세기 사람들이 주장한 유대교의 그릇된 전통을 대면하고 그 그릇됨을 드러내는 것이 예수님 사명의 한 부분이었던 것이 분명하다는 점이다.[5] 패커는 예수님이 "그분이 보시기에 그릇된 유대인의 관념들을 받아들인 많은 사람들에게 자신의 권위로 도전하고 그들을 정죄하기를 주저하지 않으셨다"고 적절히 결론지었다.[6] 예를 들어, 유대인들은 유명한 구약성경의 인물인 모세가 자기들의 구전법(oral laws)의 저자이므로 그 구전법은 역시 모세로부터 나온 기록된 성경과 동등한 권위를 지녔다고 믿었다.[7] 그러나 예수님은 그런 전통이 모세의 성경의 권위를 지니지 않았음을 말씀하신다. 사실 마가복음 7:1-13에서 예수님은 신적인 권위를 지닌 이사야의 예언(6절, 사 29:13을 인용함)과 모세의 기록된 말씀(10절)을 신적인 권위가 없는 "장로들의 전통"과 대조시키신다. 그러므로 예수님은 진리가 아닌 유대교 전통들의 가짜 권위를 반대하신 반면에, 구약성경의 확정적인 권위는 언제나 인정하셨다(예를 들어, "성경은 폐하지 못하나니"[요 10:35]). 또한 "그 절대적인 권위에 대한 유대교의 믿음에 대해 터럭만큼의 단서도 달지 않고 받아들이신 것이다."[8]

이런 사실에 비추어 볼 때, 예수님이 이사야의 저작권에 대한 그릇된 유대교의 견해를 받아들이셨다는 것이 과연 가능하겠는가? 그럴 가능성이 희박하다. 특히 구약성경이 예수님의 소명과 정체성에 관한 그분의 가르침과 사상의 기반이었으니 더욱 그렇다. 이사야서의 권위 있는 저자가 과연 누구인지에 대해 아셨든지 모르셨든지 간에 예수님이 그 문제에 대해 잘못을 범하셨을 가능성이 있는가? 다시 말하지만, 그럴 가능성이 희박하다. 만일 그분이 이 점에서 틀렸다면, 구약성경에 호소하는 다른 중요한 사안에 대해서도 그분이 틀리지 않았다는 보장이 어디 있겠는가?

정리하면, 이사야의 이름이 붙어 있는 책 전체를 실제로 선지자 이사야의 기록으로 보고 신약성경의 본문들이 그것을 지칭한다고 이해하는 견해 이외에는, 신약성경에서 이사야서를 인용하는 현상과 충분히 일치하는 견해는 하나도 없다.

본 논고는 메이첸의 취지와 자유주의에 대한 그의 책망을 따라 신약성경이 이사야를 그의 이름이 붙여진 책 전체의 저자로 거듭하여 인정한다는 것이 분명하고 개연성 또한 높다는 점을 입증하고자 했다. 이 주제에 대한 신약성경의 확실한 입장이 이사야 선지자가 이사야서 전체의 저자라는 이사야서 자체의 확고한 논지들을 확증해 준다.

메이첸의 정신을 본받아 우리는 성경의 모든 "곰팡내 나는 기록"의 세부적인 내용들을—특정한 책들의 저작권도 포함하여—계속 견지해 나가야 한다. 저작권이 위협을 받게 되면, 그 메시지와 의미도 위협을 받게 된다. 그것을 견지해야만 우리가 예수님과 신약성경 저자들에게 신실할 수 있다. 또한 우리 시대의 자유주의를

밀어낼 수 있다.[10]

— ◇ —

그레고리 빌(Rev. Dr. Gregory K. Beale, PhD, University of Cambridge)
웨스트민스터 신학교 J. G. 메이첸 신약성경 석좌교수(J. Cresham Machen Chair of New Testament), 신약성경과 성경해석학 연구교수, OPC 소속 목사. 저서로는 『성전신학』(*The Temple and the Church's Mission*), 『신약성경신학』(*A New Testament Biblical Theology*) 등이 있다.

『기독교와 자유주의』와 복음서

브랜든 크로

『기독교와 자유주의』의 핵심은, 예수님의 위격person에 관한 내용을 비롯해 교리를 합당하게 이해해야 한다는 것이다. 메이첸은 복음서에 대한 자유주의의―혹은 현대주의의―접근법들은 일관성이 없고 설득력도 없다는 점을 분명히 밝힌다. 메이첸의 사고에 담긴 몇 가지 측면들은 오늘날의 복음서 연구에도 변함없는 시사점을 준다.

첫째, 복음서는 근본적으로 원대한 사상들이 아니라 예수님에 관한 책이다. 곧 그분이 진짜 누구이시며 그분이 진짜로 어떤 일을 행하셨는가에 관한 책이다. 이러한 정의가 당연해 보일 수 있으나, 언제나 당연시되지는 않았다. 메이첸의 시대에는 분명 당연시되지 않았다. 예수님은 그저 위대한 도덕 선생으로 이해될 수가 없다. 그분이 자기 자신에 대해 그 이상의 주장을 하셨기 때문이다. 그분은 구원 사역을 이루기 위해 오셨다.

메이첸이 단언하듯이, 복음서를 비역사적으로 읽으면 신비주의가 되어 버린다. 하나님의 초자연적인 아들인 그리스도가 중심이 되는 기독교의 메시지는 역사 속에 뿌리를 박고 있다. 오늘날 복음서가 서술하는 사건들의 역사성을 경시하는 복음서 연구가 계속 존재하고 있지만, 우리는—누가가 그의 책 서언에서 명확히 진술하듯이(눅 1:1-4)—복음서의 메시지가 예수께서 실제로 행하신 일에 뿌리를 박고 있음을 반드시 기억해야 한다.

둘째, 역사적 예수가 "진짜로" 하신 말씀을 가려내고자 복음서를 체질하는 것은 우리의 임무가 아니다. 재구성한 비#초자연적인 예수는 역사의 예수도 아니요, 복음서가 제시하는 예수도 아니다. 재구성된 예수를 믿는 것은, 오류 가능성이 있는 수정론자들이 취한 주관적인 원칙과 방법론을 믿는 것과 마찬가지다. 복음서 기자들이 제시한 내용을 다시 초기화시켜 왜곡시키는 본문이 아니라, 영감된 본문이 우리의 권위가 되어야 마땅하다. 물론 요점은 약간 다르지만, 성경을 그릇 해석하여 아름다운 임금의 모자이크를 개의 그림으로 바꾸어 버리는 자들—이들은 모래로 밧줄을 엮는 자들이다—에 대한 이레나이우스Irenaeus의 경고를 상기하게 된다Against Heresies. 복음서를 잘라내고 짜깁기하는 자들이 바로 그와 같다.

셋째, 복음서는 시종일관 초자연적이다. 예수님은 죄인을 구원하기 위해 오신 초자연적인 구주시다. 그분이 그분의 사역을 통틀어 자신을 메시아로 보신 것이 분명하며, 또한 그분 자신의 목숨을 대속물로 주시기 위해 오셨음을 명확히 진술하기도 하시는 것이다(막 10:45). 메이첸은 예수님이 신적인 분이어야만 그분의 속죄가 성립한다고 주장한다. 어떤 귀인이 만일 남을 구원하지도 못하면서 희생의 모범을 보이기 위해 자기를 희생한다면 그것이 무슨 유익이 있겠는가? 예수님의 희생이 효력이 있고 구원을 이룰 수 있기 위해서는 예수님에게 무엇인가 독특한 점이 있어야만 한다. 바로 이 때문에 복음서가 복된 소식인 것이다. 메이첸은, 그리스도의 대리적인 죽음이 그리스도 자신의 유일무이한 독특성을 전제로 하는 것이요, 그분의 독특함은 부활이라는 위대한 기적을 예고하는 것이라고 주장한다. 그리스도는 그저 사람에 불과한 분이 아니지만, 그럼에도 그분은 진정 사람이다. 또한 그분은 하나님의 신적인 아들이다. 사복음서 모두 이 사실을 증언한다. 이 점은 단순히 학구적인 사항만이 아니다. 예수님은 오직 그분만이 하실 수 있는 방식으로 우리 죄의 진정한 문제를 해결하기 위해 오신 것이다. 그분이야말로 죄악된 세상에 필요한 해답이다. 그분이야말로 우리가 복음서에서 만나는 구주시다. 우리는 반드시 그분을 믿어야만 한다.

— ◇ —

브랜든 크로(Brandon D. Crowe: PhD, University of Edinburgh)
웨스트민스터 신학교 신약학 조교수, 「웨스트민스터 신학 저널」(*Westminster Theological Journal*) 서평 담당 편집자, PCA의 안수받은 교육장로. 저서로는 *The Last Adam*가 있으며, 『삼위일체』(*The Essential Trinity*)를 공동으로 편집했다.

『기독교와 자유주의』와 해석학적 전제들

번 포이트레스

"특히 종교의 영역에서 현 시대는 충돌의 시기다. 늘 기독교라는 이름으로 알려졌던 위대한 구속救贖의 종교가, 지금은 전혀 다른 형태의 종교적 신념과 싸우고 있다. 이 종교적 신념은 전통적인 기독교 용어를 사용하기 때문에 기독교 신앙에 더 파괴적이다."[1]

메이첸이『기독교와 자유주의』라는 획기적인 책을 저술할 당시, 많은 이들은 기독교의 본질을 명확히 이해하고 있지 않았다. 표면적으로 자유주의는 기독교라는 일반적인 주제에다 그저 한 가지 변형된 것을 추가시킨 정도로 보였다. 사실 자유주의자들도 그렇게 생각했다. 자기들은 기독교 신앙이라는 틀 속에서 그것을 최신의 것으로 만들기 위해 수고하고 있다고 생각했다. 그들은 현대적 사고에서 케케묵은 것으로 보이는 교리들은 버리고 기독교의 본질적인 특징을 더 선명하고 정확하게 드러내고자 힘쓴 것이다.

메이첸의 연구 조사는 종교적 뿌리까지 파고들었다. 메이첸은 뿌리를 보면 기독교와 자유주의라는 두 가지의 서로 다른 종교가 있다고 말한다. 이 둘은 많은 중대한 요점들에서 서로 모순을 일으킨다.

메이첸이 해석학을 중점적으로 연구하고 조사한 것은 아니다. 그러나 그의 책은 해석학에 상당한 파생적 의미를 제시한다. 두 가지 종교는 두 가지 분명한 해석학적 전제들을 산출한다. 이러한 차이는 다시 성경의 개별적인 본문을 해석하는 데서와 주어진 주제에 대한 전반적인 사고를 형성하는 데서도 광범위한 차이들을 산출해 낸다. 이러한 차이점들은 오늘날 우리에게도 그대로 남아 있다. 그렇기 때문에 메이첸의 책이 여전히—특히 해석학과 하나님, 역사 등에 대한 우리의 연구에—시사점을 주는 것이다.

성경에 나타나는 기독교는, 끊임없이 세상에—심지어 우리의 머리털까지도 세시는 등(마 10:30) 극히 미세한 부분에까지—개입하시는 하나님을 믿는 종교다. 그분은 자신의 선택에 따라 일상적인 방식(섭리)으로 일하시고, 비범한 방식(이적)으로도 일하신다. 반면에 자유주의는 이적을 부인한다. 최소한 이적에 대해 극히 회의적이다. 그러므로 자유주의자들은 심지어 성경을 펼쳐서 이적에 관한 말씀을 대하기도 전에 이미 정해 놓은 원리에 따라 이적을 설명해 버린다. 예를 들어, 자연적인 사건을 오해한 것이라거나, 유동적인 인간의 전통 위에다 과장되거나 신화적인 표현들을 덧씌워 놓은 것이라는 식으로 설명한다.

이러한 차이점들은 성경에 대한 우리의 사고에 영향을 미친다. 성경이란 과연 어떤 성격의 책인가? 성경은 어떤 유의 의사소통을 담고 있는가? 기독교는 그것이 성령의 감동받은 인간들을 통해 기록된 하나님의 말씀이라고 주장한다. 그러므로 해석학적으로 말하면, 기독교적 해석은 성경을 다른 모든 책과 전혀 달리 취급한다. 그것은 무오한 하나님의 말씀이라는 것이다. 반면에 자유주의는 일종의 "영감"을 믿기는 한다. 그러나 영감을 인간의 에너지가 신적인 것을 지향하여 고조되는 것 정도로 다시 정의한다. 그러므로 자유주의는 성경을 다른 모든 인간의 수고와 근본적으로 동등한 것으로 바라본다.

그 차이점들은 신적인 의사소통과 언어에 대한 우리의 사고에도 영향을 미친다. 기독교는, 하나님이 인간에게 언어의 능력을 주셨기 때문에 언어는 하나님이 효과적으로 진리를 전하시는 적절한 도구라고 믿는다. 그러나 자유주의는 언어란 순전히 인간의 산물이며, 따라서 종교적 언어는 결국 언어학적인 구체적 현상을 초월하는 하나님을 지향해 나아가는 것이라고 믿는다.

더 나아가서, 그 차이점들은 예수 그리스도에 대한 우리의 사고에도 영향을 미친다. 그분은 과연 하나님의 신적인 아들인가? 아니면 그것은 그저 오류의 가능성이 다분한 인간 해석자들이 이론화시킨 관점으로 버려질 수 있는 것인가? 만일 예수님이 과연 하나님의 신적인 아들이라면, 우리는 이적을 그분이 이루시기 위해 하늘로부터 내려오신바 구원의 포괄적인 일의 일부로 여겨 적극적으로 기대하게 된다. 그러나 만일 그분이 위대한 종교와 도덕 교사인 사람에 불과하다면, 그분의 죽음과 부활, 승천 등의 기사는 물론 이적도 얼마든지 버릴 수 있게 된다.

기독교와 자유주의의 차이점은 성경 연구를 통해 계속해서 입증된다. 오늘날에는 메이첸의 시대보다도 그 영향력이 더욱 광범위해진 상태다. 자유주의의 해석학적 전제는 현대주의와 세속주의의 전제이다. 곧 하나님의 임재presence와 활동 없이 물질과 인간으로만 이루어진 세상에 대한 비전이다. 서구의 엘리트 사상가들 사이에서는 이런 전제가 세상을 해석하는 프로젝트를 주도한다. 이런 전제에 대해 아무것도 모르는 그리스도인들이 본의 아니게 그들 가르침의 썩은 부분들을 삼켜 버릴 소지가 많다. 이런 그리스도인들은 성경과 그 내용의 신적 권위를 유지하고자 하겠지만, 그들의 **해석학**은 점점 더 현대주의적이 되어 간다. 메이첸이 제시한 반대 논리야말로 이러한 유혹을 상대하고 물리치는 유익한 각성제인 것이다.

— ◇ —

번 포이트레스(Rev. Dr. Vern S. Poythress: PhD, Havard; DTh, Stellenbosch)
웨스트민스터 신학교 신약학 및 성경해석학 교수로 42년간 가르쳤으며, PCA의 안수받은 교육장로다. 저서로는 『하나님 중심의 성경해석학』(*God centered Biblical Interpretation*), *Theophany: A Biblical Theology of God's Appearing*과 *Knowing and the Trinity: How Perspectives in Human Knowledge Imitate the Trinity* 등이 있다.

주

해설의 글

1. J. Gresham Machen, *Christianity and Liberalism*(New York: Macmillan, 1923). 이 책은 다음과 같이 한국에 번역되었다. 『메이첸의 신학』, 조동진 역(서울: 은총문화협회, 1955; 서울: 크리스챤헤럴드, 1972). 『기독교와 자유주의』, 김길성 역(서울: 크리스챤서적, 2004).

2. J. Gresham Machen, *Christianity and Liberalism*, New Edition(Grand Rapids: Eerdmans, 2009). 『기독교와 자유주의』, 황영철 역(서울: 복 있는 사람, 2013)

3. *The Origin of Paul's Religion*(1921), 『바울의 神學: 바울 宗敎의 起源』, 김남식 역 (서울: 성운출판사, 1979); 『바울 宗敎의 起源』, 김남식 개역(서울: 베다니, 1988). *Christianity and Liberalism*(1923), 『메이첸의 신학』, 조동진 역(서울: 은총문화협회, 1955; 서울: 크리스챤헤럴드, 1972); 『기독교와 자유주의』, 김길성 역(서울: 크리스챤서적, 2004). *New Testament Greek for Beginners*(1923), 『新約聖書 헬라語』, 이순한 역편, 등사본(1962년 이래 다양한 번역본이 있다); *New Testament Greek for Beginners*, 2nd Edition, Dan G. McCartney(Pearson, 2003). *What is Faith?*(1925), 『신앙이란 무엇인가?』, 김효성 역(서울: 성광문화사, 1980); 『믿음이란 무엇인가?』, 심명섭 역(서울: 대서, 2011). *The Virgin Birth of Christ*(1930). *The Christian Faith in the Modern World*(1936), 『기독교와 현대신앙』, 김효성 역(서울: CLC, 1981). *The Christian View of Man*(1937), 『기독교 인간관』, 채겸희 역(서울: 나침반, 1988). *God*

transcendent(1949), ed. Ned B. Stonehouse. *What is Christianity? And Other Addresses*(1951), ed. Ned B. Stonehouse, 『그리스도인과 인간관계』, 김효성 역(서울: 성광문화사, 1981). *The New Testament: An Introduction to its Literature and History*(1976), ed. W. John Cook, 『신약개론: 문헌과 역사에 대한 고찰』, 김효성 역(서울: 성광문화사, 1980). *J. Gresham Machen Selected Shorter Writings*, ed. D. G. Hart(Philippsburg: P&R, 2004), 『메이첸 박사 저작 선집』, 김길성 편역(서울: 총신대학교출판부, 2002). *J. Gresham Machen's The Gospel and the Modern World: And Other Short Writings,* ed. Stephen J. Nichols(Philippsburg: P&R, 2005).

그리고 번역된 메이첸의 전기는 다음과 같다. Henry W. Coray, *Gresham Machen: A Silhouette*(Grand Rapids: Kregel, 1981), 『잔 그레스햄 메이첸: 진리를 위해 용감한 사람』, 김길성 역(서울: 총신대학교 출판부, 1997). Ned B. Stonehouse, *J. Gresham Machen: A Biographical Memoir*, 3rd Edition(The Banner of Truth Trust), 『메이첸의 생애와 사상』, 홍치모 역(서울: 그리심, 2003).

4. 프랜시스 쉐퍼, 『프랜시스 쉐퍼 전집 IV. 기독교 교회관』(서울: 생명의말씀사, 1996), p. 448.
5. 메이첸이 대적해 싸워야 했던 근대 자유주의 신학의 정체에 대해서는 국내 메이첸 신학의 전문가인 김길성 교수의 웨스트민스터 신학교 박사논문 "J. Gresham Machen's Doctrine of Church"(Ph. D. Westminster Theological Seminary, 1992) 제1장에 잘 기술되어 있다.
6. 메이첸의 이 저서에 대해서는 다음을 참조하라. 고경태, "사도 바울에 대한 J. G. Machen과 김세윤의 이해 연구", 「개혁논총」 26, 2013, pp. 205-241.
7. 김재준, 『장공 김재준 자서전 범용기』(서울: 풀빛, 1983), p. 85. 김재준은 1930, 40년대 한국 장로교회 안에서 전개된 자유주의-보수주의 신학논쟁에서, 상대편이었던 박형룡에 대해서는 "그이를 그대로 본 딴 그의 제자"라고 평가했다.
8. David B. Calhoun, *Princeton Seminary*(Edinburgh: Banner of Truth, 1996), 2:394-95.

서문

1. 메이첸은 1924년 9월 11일에 *The British Weekly*에 보낸 한 편지에서 자신의 주장을 다음과 같이 요약했다. "오늘날 존재하는 다양한 형태의 신앙생활들은, 여러 전통들이 서로 뒤얽혀 있기는 하지만, 하나의 뿌리에서 나온 것이 아니라 두 개의

뿌리에서 나왔다. 하나의 뿌리는 기독교다. 다른 하나의 뿌리는 자연주의적이고 불가지론적인 근대주의로서, 비록 세부적인 내용에서는 기독교의 영향을 받았으나, 근본에서는 기독교 신앙에 적대적이다."

2. *The British Weekly*, 1924년 6월 19일.

3. D. G. Hart, *Defending the Faith: J. Gresham Machen and the Crisis of Conservative Protestantism in Modern America* (Phillipsburg: Presbyterian and Reformed, 2003).

헌정 증보판 서론 — J. G. 메이첸의 신학적 리더십

1. J. Gresham Machen, "Inaugural Lecture", Westminster Theological Seminary, 1929.
2. 1928년 12월 27일 J. G. 메이첸이 프린스턴 신학교의 이사들에게 보낸 편지. Princeton Theological Seminary Archives(2018년 9월 24일 검색).
3. 본서, p. 167.
4. 본서, p. 246.
5. 본서, p. 185.
6. 본서, p. 62.
7. 본서, p. 102.
8. 본서, p. 85.
9. 본서, p. 229.
10. 본서, p. 212.

머리말

1. "Liberalism or Christianity", *The Princeton Theological Review*, vol. xx, 1922, pp. 93-117.

1장 서론

1. William Hallock Johnson, *The Christian Faith Under Modern Searchlights*, 1916, p. 7(서문)에서 프랜시스 패튼(Francis L. Patton)이 사용한 표현이다.
2. *Laws, Resolutions and Memorials* passed by the Legislature of the State of Nebraska at the Thirty-Seventh Session, 1919, Chapter 249, p. 1019.

3. *Legislative Acts* of the General Assembly of Ohio, vol. cviii, 1919, pp. 614f. *Acts and Joint Resolutions* of the General Assembly of Iowa, 1919, Chapter 198, p. 219.
4. 미시간 주에서는 오리건 주에서 통과된 것과 유사한 법률이 주민투표에서 엄청난 지지를 얻었으며, 동일한 방향을 추구하는 움직임이 지속되고 있다.
5. 뉴욕 주의 이른바 '러스크 법'(Lusk Laws)에서 이 악한 원리가 특별히 분명하게 드러난다. 그중 하나가 공립학교 교사들에 관한 법이다. 다른 법은 "어떤 개인, 회사, 집단 혹은 모임도 어떤 과목이든 가르칠 수 있는 학교, 기관, 학급 혹은 교육과정을 유지하거나 운영하지 못한다. 그런 기관, 학교, 학급 혹은 과정을 세우고 유지하고 운영하려면 뉴욕 주립대학에 허가를 신청해 받아야 한다"고 되어 있다. 더 나아가서 이렇게 규정되어 있다. "이 규정에 따라서 학교, 기관, 학급 혹은 과정을 허가받았을 경우, 뉴욕 주립대학 관계자나 직원의 방문 감독을 받아야 한다." 다음을 참조하라. *Laws of the State of New York*, 1921, vol. iii, Chapter 667, pp. 2049-2051. 이 법은 범위가 너무나 광범위한 까닭에, 전쟁 이전의 매우 효율적이었던 독일 군대나 러시아 황제의 경찰 제도를 가지고도 그 집행을 강제하기가 불가능할 정도다. 정확하게 어느 정도까지 이 법을 적용할 것인지는 관리자의 판단에 맡겨졌으며, "어떤 과목이든 가르칠 수 있는"이라는 규정을 실제로 적용했을 때 발생할 결과 때문에 시민들은 견딜 수 없는 사생활 침해 위험에 지속적으로 노출된 셈이다. 한 가지 예외 조항이 원칙적으로는 특히 악하다. 그 법에 의하면 "이 조항이 발표되는 시점에 종교적 교단이나 집단으로 인정된 단체에 의해 설립되고 유지되는 학교에게는 지금이나 앞으로도 그런 허가를 요구하지 않는다." 사람들은 현존하는 교회들이 한동안은 이 법의 해악으로부터 벗어나리라는 생각에 기뻐할 수 있다. 그러나 현존하는 교회들만이 면제된다는 제한은 종교의 자유라는 근본적인 사상에 원칙적으로 역행하는 것이다. 왜냐하면 이 조항은 제도권 종교와 비제도권 종교를 구분하기 때문이다. 로마 제국 시대에도 제도권 종교 단체에 대해서는 관용이 베풀어졌다. 그러나 종교의 자유는 새롭게 생겨난 종교 단체에게도 동일한 권리를 부여하는 것을 포함한다. 다른 예외 조항들도 그 법의 억압적 성격을 조금도 제거하지 못한다. 그 법의 즉각적인 효과도 나쁘지만, 그 법이 드러내는 사람들의 성향은 훨씬 큰 경고가 된다. 법률집에 그런 주제넘은 법률이 기록되는 것을 용인하는 사람은 미국의 자유라는 원칙으로부터 멀리 떠난 사람이다. 참된 애국심은 악을 감추는 것이 아니라, 미국과 영국의 우리 조상들이 기꺼이 피를 흘리고 죽어 가면서 지키고자 했던 그 위대한 원리들을 시민들에게 상기시키려 할 것이다. 러스크 법이 곧 무효화될 것이라는 희망적

인 전망이 있다. 만약 그 법이 폐지된다면, 그것은 지속적인 감시에 의해서만 자유가 유지된다는 경고의 역할을 할 것이다.

2장 교리

1. *The Origin of Paul's Religion*, 1921, p. 168. 메이첸은 바울에게 있어서 교리가 **시간적으로** 삶보다 먼저 온다고 주장한 것이 아니라 **논리적으로** 먼저라고 주장했다. 이것이 *The Origin of Paul's Religion*에 대해 라이만 아봇(Lyman Abbott)이 제기한 반박에 대한 대답이다. *The Outlook*, vol. 132, 1922, pp. 104f.

2. 저자의 책 *The Origin of Paul's Religion*(1921)에서 이런 시도들을 다루었다.

3. "History and Faith", 1915(reprinted from *Princeton Theological Review*, for July, 1915), pp. 10f.

4. *A Rapid Survey of the Literature and History of New Testament Times*, Student's Text Books, The Presbyterian Board of Publication and Sabbath School Work, pp. 42f.

5. *Mensch und Gott*(1921). 또한 다음 리뷰를 참조하라. *Princeton Theological Review*, xx, 1922, pp. 327-329.

6. Heitmüller, *Jesus*, 1913, p. 71.

7. *Das Messiasgeheimnis in den Evangelien*(1901).

8. J. Weiss, "Des Problem der Entstehung des Christentums", *Archiv für Religionswissenschaft*, xvi, 1913, p. 466. *The Origin of Paul's Religion*, 1921, p. 156.

9. 앞으로 전개되는 내용을 위해서는 다음을 참조하라. *A Rapid Survey of the History and Literature of New Testament Times*, Teacher's Manual, The Presbyterian Board of Publication and Sabbath School Work, pp. 44f.

3장 하나님과 인간

1. 앞으로 전개되는 내용을 위해서는 다음을 참조하라. "The Church in the War", *The Presbyterian*, 1919년 5월 29일, pp. 10f.

4장 성경

1. 앞으로 전개되는 내용을 위해서는 다음을 참조하라. "History and Faith", 1915, pp. 13-15.
2. 오늘날 교회 안에 성경 인용구의 문맥을 살피지 않거나, 성경 저자들의 인간적 특징들을 무시하는 사람들이 있다는 것은 부인할 수 없다. 그러나 성경을 결함 있는 방식으로 사용하는 악습을, 최소한 암시적으로나마 성경 영감을 주장하는 모든 사람에게 돌리는 것은 전혀 근거가 없는 태도다.
3. 아래 내용을 위해서는 다음을 참조하라. "그리스도를 위하는가, 대적하는가For Christ or Against Him", *The Presbyterian*, 1921, p. 9.

5장 그리스도

1. 저자의 책 *The Origin of Paul's Religion*(1921)에서 이 방법을 따랐다.
2. 같은 책, pp. 118-137.
3. "History and Faith", 1915, pp. 5f.
4. 같은 책, pp. 6-8.

6장 구원

1. "The Second Declaration of the Council on Organic Union", *The Presbyterian*, for March 17, 1921, p. 8.
2. 마거릿 렌튼(Margaret Renton)에 의해 속기로 보고된 Fosdick, *Shall the Fundamentalists Win?*, 1922, p. 5.
3. "History and Faith", 1915, pp. 1-3.
4. Philostratus, *In Honour of Apollonius of Tyana*, 1912, vol. I, p. iii. 필리모어(Phillimore)가 이 책의 역자 서문에서 한 말이다.
5. 이어지는 내용을 위해서는 다음을 참조하라. "The Church in the War", *The Presbyterian*, 1919년 5월 29일, p. 10.
6. 우리말 새찬송가 338장, "내 주를 가까이 하게 함" 1절 다시 옮김.
7. 우리말 새찬송가 149장, "주 달려 죽은 십자가" 1절 다시 옮김.
8. 특별히 이런 경향이 사회가 종교 교육을 통제하는 결과를 가져온다는 점에 주안점을 두어 통렬하게 비판하면서, 기독교 자체를 목적으로 삼아야 한다는 정반대

의 견해를 훌륭하게 제안한 글이 있다. Harold McA. Robinson, "Democracy and Christianity", *The Christian Educator*, vol. v, No. 1, for October, 1920, pp. 3-5.

9. Francis Shunk Downs, "Christianity and Today", *The Princeton Theological Review*, xx, 1922, p. 287. 또한 pp. 287-304의 글 전체.

부록 : 『기독교와 자유주의』의 유산

메이첸과 역사

1. 본서, p. 120.
2. 같은 책, p. 120.
3. 같은 책, p. 120.
4. 본서, pp. 121-122.

메이첸, 근본주의 그리고 웨스트민스터 신학교

1. TULIP은 알미니우스주의 신학을 비판하기 위해 1618-19년 네덜란드에서 회집한 도르트 교회 회의(Synod of Dort)에서 등장한 주요 신학적 강조점들에서 유래했다.
2. 이 5개조 근본교리는 19세기와 20세기 초엽 보수주의 신학자들과 자유주의 신학자들 사이의 논쟁에서 등장했다.
3. 1910년 총회는 뉴욕 노회가 그리스도의 동정녀 탄생을 부인한 목사후보생 세 명을 강도사로 인허한 것에 대해 응수한 것이다. 해당 총회가 통과시킨 특정한 이슈들은 다음과 같다. (1) 원어 성경의 영감과 무오성, (2) 그리스도의 동정녀 탄생, (3) 그리스도의 대리적 속죄, (4) 그리스도의 육체적 부활, (5) 성경에 기록된 이적의 실재성.
4. 본서, p. 57.
5. 본서, p. 91.
6. 후에 새 교단의 명칭에 대해 법적인 이의가 제기된 후 정통장로교회(Orthodox Presbyterian Church)로 개명되었다.

메이첸과 변증학

1. 본서, p. 46.
2. 다음을 참조하라. Andrew Brown, "God Meets the Old Devil", *Independent*, October 22, 1996, https://www.independent.co.uk/voices/god-meets-the-

old-devil-1359631.html.
3. C. S. Lewis, *Mere Christianity*(San Francisco: HaperOne, 2015). 『순전한 기독교』, 장경철, 이종태 역(서울: 홍성사, 2001), pp. 93-94.
4. 본서, p. 99.

메이첸과 철학

1. 본서, pp. 105-106.
2. 본서, p. 102.

『기독교와 자유주의』와 설교

1. 본서, p. 94.
2. 본서, p. 77.
3. 본서, p. 62.
4. 본서, p. 49.
5. 본서, p. 100.
6. 본서, p. 80.
7. 본서, p. 87.
8. 본서, p. 88.
9. 본서, pp. 82-83.
10. 본서, pp. 48-49.

『기독교와 자유주의』와 교회

1. 본서, p. 230.
2. 본서, pp. 230-231.
3. 본서, p. 231.

『기독교와 자유주의』가 세계 선교에 주는 가치

1. David B. Calhoun, *Princeton Seminary*, vol. 1, *Faith and Learning, 1812-1868*(Edinburgh: Banner of Truth, 1996), p. 139.

2. 같은 책, p. 141.

3. 같은 책, p. 140.

4. Charles Hodge, *Systematic Theology*, vol. 2(Grand Rapids, MI: Eerdmans, 1975), pp. 358-361.

5. David B. Calhoun, *Princeton Seminary*, vol. 2, *The Majestic Testimony, 1869-1929* (Edinburgh: Banner of Truth, 1996), p. 23.

6. 같은 책, p. 108.

7. David B. Calhoun, *Princeton Seminary*, vol. 1, *Faith and Learning, 1812-1868*(Edinburgh: Banner of Truth, 1996), p. 408.

8. 본서, pp. 150-151.

9. 본서, p. 220.

10. 본서, pp. 226-227.

11. 본서, p. 244.

12. 본서, p. 246.

13. 다음을 참조하라. D. G. Hart, *Defending the Faith: J. Gresham Machen and the Crisis of Conservative Protestantism in Modern America*(philipsburg, NJ: P&R, 2003). pp. 147-51.

메이첸과 학문

1. 이 강연들은 다음의 문헌들에 수록되었다. *What is Christianity?* ed. Ned B. Stonehouse(Grand Rapids, MI: Eerdmans, 1951); *Selected Shorter Writings*, ed. D. G. Hart(Philipsburg, NJ: P&R, 2004).

2. J. Gresham Machen, *The Importance of Christian Scholarship*(London: The Bible League, 1932), p. 3.

3. 같은 책, p. 11.

4. 같은 책, p. 30.

5. 같은 책, p. 24.

6. 같은 책, p. 39.

메이첸과 자유주의

1. 본서, p. 41.
2. 본서, p. 43.
3. 본서, pp. 59-60.
4. 본서, p. 231.
5. 본서, p. 111.
6. 본서, pp. 111-112.
7. 본서, p. 112.

메이첸과 참된 기독교 신앙

1. 본서, p. 222.
2. 본서, p. 59.
3. 본서, p. 222.
4. 본서, p. 222.
5. 본서, p. 222.
6. 본서, p. 221.
7. 본서, p. 221.
8. 본서, p. 224.
9. 본서, p. 217.
10. "우리가 이해한 바에 따르면, 어느 시점에도 우리의 본성 전체가 하나님께로부터 자유할 수가 없다. 사람의 본성은 처음부터 마지막까지 예배일 수밖에 없다. 보다 깊은 개신교적 이해에 의하면, 그 형상은 그저 하나님과 상응해서만 존재하는 것이 아니라 하나님을 지향하는 성향을 지닌 상태로 존재한다." Geerhardus Vod, *Reformed Dogmatics*, trans., ed. Richard B. Gaffin Jr., et al., 5 vols.(Bellingham, WA: Lexham, 2014-2016), 2.13.

구원의 중심: 그리스도의 고난과 그 이후의 영광

1. 본서, p. 178.
2. 예를 들어, Michael S. Horton, *Christless Christianity: The Alternative Gospel*

of the American Church(Grand Rapids, MI: Baker, 2008)를 보라. 『그리스도 없는 기독교』, 김성웅 역(서울: 부흥과개혁사, 2009).

3. 본서, p. 189.

4. Stuart Townsend와 Keith Getty의 가사와 음악. ⓒ 2001 Thankyou Music.

아담의 역사성: 복음의 한 가지 전제

1. 본서, p. 101.

2. 본서, p. 113.

3. 본서, p. 69. 이와 관련되는 한 가지 문제에 대해 메이첸은 이런 말을 이어 간다. "결코 분리될 수 없이 연결된 이 두 요소가 없다면 기독교는 없는 것이다."

4. 웨스트민스터 소요리문답(16답).

5. 웨스트민스터 대요리문답(22답).

6. Richard B. Gaffin, Jr., *No Adam, No Gospel: Adam and the History of Redemption*(Philadelphia, PA: Westminster Seminary Press, 2015), p. 10. 개편의 유용한 소책자가 여기서 다루는 유사한 주제들을 다루고 있다.

7. "그리스도가 구속사의 오메가 되심에 따라 아담은 알파가 된다"(Gaffin, *No Adam, No Gospel*, p. 10).

8. 본서, pp. 48-49.

9. 본서, pp. 116, 113.

『기독교와 자유주의』와 역사로서의 구약성경

1. 본서, p. 71.

2. 본서, p. 74.

『기독교와 자유주의』와 성경의 예언

1. 본서, p. 163.

2. 본서, p. 130.

메이첸과 그리스도의 구약관

1. 본서, p. 120.

2. 본서, p. 130.

3. 이사야의 것임을 주목하는 표현들은 필자가 이탤릭체를 써서 강조했다.

4. 필자는 J. I. Packer, *'Fundamentalism' and the Word of God*(Grand Rapids, MI: Eerdmans, 1957), pp. 60-61이 마 24:35과 24:36 사이의 연결점에 대해 이 점을 지적해 준 것에 대해 감사한다. 이와 관련하여, 그리스도론에 대한 워필드의 논평도 주목하라. "우리 주님의 위격의 경우, 인성[人性]은 진정으로 인간적 면모를 유지했으나 그러면서도 절대로 죄나 오류에 빠질 수가 없었다. 왜냐하면 인성은 절대로, 그것과 함께 존재하는 신성[神性]과의 관계에서 벗어나서 행할 수가 없기 때문이다"(*The Inspiration and Authority of the Bible*[Philipsburg, NJ: Presbyterian and Reformed, 1948], p. 162[Packer, 같은 책, p. 83에서 인용]).

5. N. B. Stonehouse, *The Witness of Matthew and Mark to Christ*(Philadelphia: Presbyterian Guardian, 1944; repr. Grand Rapids, MI: Eerdmans, 1958), pp. 195-211, 또한 R. V. G. Tasker, *The Old Testament in the New Testament*(Grand Rapids, MI: Eerdmans, 1954), p. 32. 필자는 패커의 *'Fundamentalism'*(p. 56 n. 2)에서 이 두 문헌을 알게 해준 것에 대해 감사한다.

6. *'Fundamentalism'*, p. 55.

7. J. Neusner, "Rabbinic Literature: Mishnah and Tosefta", in *Dictionary of New Testament Background*, ed. C. A. Evans and S. E. Porter(Downers Grove, IL: IVP, 2000), p. 895.

8. *'Fundamentalism'*, p. 55.

9. 같은 책, p. 60. 그러나 패커는 구약성경의 권위에 대한 그리스도의 견해에 대해 일반적인 사항들을 말하고 있는 것이다.

10. 본 논고는 Beale, Gregory K. *The Erosion of Inerrancy in Evangelicalism: Responding to New Challenges to Biblical Authority*(Wheaton, IL: Crossway Books, 2008), pp. 123-59를 요약한 것이다.

『기독교와 자유주의』와 해석학적 전제들

1. 본서, p. 42.

찾아보기

ㄱ

가족 224
감정
  감정이 종교의 모든 것은 아님 102
개신교 감독교회 243
개인주의 54, 223
개혁교회 97, 98
개혁신학 97, 98
견유학파 93
경건주의자 50
경험
  경험은 역사를 확증하지만 역사를 대체하지 못함 119-121
  자유주의 신학에서는 경험이 궁극적 권위를 가짐 129-130
  자유주의 신학에서는 경험이 신조를 만들어냄 58, 59

공관복음
  공관복음과 그리스도의 신성 173
공동체
  공동체가 가족의 위치를 축소함 224
  공동체를 위해 종교를 받아들임 220-221
공리주의 52
공자 73
과학
  과학과 기독교의 관계 44-48
  과학의 진보 43-44
괴테 Goethe 49
교리
  교리라는 용어의 의미 90-94
  교리에 수반되는 사실과 그것의 의미 71
  교리와 바울 63-67

그리스도와의 관계를 위해 필요한 그리
스도의 죽음 82-89, 179
'속죄'를 보라.
그리스도의 부활 166
교회의 기초로서의 그리스도의 부활
69-71
그리스도와의 관계를 위해 필요한 그리
스도의 부활 87-89, 201
그리스도의 신성
그리스도의 신성과 속죄론 188-194
그리스도의 신성에 대한 기독교 교리
170-177
그리스도의 신성에 대한 자유주의 신학
의 견해 167-172
그리스도인
그리스도인 삶에서 소망의 위치 216-218
그리스도인의 교제 236, 252
그리스도인의 의무인 증거 99-100
기독교
기독교 변호의 필요성 250-252
기독교는 목적을 위한 수단이 아님
221-222
기독교를 반대하는 현대의 전제들 45
기독교와 문화의 관계 45-48
기독교와 국가 225
'학교', '교육'을 보라.
기독교의 근본적 성격 62-92
기독교의 배타성 184-189
기독교의 사회적 측면들 221-227
삶의 방식으로서의 기독교 대 교리로서
의 기독교 60-100

기드온 243
기적
기적과 과학 156-158
기적과 예수 161
기적을 지지함 161-164
기적의 역사적 증거 164
기적의 정의 154-157
기적의 중요성 158-160, 167
자유주의가 기적을 거부함 165-167

ㄴ

네로 시대 로마 제국 60, 225
네브래스카 주 학교 법 53
노사 관계 219, 226
논쟁의 필요성 247, 248
뉴욕과 교사 법 356 주5
니케아 신조 92

ㄷ

도덕법
하나님의 도덕법 103
동정녀 탄생 166-167
때로 목적을 위한 수단으로 간주되는 종
교 218-224
W. 브레데Wrede 77

ㄹ

라이만 아봇Lyman Abbott 357 주1
러스크 법 356 주5

로마 가톨릭교회 96, 232, 233
루터주의 96

ㅁ

마부르그 회합 96
마르틴 루터 96, 97, 212
목사 선택 249-250
문헌에서의 쇠퇴 51
미국
  미국 학교의 변화 52-55
  미국의 정치적 변화 52-55
  미국화 218-219
믿음
  믿음에 대한 기독교의 견해와 자유주의 신학의 대비 208-218
  숭배와 구분되는 믿음 89-90
  예수에 대한 믿음 132-147

ㅂ

바울
  바울과 예수의 관계 132, 134
  바울과 초대 예루살렘 교회의 관계 67, 68, 134-135, 153
  바울은 새로운 종교의 창시자가 아님 67, 68
  바울의 관용 63-64
  바울의 회심 133
  유대주의자들에 대한 바울의 태도 63-67
바울 서신들
  바울 서신들의 그리스도에 대한 증거 124-129, 144-147, 165
  초기 기독교에 관한 정보의 원천으로서의 바울 서신들 55, 125
범신론 105, 119, 149
벵겔Bengel 198
보름스 회의 90
복음 94, 103
  복음 메시지 57, 113, 114, 179, 223
  복음의 전제들 94, 113
복음서들
  예수를 초자연적 존재로 제시하는 복음서들 144-145
  정보의 일차적 자원인 복음서들 125
복음주의 교회의 기금 233
볼셰비즘 203, 213, 215
부셋Bousset 127
"비기독교적"이라는 용어의 설명 42

ㅅ

사도들
  사도들과 바울 126
  예수로부터 권위를 받은 사도들 121-122
"사회 복음" 215
사회와 변혁 216-220
사회주의 44
산상수훈 71-73, 101, 122
산업 36, 219
선교부 237-239
선교의 목적 212, 213-214, 220

성경
    기독교의 성경관과 자유주의 신학의 대비 119-130
    성경과 구속 120-126
    성경과 신조들 237, 239
    성경의 영감 123-130
    성경의 오류 124-127
    어중간한 성경관 126, 127
성공회 97-98
성령
    그리스도의 구속의 일을 적용하는 성령 202-210
    성령과 성경 123-126
    성령과 성화 215-216
성례론 96-97
성화 213-216
소크라테스 49
속죄 177-198
  대속 186-187
  비판받는 기독교적 속죄관 182-192
  속죄와 그리스도의 신성 189-191
  속죄와 배타성 184-185
  속죄와 역사 181-182
  속죄와 죄 192-195
  속죄와 하나님의 사랑 196-198
  자유주의 신학의 속죄론 178-194
스토아학파 사람들 93
시의 쇠퇴 51
신비주의 181
신생 202-210
신조
  복음주의 교회에서 신조의 의미 230-243
  신조 위에 건설되는 복음주의 교회들 234-252
  신조에 대한 기독교적 견해 60-61
  신조에 대한 자유주의 신학의 견해 58-60
신학
  신학과 역사적 신조들 91
  신학과 예수의 관계 82-91
  '신조', '교리'를 보라.
신학교 57
신학적 견해의 협소함 232-234
신학적 보수주의
  신학적 보수주의가 현존하는 교회에서 물러남 238-240
  신학적 보수주의와 자유주의 신학자들 99, 230-234
심리학 47, 54
실용주의 64
십자가를 노래하는 찬송들 189-191

ㅇ

아리우스주의 171
안수
  안수 신청자를 위한 시험 248-249
  안수 신청자를 위한 질문들 235
알미니안주의 98
양성론 171-172
언어의 진실성의 정의 170-171
역사
  경험에 의해 확증됨 183-184

역사에 근거한 구원 120-123, 182-184
영지주의 248
예술의 쇠퇴 51
예수 그리스도
  기독교에 따른 예수의 신성 175-182
  모범인 예수 그리스도 132, 135, 146-149
  예수에 대한 기독교의 견해와 자유주의 신학의 대비 131-176
  예수에게 적용된 주 79, 152
  예수와 구속 74, 75
  예수와 예루살렘 교회 134-135
  예수와 윤리 73-78
  예수와 하나님 나라 74, 75
  예수와 하나님의 부성 106-111
  예수의 "생애의 목적" 129
  예수의 가르침 71-80
  예수의 동정녀 탄생 166, 167
  예수의 두 본성 172-176
  예수의 메시아 의식 75-82, 129, 135-142, 175
  예수의 무죄함과 자유주의 신학 140-144
  예수의 병고침 사역 165
  예수의 부활 46, 71, 86-89, 166, 201
  예수의 속죄의 죽음 177-202
  예수의 역사성 46, 83, 165, 166
  예수의 인성 173-174
  예수의 재림 95-98
  유신론자인 예수 그리스도 104-106
  자유주의 신학이 거부한 예수의 권위 127-130
  지상 사역 기간 동안 믿음의 대상인 예수 그리스도 80, 135
  초자연적 인물인 예수 그리스도 151-153
오리건 주 학교 법 356 주4
오이콜람파디우스Oecolampadius 96
오하이오 주 학교 법 356 주3
완전 영감 교리 123-130
웨스트민스터 신앙고백 92, 235
유니테리언주의 237
유대주의자 64-66, 134, 153
유물주의 54
유신론 101-106, 109, 154-159, 168-169
율법
  사도 시대 율법에 관한 논쟁 63-67, 135
율법주의
  현대 교회의 율법주의 79-80, 212, 213
원인 개념 157
윌리엄 핼록 존슨William Hallock Johnson 356 주1
이상주의 155
이신론 155, 156
이신칭의 208-216
인간관
  기독교의 인간관과 자유주의 신학의 대비 113-118
인도 220
일본 220-221
임마누엘 칸트Immanuel Kant 105
E. D. 버튼Burton 212
H. G. 웰즈Wells 51, 73, 77
H. 쯔빙글리Zwingli 96

ㅈ

자발적 기관 241-243
자연이 하나님을 계시함 103
자연주의의 정의 42-43
자유
  그리스도인의 자유 212, 213
  자유의 상실 51-55
자유주의 신학
  기독교가 아닌 자유주의 신학 42, 46-49
  기독교를 구제하려는 자유주의 신학의 노력 48
  기독교와 다른 자체의 통일된 체계를 가진 자유주의 신학 246, 247
  자유주의 신학의 기원 42-47
  자유주의 신학의 정의 42
  자유주의 신학이 거부한 형이상학 168-169
  자유주의 신학이 말하는 "실천적" 신지식 104
장로교회 249
  장로교회의 헌법적 질문들 235
적용된 기독교 96-98
전천년주의 95-96
정직성 168, 170, 234-240, 242-243
존 버니언John Bunyan 92
존 칼빈John Calvin 91, 212
종교개혁 211
종교재판 54
종교에서의 기쁨 196-202
죄
  예수에 의해 죄가 정복됨 160-164
  죄를 속할 필요성 192-202
  죄에 대한 싸움 213-216
  죄와 예수 140-145
  죄의식 113-118
  현대의 죄론 178, 193-198, 202-205
죄책 180
  대속에 의해서 죄책이 제거되지 않는다는 주장 188
주의 만찬 75, 96
중생 202-211
집단주의 53, 114, 223
J. 바이스Weiss 77

ㅊ

창조 155-159, 162, 200
  창조와 구별되는 섭리 154-159
천국
  자유주의 신학 전통은 천국에 무관심함 217-223
  천국에 대한 기독교의 소망 216-218
천년왕국 95
「천로역정」 92
초기 예루살렘 교회
  교리에 근거한 초기 예루살렘 교회 67-72
  예수를 초자연적 인물로 간주한 초기 예루살렘 교회 151-154
  예수와 종교적 관계 속에 있었던 초기 예루살렘 교회 133, 134
초자연성
  초자연성과 복음서의 예수 기록

164-166
초자연성의 정의 154-158
'기적'을 보라.

ㅋ

칼빈주의 98

ㅌ

타이타닉 190
투레틴Turrettin 91

ㅍ

프랜시스 셩크 다운스Francis Shunk Downs 359 주9
프랜시스 L. 패튼Francis Patton 41
필리모어Phillimore 358 주4

ㅎ

하나님
  기독교의 신관과 자유주의 신학의 대비 100-113
  종교에 필요한 신지식 101, 102
  하나님과의 교제 223
  하나님을 알 수 있는 방법 102-107
  하나님의 공의 192-195
  하나님의 나라 77, 78, 79, 86, 222
  하나님의 내재성 111
  하나님의 부성 59, 106-111
  하나님의 은혜 115
    사도 바울이 가르친 하나님의 은혜 212
  하나님의 진노 195, 199
  하나님의 초월성 111
하이트뮐러Heitmüller 76, 134
학교
  공동체의 학교 통제 225
  국가의 학교 통제 52-55, 251
  학교의 결함 251
해롤드 McA. 로빈슨Harold Robinson 359 주8
해리 에머슨 포스딕Harry Emerson Fosdick 358 주2
헬라 시대 184
현대의 발명들 43
현대 인격의 축소 50-53
현대 자유주의 신학의 교리들 57-59
현대주의의 정의 42
형제애 59
  형제애에 대한 기독교의 견해와 자유주의 신학의 대비 228-230
혼합주의 184
황금률 78, 80, 81, 226, 230
휴스턴 스튜어트 체임벌린Houston Stewart Chamberlain 76